# 现代公共关系学

（第二版）

陈百君　张岩松　编著

经济管理出版社
ECONOMY & MANAGEMENT PUBLISHING HOUSE

图书在版编目（CIP）数据

现代公共关系学／陈百君，张岩松编著. —2版. —北京：经济管理出版社，2010.6

ISBN 978-7-5096-1000-8

Ⅰ. ①现… Ⅱ. ①陈… ②张… Ⅲ. ①公共关系学—高等学校—教材 Ⅳ. ①C912.3

中国版本图书馆 CIP 数据核字（2010）第 100145 号

出版发行：经济管理出版社
北京市海淀区北蜂窝 8 号中雅大厦 11 层
电话：（010）51915602　邮编：100038

印刷：三河市海波印务有限公司　经销：新华书店

组稿编辑：王光艳　责任编辑：王光艳
技术编辑：杨国强　责任校对：超　凡　曹　平

720mm×1000mm/16　17.25 印张　319 千字
2010 年 6 月第 2 版　2010 年 6 月第 3 次印刷
定价：30.00 元
书号：ISBN 978-7-5096-1000-8

# 前　言

公共关系是一门交叉性、边缘性的新型管理科学，是一门理论性与实践性、系统性与实用性相结合的科学与艺术。同时，现代公共关系又是一项青春的事业，智慧的事业，富有的事业，未来的事业！公共关系的时代性决定它已成为当今社会经济、政治、科学与文化发展的重要组成部分。有人把公关同人才、资金和设备一起并称为现代企业的支柱，有人把以现代公关为代表的科学管理效能同以计算机为代表的科学技术水平、以旅游为代表的富裕生活程度并称为衡量一个国家与地区发达程度的标志，是有一定道理的。

我国改革开放三十多年来，社会主义市场经济已经发展到了一个全新的历史阶段，市场竞争的日趋激烈，人民生活水平的不断提高，国家实力的日益增强，都标志着中国经济腾飞的时代已经到来。在这种大环境下，不论是政府、企业还是个人，都已经十分清楚地意识到公共关系的重要性。可以说，任何一个社会组织在生存发展的过程中都离不开公共关系，都必须加倍重视公共关系！

正是基于以上原因，本书应运而生，与国内同类著作相比，它颇具特色——它以全新的思维方式和现代意识构筑了公共关系理论与实践的基本框架。它在对公共关系基本原理进行阐述时，吸收了国内外最新研究成果，力求在理论上有所创新。本书的编写特别注重理论联系实际，紧紧抓住公共关系是一门应用性学科的特点，对理论问题以简练、通俗的语言进行阐述，用充足的篇幅对操作性的方法和技巧进行了介绍，尽量做到具体、细致、实用，使读者能理解并会运用。每章后所附的“拓展阅读”、“案例讨论”栏目将公共关系美文和最新典型案例呈现给读者，大大增强了可读性和启发性，便于读者更好地把握公共关系理论的最新发展，引发读者更深层的思考；每章最后的诸多“思考与训练”题，能发动读者动手、动脑，使自身的综合素质和实践能力通过模拟和训练得到提高。总之，本书事理兼顾，和谐统一，内容翔实，体例新颖，深入浅出，加之新知识、新观点、新方法、新材料、新案例的大量运用，使其更加引人入胜。

没有哪一个事业成功者不具备现代公共关系意识，也没有哪一个获得成功的社会组织不谙熟公共关系之真谛。本书是公共关系爱好者的必备读物，它可作为高校相关专业的教科书，是提高大学生公共关系基本素质的好教材，同时它还是公共关系人员、广告策划人员、市场营销人员、行政管理人员、商务服务人员等的培训用书和难得的参考读物。

本书由陈百君、张岩松编写。包红君、刘爱琴承担了本书资料的检索与收

集工作。王洪亮、佟昌杰、王海鉴、李健、房红怡、那丽萍、刘桂华、王芳、穆秀英、陈百君、周宏波、张昀、张朝晖、孙培岩、王又昀、胡杨、王艳洁、孙新雨进行了全书的文字录入工作，高琳对全书进行了总校。对他们付出的辛勤劳动表示深深的感谢。

本书在编写过程中，集采众家之说，参考颇多，限于篇幅仅列出了主要参考书目，在此，向各位专家学者深表谢意。有些资料是参考互联网上发布或转发的信息，其中有些已经无法查明出处，在此亦向各位原作者所付出的辛勤劳动表示衷心的感谢。本书的出版得到了经济管理出版社的大力支持和帮助，在此一并致谢。

水平有限，书中不当之处，恳请各位读者批评指正。

编　者

2010 年 6 月

# 目 录



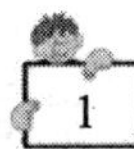

# 第一章　公共关系概述

公共关系是这样一种管理职能，它能建立和维持组织与公众之间互惠互利的关系，而一个组织的成功或失败取决于公众。

——［美］斯各特·卡特里普

公共关系是一种运用科学的艺术——社会科学，其中首先要考虑的是公众利益，而不是金钱方面的东西。

——［美］爱德华·伯内斯

公共关系是一种科学的现代管理方法，是协调、处理现代社会组织与公众之间的各种关系，保证事业成功的一门不可缺少的学问。

国外学者将以计算机为代表的科学技术水平，以旅游业为代表的富裕生活程度，以公共关系为代表的经营管理效能并列为衡量一个国家发达程度的三大标志。公共关系作为一种管理职能、经营策略、传播行为和现代交往方式，被广泛地应用于整个社会的各个领域，在企业经营管理中更是得到了普遍的应用。

公共关系具有特定的理论和实务操作程序。这里我们在探讨现代公关礼仪之前，首先必须对公共关系最基本的理论问题有个全面的把握，这样才能自觉开展各类公共关系礼仪活动，为塑造良好的组织形象，实现组织的公共关系目标服务。

## 第一节　公共关系的含义

### 一、“公共关系”一词的来源

“公共关系”一词来自英语“Public Relations”，简称“P. R.”。由于它是由

两个英文词汇组成，所以它包括两层含义：一层是“Public”，另一层是“Relations”。“Public”以两种词性表现出来：一种是形容词，意为公众的、公共的、公众事务的，与“Private”（私人）相对应，表明它是非私人的、非秘密性的；另一种是名词，意为公众、大众，表明它不是个体，而是集团、群体。“Relations”为名词，意为关系、交往等。一般说来，简单的关系是以个体与个体的形式联系在一起并进行交往的，是一种简单的、直接的交往，这种关系我们称为“人际关系”。由于“Relations”以特定的形式出现，其内涵更丰富，意义更深远。

首先，这种关系被复数所限定，表明它只能是在复杂的交往中体现出的多种关系。这种关系可能是直接关系，也可能是间接关系；可能是单向关系，也可能是双向乃至多向关系。

其次，这种关系被英语“Public”所限定，表明它只能是社会组织在复杂的社会交往中与各类公众及公众群体之间所建立起来的非个体、非秘密、非私人的关系，这种关系具有公众性、公开性、群体性、社会性等特点。

综合两个英语词汇的内涵和特点进行分析，将“Public Relations”译为“公众关系”更为确切，因为它是站在一个固定的角度——社会组织来分析其所面临的各种关系的。不同的社会组织，由于其业务特点、工作对象不同，因而会面临不同的公众对象，从而形成不同的公众关系。同一个社会组织，由于不同时期工作的重点不同，也会面临不同的公众，形成不同的公众关系。这说明“公众关系”并不具有“公共”性，它不可能像“公共电话”、“公共汽车”、“公共图书馆”、“公共浴室”和“公共厕所”那样具有普遍意义，但是因“公共关系”已经约定俗成并广为流传，这里也就将其叫做“公共关系”，以便容易被更多的读者所接受。

## 二、公共关系的表现形式

关于对“公共关系”概念的理解，还可以从不同的角度去分析，使其表现出不同的形式。

1. 公共关系状态

从静态公共关系的角度来看，公共关系首先是一种社会状态，即一个组织所处的公众关系状态和社会舆论状态。社会组织的公共关系状态是无形的，但是客观的，无论是有意还是无意的，任何社会组织都处在一定的公共关系状态之中，这种状态是与任何社会组织相伴的一种客观存在，是不以社会组织的意志为转移的。因此，就任何社会组织而言，都不存在有无公共关系状态的问题，而是存在良好的或不良的、自觉的或自然的公共关系状态的区别。这种客观存在着的公共关系状态形成了对社会组织有利的或不利的内外环境，对组织的生存和发展起着积极的或消极的作用。

2. 公共关系活动

从动态公共关系的角度来看，公共关系又是一种活动或工作。当一个组织通过自己的努力来改善自身的公共关系状态时，就是在从事公共关系活动和开展公共关系工作。这是主观见诸客观的一种实践过程。其实，任何一个组织，为了生存和发展，为了实现自己的目标和责任，总要处理方方面面的关系，这实际上就是进行公共关系活动和开展公共关系工作。在这方面同样不存在有无的差别，而只是可以区分为自觉的或自发的，出色的或不力的，有效的或无效的，专门的或兼及的罢了。当然，只有自觉地、有计划地、创造性地开展有效的公共关系活动才能积极构建组织良好的公共关系状态。一个组织也只有自觉地、有计划地进行公共关系活动，才能事半功倍。因此，公共关系活动又被称为“公共关系艺术”。另外，随着公共关系活动专业化的需要，公共关系成为一项职业，有其专门的组织、机构及人员。

3. 公共关系意识

公共关系也是一种意识、观念，它是现代组织及其人员对公共关系客观状态的自觉认识和理解，是对公共关系活动经验的能动反映和概括。例如，塑造形象意识、服务公众意识、传播沟通意识、真诚互惠意识、广结良缘意识、立足长远意识、创新审美意识、危机忧患意识等。公共关系意识来源于公共关系实践活动，因而对后者有明显的依赖性；公共关系意识一经形成，就具有相对的独立性和能动性，从而对公共关系实践活动具有指导意义。对任何组织来说，要构建良好的公共关系状态，必须开展有效的公共关系活动，而这些活动又必然是在一定的公共关系意识指导下进行的。反之，没有正确的公共关系意识，就不可能自觉地进行公共关系活动，因而也不会形成良好的公共关系状态。可以说，公共关系意识是自觉构建良好的公共关系状态的思想基础和开展有效的公共关系活动的行动指南，是现代组织及其人员的必备素质。不同的社会组织及人员有无自觉的和正确的公共关系意识，行为的确有天壤之别，而且其结果也大不一样。人们谈论公共关系，往往津津乐道那些匠心独具的各种手段和技巧，而忽视其中包含的公共关系意识和思想，这是公共关系不能上层次、上水平的关键所在。其实，公共关系本质上是一种思想、文化，是一种战略，只有在正确的思想和战略的基础之上，公共关系才能有精彩的运作和闪光的创造。

4. 公共关系学

公共关系学是一门新兴的软管理学科，它以公共关系活动及其规律性为研究对象，既是一门多学科交叉并具有自己的概念、范畴及其系统的理论科学，又是一门具有明显的可操作特征的应用科学。这门学科在公共关系实践活动中受到社会重视，客观上需要在系统总结和理论升华的基础上建立和发展起来，同时又成为强化公共关系意识和推动公共关系实践的指南。学习和普及公共关系学，增加社会组织及其人员的公共关系意识，并且研究和应用公共关系学的基本理论指导企业和其他各类社会组织的公共关系工作，对于促进企业经营管理水平的全面提高乃至整个社会的和谐与发展，都具有重要的意义。当今世界电子计算机技术的发展和在社会各个领域的广泛普及，已经极大地推进了整个社会物质和精神的文明与进步；公共关系学理论的发展和为各类社会组织的普遍应用，同样必然造就整个社会精神和物质的文明与进步。

公共关系的上述主要层次是互相区别又互相联系的。这些层次是在认识和说明公共关系概念时应当弄清的。

## 三、公共关系的内在含义

公共关系是社会关系的一种管理职能，反映的是事物之间的相互联系、相互作用的机制和状态。所谓公共关系，就是社会组织为了适应并改变环境，树立良好的社会形象，通过开展传播沟通活动使与其相关的公众彼此真诚合作、互惠互利、相互适应的一种状态。公共关系的基本含义应从以下几个方面加以把握：

1. 公共关系——塑造形象的艺术

形象就是某一事物或人在公众心目中的印象，或者说是公众对某一事物或人的总体评价。“形象”一词的内涵和外延都很大。从构成社会的主体来说，有国家形象、城市形象、地区形象、组织形象和个人形象；就一个具体的企业来说，有企业形象、产品形象、商标形象、环境形象、领导形象和员工形象等。形象有好坏优劣之分。影响形象的因素纷繁复杂，一个不利的因素就可能导致形象不佳，而最佳形象的获得容不得任何不利的因素。因此，公共关系特别强调：组织必须时刻注意建立和维护良好的社会形象，否则将会直接影响到目标的实现。

今天，形象已引起了人们的重视，我们常说“维护祖国尊严”、“珍视企业信誉”、“创建文明城市”、“给人留下美好的‘第一印象’”等，都是要求人们注重形象。1960 年和 1968 年，美国政客尼克松两次竞选总统由不注重形象到注重形象，结果一败一胜，其经验教训告诉我们：注重形象是十分重要的，它关系到组织的生存与发展，关系到事业的成败，关系到目标的实现。

2. 公共关系——建立和谐友善的关系

关系是人和人之间或事物之间通过人的相互作用、相互影响而形成的具有某种联系的状态。公共关系的定义强调公共关系是组织与其相关公众相互适应的状态。这种相互适应的状态就是指要形成一种和谐友善的关系状态。

人类自诞生开始，就与自然界产生了一定的联系，人与人进行交往就产生了关系。随着人类的增多，关系愈加复杂。人们由于共同目标的需要聚集在一起，形成一定的群体或组织时，因人的作用和影响，这个群体或组织之间也产生了关系，进而形成了邻里关系、组织与组织关系、社会关系、城乡关系和国际关系等。关系也具有双维性：一方面，关系具有客观性；另一方面，关系又具有动态性。正是基于关系的双维性，公共关系强调要利用传播沟通、相互协调、真诚合作、互惠互利等改善组织与公众之间的关系。公共关系界有一句俗话："公共关系不能树立敌人。"公共关系要广结善缘、广交朋友，只有与社会公众形成一种和谐友善的关系，组织才能与公众相互适应、协调发展。

3. 公共关系——强调真情的沟通

所谓"沟通"是指社会组织、公众运用信息符号进行的思想、观念、情感或信息交流的过程。一个组织要想在公众中树立良好的形象，首先必须把组织的有关信息告诉公众，让公众了解组织的想法、意见、建议等；组织同时还必须了解公众的想法、意见、建议等。要做到这一点，组织与公众必须进行沟通，否则就会出现信息阻塞，造成误解、偏见，出现矛盾，从而影响到组织与公众之间建立良好的关系。

以生产炸药起家的杜邦公司曾经有过一次沟通上的障碍。在生产炸药之初，由于公司管理不善，时而发生爆炸事故。当时的公众对炸药比较陌生，不知其生产流程、用途如何，进而想探究一下爆炸原因和实况。但是，杜邦采取了封锁信息的做法，不许新闻记者采访。其结果是爆炸消息仍不胫而走，人们在猜测中无形夸大了爆炸的事实，谣言四起，乃至把杜邦跟"杀人"联系在一起。

杜邦异常困惑。为了摆脱这种不利局面，他专门请教了一位在报界工作的老朋友。老朋友告诉杜邦："流言止于智者。"公众之所以传播杜邦公司的流言，是由于他们不了解公司的内部情况。他建议杜邦：第一，实行"门户开放"政策，允许新闻记者采访，告诉大家真相；第二，请公众提出建议、意见或批评；第三，虚心接受公众的建议、意见或批评，努力改进工作。杜邦采纳了老朋友的建议，使杜邦公司与各界公众有了广泛的沟通，增进了相互了解。没过多久，谣言止住了。杜邦公司从此在公众中树立了可信赖的形象。杜邦公司的"化学工业使你的生活更美好"的口号早已深入人心。

这一事例告诉我们：真情的沟通能获得公众的理解、信任、支持与合作。在现实社会中解决矛盾和冲突的方法只有两个：要么战争，要么和平。当人们选择和平时，唯一的解决方法就是通过真情的沟通。公共关系强调运用真情的沟通和改善组织的对内对外关系，为组织创造一个友善和谐的生存与发展环境。

4. 公共关系——利用传播媒介开展有效的传播

西方学者强调公共关系是 90%靠自己做得好，10%靠宣传。公共关系要求社会组织不仅自身要努力工作，还要善于宣传自己及其已有的成果。这一点似乎与中国传统的价值观念相悖，实际上这是个观念问题。中国的改革开放政策正是转变传统观念的结果。我国的各行各业，尤其是企业必须学会传播并善于推销自己，否则必然在竞争中被淘汰；同时，还要利用传播媒介探究传播技巧，进行有效的传播。著名的日本精工表之所以誉满全球，与他们利用 1964 年东京奥运会成功地开展公关传播是分不开的。

1964 年东京奥运会结束后不久，曾有日本人访问罗马。在一家餐厅里，当侍者看到这位日本人手腕上戴的是瑞士产品时，竟疑惑地问："您真的是日本人吗？"侍者诧异日本人竟然没戴在东京奥运会上叱咤风云的国粹——精工表。侍者的态度不仅反映了公众对精工表的评价，实际上这也正说明精工计时公司借助奥运会开展的公共关系活动的成功。精工计时公司的公共关系传播是如何开展的呢？

首先，他们精心策划，运筹帷幄。精工表饮誉东京奥运会，其公共关系战略却要追溯到 4 年前，当奥运会一经宣布将在东京举行，日本主办单位决定的第一件事项，就是一改大会的计时装置几乎全部使用瑞士产品的状况，而使用日本国产的精工表。而当东京奥运会决定首次使用日本国产表后，奥委会的有些人士曾深感不安，唯恐发生了故障使大会难堪。日本精工计时公司决心消除人们的种种顾虑，制定了"让全世界的人都了解精工的计时是世界一流的技术与产品"的公共关系计划，确立"荣获全世界的信赖"为公共关系目标，"世界的计时——精工表"作为公共关系活动的主题。为此，精工计时公司着手制定并实施了一项长达 4 年之久的整体计划，开始了一场史无前例的公共关系活动。

其次，他们巧妙实施，逐层推进。精工计时公司派遣本企业的公共关系人员到罗马奥运会现场，进行"欧米茄"计时装置的现状及设施使用情况的调查。根据调查结果，决定产品开发的程序，拟定全盘公共关系计划。同时，各公司也开始进行多种多样的计时装置技术开发工作。随着计时装置开发工作的顺利进行，精工计时公司的公共关系计划也已策划成熟。调查研究工作结束之后，整个公共关系计划便分为三个阶段进行实施。第一阶段，主要是全力以赴地开发计时装置技术并同时说服主办单位使用该企业的产品。另外，会场的布置也需要征得国立竞技场和东京都政府的认可。精工计时公司一方面积极从事游说工作；另一方面将新开发的计时装置提供给日本国内举办的各种运动会作为实验之用，其目的是为了向各委员会证明精工技术的可信度。真诚努力终结硕果，奥委会于 1963 年 5 月正式决定东京奥运会全部使用精工计时装置。第二阶段，在改进技术的同时，展开了以"精工的竞技计时表将被用于东京奥运会"为主题的公共关系活动。为了在世界范围内大造舆论，精工准备了奥运会预备会上所需的宣传手册，广告宣传也紧锣密鼓地开展。第三阶段，进入奥运会前公共关系的各种计划先后付诸实施，报纸、广播、电视等在报道与奥运会有关的消息时，都或多或少地涉及精工表，从而造成了"东京奥运会必须使用精工计时装置"的舆论。

由于精工与奥运会完美结合，公共关系活动收到了奇效。当东京体育馆室内比赛大厅的竞技计时装置完成后举行盛大的落成典礼时，精工的技术被夸耀为日本科技的精华，终于实现了“精工——世界的计时表”这一目标。精工计时公司为这次长达 4 年的公共关系战役投下的资本是：85 名技术员与 890 名作业员以及数百亿日元的财富。然而，公共关系成就的最好例证便是开篇的故事，在罗马人眼里，精工表可以跟瑞士表媲美。这足以说明精工计时公司此项公共关系活动的传播效果。

由此可见，积极主动地开展有效的传播是提升组织形象和产品形象的重要手段。

5. 公共关系——建立一流的信誉

信誉，通常指信用、名声。公共关系强调建立一流信誉，就是要为组织争取到公众的信任、赞美和支持，提高组织的美誉度。组织的良好信誉的建立，一方面需要组织的所有员工在日常性公共关系活动中遵章守纪、讲究社会公德、说到做到、善待公众；另一方面需要组织在开展专门性公共关系活动中有意识地为组织树立一个可信任的形象，在出现突发事件、意外事故的情况下更要坚持组织的基本宗旨，这是对组织信誉的考验。例如英国航空公司对一次意外事件的做法颇值得借鉴。英国航空公司所属波音 747 客机 008 号班机飞行航线是伦敦—东京，因故障推迟起飞 20 小时，英国航空公司及时帮助在东京候此班机的 190 名乘客换乘其他飞机飞往伦敦。但是，有一位名叫大竹秀子的日本女子几经劝说，就是不肯换乘其他飞机，非要乘坐 008 号班机不可。英国航空公司紧急磋商，决定让 008 号班机只载 1 人飞回伦敦。这样，在长达 7300 公里的航线上，008 号班机只载 1 名乘客，大竹秀子 1 人独享 353 个座位以及 6 位机组人员和 15 位服务人员的热情周到的服务。有人估计，这次飞行英国航空公司至少损失 10 万美元。此事被许多新闻媒体竞相报道，广为传播。英国航空公司坚持“信誉第一”，顾客至上，其做法赢得了社会的普遍赞誉，受到了顾客的拥护和信任。英国航空公司损失的仅仅是 10 万美元，换来的却是用金钱买不到的信誉。信誉就是财富，信誉就是资源，建立一流信誉就是公共关系追求的目标和努力的方向。

## 第二节　公共关系的构成要素

公共关系是社会组织通过开展传播沟通活动协调和改善组织机构与其他相关公众的关系，是社会组织与公众真诚合作、互惠互利、彼此相互适应而形成的一种关系状态。由此可以看出公共关系有三个构成要素：社会组织、公众、传播。社会组织是公共关系的主体要素，是公共关系工作的策动者、承担者、发起者；公众是公共关系的客体要素，是公共关系的对象和接受者；传播是公共关系的中介要素，是联结主体和客体的桥梁，也是公共关系工作的主要内容。

## 一、公共关系的主体——组织

组织，指各种类型的社会组织，包括政治组织、经济组织（企业）、文化组织、军事组织、宗教组织等，这些组织都是公共关系的活动主体。组织在自身运作中，为树立良好的形象而直接进行着公共关系的操作工作。其操作内容主要有日常公共关系工作和专项公共关系活动。

组织要想在市场经济的大潮中立于不败之地，必须树立一种正确的公共关系观念，培养一支德才兼备的公共关系工作人员队伍，并根据组织目标的需要，踏踏实实地开展各项公共关系活动，使组织的全体员工共同为实现组织的目标而奋斗，使社会公众真正地热爱组织、支持组织的发展、接纳组织的一切。

组织目标的实现，尤其是公共关系战略目标的实现，主要依赖于组织内部公众的配合与支持和组织外部公众对组织各项方针、政策与行为的认可与接纳。没有组织内部全体员工的共同努力，组织就不会有凝聚力，各项公共关系工作也无法正常地开展，组织的公共关系目标就难以把握。为实现组织目标而建立的良好的内部条件和外部环境以及它们之间的相互联系和相互影响，构成了组织的战略三角。如果这三者之间能在动态中求得平衡，就能保证组织的公共关系战略目标得以实现。

组织的公共关系战略目标在一定时期内表现为公共关系战略目标体系。其主要内容有：保证组织不断发展壮大的经济利益目标和为承担社会责任、保持组织与社会生态平衡的社会效益目标。这两种目标的关系是经济利益目标的实现要依赖于社会效益目标的实现，社会效益目标的实现可以带动经济效益目标的实现。二者不具有可逆性。

任何一种类型的社会组织都是社会的细胞。尤其是经济组织——企业，不仅为社会提供物质财富，而且还必须承担各种相应的社会责任，在对社会公众负责、有利于社会发展的前提下谋求企业的经济利益，从而保证企业的社会性与经济性的统一。

组织社会责任的承担与实现依赖于各项公共关系工作的开展，争取社会公众的了解、支持与爱戴，把组织的行为置于公众的监督之下，并以此为契机，为社会公众提供满意的产品和优良的服务。只有这样，才能创造一个有利于组织发展的社会环境。

## 二、公共关系的客体——公众

公共关系的“公众”是一个特定的概念，它并非是指人们头脑中所想象的

那些“广大人民群众”、“普通老百姓”等，而是具有特殊意义的“公众”。

首先，它是因面临某个共同问题而形成的社会群体。同生产企业发生往来关系的公众，有企业原材料的供应者，面临的是向企业供应原材料的共同问题；还有产品的购买者，面临的是购买企业产品这一共同问题。同商业企业打交道的公众有商品的供应者，面临的是向商业企业提供商品的问题。同高级宾馆打交道的公众是各种中外宾客，面临的是如何向他们提供满意服务的问题。同医院打交道的公众是各类患者，面临的是如何医治他们病症的问题……

其次，这些公众有着共同的利益。当今的社会组织在生存与发展过程中面临着许许多多的社会问题。这使公共关系从性质上来看不仅要为组织的目标服务，还要照顾到公众的利益。组织必须在力所能及的范围内保证特定公众的利益得以实现，如企业满足服务用户和消费者的利益、宾馆饭店满足宾客的利益、政府机关满足民众某一方面的利益、医院满足患者的利益等。只有公众的利益得到满足，组织的利益才能得以实现。

最后，这些公众为某一特定组织的工作产生互动的效应。组织机构的各项方针、政策、行为影响着某些特定公众，而这些特定公众的需求也对组织产生重要的影响。比如企业的方针、政策对职工、技术人员、领导干部有影响，可能激发也可能阻碍他们积极性和创造性的发挥；反之，这些人员自身利益的要求和行为也影响着企业制定下一步的方针、政策和计划。企业采取不同的经营方针对顾客公众、原材料供应者公众及其他各类公众都有着重要的影响，而这些公众的态度及他们所采取的行为对企业也起着制约的作用。这说明组织和公众时时刻刻都互相影响，从而产生一种互动效应。不能产生互动效应的社会群体就不能成为组织的特定公众。

综上所述，可将“公众”定义为：公众是任何因面临某个共同问题而形成的、有着某种共同利益并为某一特定组织的工作产生互动效应的社会群体。

## 三、公共关系的中介——传播

从词源上来说，“传播”（Communication）与“社区”（Community）来自共同的拉丁文词根（Communis，意为“使共享”或“共享”），这绝非偶然，这是因为如果没有人类的传播行为就不会有社区；同样，没有社区也就不会有传播。

中国人把衣、食、住、行称为“人生的四大需要”。实际上，人类对传播的需要既是普遍的，又是迫切的。我们通常说人是社会性动物，实质上就是强调人的社会交往、交流的普遍性和重要性。一般来说，在现实生活中，一个人无论是学习和工作，都需要与周围的人和物打交道，都在进行着某种形式的传播活动，如听、说、读、写、看等。即使是默默不语，在他人看来，也传达了确切的含义。

那么，什么是传播呢？关于这个问题，由于研究者的角度不同，对传播作出的解释也存在着某种程度上的差异：传播学理论家威尔伯·施拉姆认为传播就是“对一组先知性符号采取同一意向”；西奥多森认为“传播是个人或团体主要通过符号向其他个人或团体传递信息、观念、态度或情感”；沃伦·韦弗则认为传播是“一个心灵影响另一个心灵的全部程序”；查尔斯·科利称传播是“全人类关系赖以存在和发展的机制，是一切智能的象征和通过空间传达它们和通过时间保存它们的手段”。这些定义揭示出传播要领的丰富内涵。在这里，我们并不奢望给出一个综合各种解释的传播定义，只指出传播的基本内涵是指信息的传递和交换过程，由传播者、接受者和传播媒介等要素构成。人们常说的交流、对话、宣传、沟通、交际等都是传播的具体形式。为了便于研究，人们又根据传播者、接受者和传播媒介的相互关系和特点，把传播分为四个基本类型：

1. 人际传播

人际传播又称“人际沟通”，是指人们之间直接传播或交换知识、意见、感情等社会行为，一般无需专门的传播媒介，并能立即得到反馈。例如，在公共关系活动中，公共关系人员在很多场合下需要与顾客、专家、记者等进行直接的、小范围的接触。因此，它是开展公共关系活动的重要方式之一。

2. 组织传播

组织传播是指在一个正式的组织或机构内其成员之间进行信息或思想交流的过程，目的是使全体成员达成共识，提高工作的效率。在公共关系学中常称为“内部公共关系工作”。

3. 群体传播

群体传播是指某一社会组织或个人对具有一定数量、有共同目标和兴趣的公众在特定时间和场合进行的传播活动。如公共关系活动中的新闻发布会、展览会等。

4. 大众传播

大众传播是指特定的社会组织通过报刊、广播和电视等大众传播媒介，向广大而不确定的公众传播信息的过程。它越来越受到社会组织的重视，不少组织利用它树立形象和提高知名度，成为社会组织开展公共关系活动最为有效的方式之一。

总之，公共关系的三个基本构成要素是相互依存、缺一不可的。没有组织这个主体，就没有公共关系的对象。这里不存在没有主体的客体，同样不存在没有客体的主体。二者是对立统一的。传播是联结主体和客体的媒介，没有主体与客体之间的双向信息传播，公共关系的目标和计划就不可能实现和实施。因此，公共关系又是组织与其公众之间的传播关系和传播活动。

# 第三节　公关基本观念和工作原则

公共关系的基本观念是指人们在公共关系实践中逐渐丰富、不断完善所形成的对社会组织如何处理与其公众关系的基本认识，是如何开展公关工作的基本指导思想。公共关系工作的基本原则，则是在这种基本思想观念指导下，根据公关活动客观规律和要求而提出的基本的工作方法和准则。公共关系的基本工作原则是公共关系基本观念在公关实践中的具体化。

公共关系的基本观念一方面来自公关社会实践，是人们长期的公关实践经验和长期公关研究成果的结晶。另一方面，形成的观念也对组织的公关管理决策、公关工作产生直接的影响。它必然会引起组织行为，特别是组织的公关行为相应的改变。这从公共关系的发展历史进程中就能很清楚地反映出来，由于各个时期特点不同，产生的效果不同，就是很好的证明。因此，正确掌握人类社会至今已经发展形成的公共关系基本观念，并在实践中不断丰富、完善这一思想观念体系对现代组织管理、现代公共关系实践以及各类公共关系礼仪活动的开展都具有重要的现实意义。

纪华强教授在其所著的《公共关系的基本原理与实务》（高等教育出版社，2006 年）一书中对公关的基本观念和工作原则做了专门阐述，现编录于此，供参考。

## 一、体现公开性，坚持提高透明度原则

从历史的角度看，封闭的管理方式所造成的社会组织与其公众间的矛盾冲突是最早被组织和公关界所认识的公关问题。早期的公关人员是本着为了消除信息的封闭所造成的组织与其公众的隔阂而开始从事公关实践的。因此，早在 1906 年，艾维·李就提出“大众应该耳目灵通”的思想，在《原则宣言》中又提出了“公开办理”的观念。在接受处理无烟煤矿厂工人罢工的咨询时又提出“要在必要时将一切有关事实公开”的先决条件。早期的公关人员接受这种观念，并致力于提高组织管理透明度的工作。如杜邦公司等由于接受了这一观念而受益匪浅。于是，这一观念在公关的实践中逐渐地具体化为组织管理和公关工作的一般原则。

从现代组织管理和公共关系工作的角度看，这种公开性观念的基本内容就是要求组织让公众对组织机构的状况及其运作程序，特别是对涉及公众切身利益问题的决策及决策过程有知晓、了解、参与、评价的权利。树立公开性的管理观念对提高职工的主人翁精神，提高工作效率；对增强公众对组织的亲善感、向心

力和忠诚度；对引导公众参与组织管理，开发利用公众智慧，提高组织的竞争能力；对于保证组织决策的民主化、科学性，提高公众对组织决策的接受程度，减少各种矛盾摩擦和冲突，保证组织各项方针、政策的实施都有很大的作用。

树立公开性的观念，其具体落实在公关工作中，就是要坚持增加透明度的工作原则。要真正做到这一点，必须做好以下几个方面的工作。

1. 转变经营管理方式

要改变过去把自己关在“象牙塔”内搞封闭管理的方式，代之以“玻璃屋”的经营管理方式。把管理者与公众隔开的重重障碍、关卡尽可能减少，敞开办公室的大门，拿下“非请勿进”的牌子，把组织办成开放型的、高度透明的组织。随时准备热情地接待一切公众的来访，随时准备对来访者的咨询给予满意的回复，树立起为公众所乐意接受的亲近形象。

2. 让公众参与决策

组织决策过程要争取公众的参与。把决策的程序，做某项决策的原因、依据等信息公开，让公众知道。在决策中随时听取公众对决策的意见，自觉地把自己置于公众的监督之下，这样不但有利于组织本身的完善，减少失误，而且可大大增加公众对决策的接受程度，大大改善决策层与公众的关系。

3. 正确处理“保密”问题

企业中对某些技术或情报进行保密仍是需要的。但是，作为一般经营活动，企业的基本情况是没有什么密好保的。在现代社会里，值得保密的技术、工艺、经济情报已越来越少，大量的东西是要保密也保不住的。特别是组织的缺点和弊端最常被列为组织严格保密的范围，但俗话说“好事不出门，家丑传千里”，是家丑再保也难密。再说由于保密而造成的怀疑或猜测会造成更大的、更坏的影响，而且一旦泄露出去，激怒了公众就难以收拾。如美国的尼克松总统因为水门事件而下台，究其原因，就在于他对此事件所采取的保密、回避等不妥当的公关处理所致。对此类事情，最好的方法莫过于主动公开示人以坦白，以表改善的决心来争取公众的谅解，赢得信任和好感，这才能变被动为主动，变消极为积极。正如德国的俾斯麦说过的那样：“把那石板揭开，让底下黑暗的泥泞暴露在阳光之下，那些细菌虫蚋自然会消灭了。”

## 二、珍视信誉，坚持真实传播原则

公共关系中的信誉观念是市场经济的产物。早在商品交换之时便已产生，并逐渐发展成为经营管理中的一个重要的观念。在市场经济发展过程中产生的公共关系继承、汲取了这种思想观念的精华，并把它在经营管理中的作用提高到一个前所未有的高度。珍视信誉的公关观念要求在具体的公关工作中必须坚持真实性的原则。所谓真实性原则，其内容有以下三个方面：

1. 传播的信息要完全真实

这正如马克思所说的“要根据事实来描写事实”，即做到所传播的每条信息的具体事实要完全无误。如，信息中的时间、人物、事件、原因、过程、结果、思想、言语、行为、所引用的材料以及各细节的描写等全部要符合客观实际。决不可为了传播的公告性、趣味性或文艺性而伤害对事实真相的传播，也不可有合理想象，或根据希望来描写、虚构，更不可靠行政的力量，或利诱、贿赂收买等不正当的手段搞虚假宣传。传播中对具体事实的概括也要完全真实、完全准确、客观地反映事实的全貌，决不可以点代面、以偏概全。

2. 传播的信息与所反映事物一致

公共关系传播的每条具体信息要和所反映的事物总体一致，公关传播应注意从事实的全部总和中去把握事实，决不可为某种政治需要或企业自身的目的，有意忽视或隐瞒某些事实，或有意突出大肆宣扬某些事实，把树木讲成森林，滴水写成大海，混淆视听，欺骗公众，把公关传播变成粉饰组织门面的工具。这种行径不但与歪曲某些具体事实没有什么两样，而且手段更为恶劣，其欺骗性和危害性更大。一旦被识破，就会造成公众的信任危机。因此，公关传播应从事实总体出发，实事求是，让公众全面地了解本组织的长处和短处、优点和缺点，这才是取得公众最大的支持和信任的正道。

3. 传播的事实应符合本质上的真实

这是对公关传播真实的原则的更高要求。所谓的本质真实，要求我们传播的事实不仅是具体事实的完全真实，与事实总体的一致，而且传播的事实要与我们所反映的事物的本质，我们所为之塑造的组织形象的本质相一致，要真正能反映我们所要报道的社会组织或事物的本质特征。检验这一标准是人们对某一事物或社会组织的总体的、相对稳定的、公认的本质认识。

## 三、树立制度化观念，坚持不懈努力原则

树立公共关系制度化的观念，在具体的公关工作中，就是要坚持立足于平时，靠长期努力的工作原则。平时长期的努力是形成良好公共关系的基础。一般常识可知，一个组织与公众的良好关系是无法在几天或几周内建立起来，有时甚至一两年也很难根本改进彼此间的关系。善意和信任需要时间的培植，组织的形象、声誉也非垂手可得的东西。“一滴水，一粒沙，江成洋，堆成塔”，靠的是一点一滴积累而成的。没有长期的努力，公关形象即使形成也难以维护，特别的公关活动也不易取得成功。平时长期不懈的努力能起到未雨绸缪的作用，是防患于未然的最好方法；平时长期的不懈努力是对付、解决突发事件的重要因素。如果平时我行我素，不与他人联系，一旦不测风云突至才临时抱佛脚，竭力拉拢、请求别人协助，就会事倍功半，甚至徒劳无益。反之，平时关系好，

此时四方伸援手，容易化凶为吉。要做好平时长期公关的联系沟通工作应注意以下几个方面：

1. 普遍和平衡

对于各类公众对象，平时一般的联系沟通工作应注意普遍和平衡。一般讲对所有对象不许偏重，分等级对待，不要只对有利害关系的公众特别火热，而对他人采取视而不见或冷淡轻侮的态度。因为，这次轻视的人将来也可能正是我们有所求的对象。今日的忽视轻侮会增添将来公关工作的困难。

2. 自然而不露痕迹

平时一般的联系沟通工作要注意自然而不露痕迹。在建立这种联系时，不要让对方感到我们只是有所求而来，最好应自然地与公众对象长期保持一份君子之交的情谊。这样，如遇有不测就会产生一种道义上的必予援助的感情，而不是一项利益的交易。

3. 放出交情

平时一般的联系沟通要注意放出交情。当别人有求于我时，要热情，并尽可能予以协助支持。平时多行善，多做好事，这是建立牢固的公共关系最容易的办法。如果我们平时是这样做的，一旦自身有事需要他人的帮助，别人自然会给予回报。

4. 手法翻新

平时一般的联系沟通要注意手法翻新。长期交往要有良好的效果，就应注意喜新厌旧的心理特点，长年累月老一套的联系方法会使公众产生厌烦，逐渐失去交往的兴趣。如招待记者老是用吃饭的方式，久而久之，记者也就不会来了。又如洽谈室、接待室、展览部、俱乐部等场所要不断更新布置，常给人耳目一新之感。交往的话题内容、交流的信息也要不断有新东西，才能起到良好的长期交往的效果。

## 四、平等沟通，坚持双向交流原则

要树立平等沟通的公关观念，最重要的问题是必须抛弃以自我为中心的旧的传播观念。如有的领导对下属或公众发表讲话时常有君临一切的气概，使得领导和被领导者间的交流形成不平等的地位，甚至产生抵触对立情绪。又如，不少管理机构或企业常常各自称雄，互下命令，互不协作。有些独家经营的企业，更是我行我素，自吹自擂，不愿听取公众的意见。这种做法只会使社会摩擦、冲突加剧，对发展良好的公共关系是非常不利的。

树立平等沟通的公关观念，要求我们在具体的公关实践中要坚持双向传播的工作原则。坚持公共关系的双向传播工作原则，至少应做好以下几个方面的工作：

1. 建立双向平等的传播关系

双向平等的传播关系是全新的公关传播关系，它是指要在思想上充分认识传播中的了解和影响都是相互的。要充分尊重公众的权利，组织的意见要传达给公众，公众的意见也应传达给组织；组织要公众听从自己的意见，它首先就要倾听公众的呼声；组织要影响别人，它也要接受别人的影响。那种“以上对下”、“以我为中心”来看待、指导公关传播，都不可能真正实现双向传播。

2. 让公众的意见能够表达出来

在做自我传播的同时，也应广开渠道、提供足够的机会、良好的环境让公众的声音得以充分表现和传播。公众意见的表达常常要受各种客观条件的限制。因此，主动提供各种渠道和条件，以防止出现倾斜，应是公关工作的责任。同时，要相信公众的大多数是出于友好的诚意，不论公众的意见是否正确，对公众的意见都要有耐心，要给予同情和理解，努力为公众创造良好的表达意见的环境。

3. 让公众的声音传到决策层

疏通组织信息收集、信息反馈的渠道，保证公众表达的意见能传到组织决策的最高层，保证公众意见能对组织的决策、组织的行为产生影响。

组织真正的双向传播关系的建立，一方面就是要能及时从公众中了解到他们的利益、意愿和要求，了解他们对组织政策、行为的意见、态度和好恶，并使之成为组织决策的依据。另一方面又能及时把组织所采取的政策、行动及时地传达给公众，让他们也能及时了解组织的情况，以减少双方的误解，保证组织的政策、行动得到公众的支持和理解，进而建立起良好的关系。就实际的情况看，前一方面的工作更值得我们公关人员注意，需要我们更有意识地去把它做好。

## 五、注重行为，坚持自我完善原则

注重行为的观念，其核心的内容就是要求把公关工作建筑在健全的组织行为之上，要求公关工作应更注意调整组织的行为以适应自己的环境。对这一观念的强调其实也是对公关影响决策、真正行使起管理职能的注重。这一观念对现代公关活动的特点产生十分重要的影响。这一观念后来成为 1978 年国际公关协会通过的公关定义的核心内容。该定义着重指出公关要“给组织领导人提供咨询和实施有计划的行动方案”。

树立公共关系注重行为的观念，要求我们在公关工作中要坚持首先自我完善的工作原则。坚持首先自我完善的工作原则应注意以下几点：一是在研究、制定公关工作计划时，首先要检查组织自身的政策、行为，要把最主要的精力放在如何改进组织行为上。二是在解决已出现的公关问题时，要首先考虑是否应对组织的政策、行为进行自我纠正或改进。三是坚持一切公关工作要首先从组织内部做起，只有健全内部公关才有可能进一步图谋外部的发展，内部公关是外部公关的基础。内部公关的好坏直接影响到组织自我完善的程度。四是要注意公关活动本身的行为，公关人员要注重自身的形象，要切实体现高度的伦理道德准则、高度的社会责任感。

## 六、公众利益至上，坚持互惠原则

现代公共关系中公众利益观念的基本内容是要求组织时时处处考虑自己的行为对公众利益的影响，自觉地保持组织利益与公众利益一致的发展。如果离开这一前提，组织形象的建立、良好社会环境的形成、公关所有的努力就会成为一句空话。

公共关系强调公众利益的观念落实在具体的公关工作中就是要坚持互惠的工作原则。公关工作的互惠绝不只是表面的金钱或物质利益上的礼尚往来。它的最基本的、最主要的衡量标准就是社会的整体效益。这是由于在现实的生活中，各类公众都生活在各自特定的社会环境中，都有着各自特定的利益要求。不同类型的公众团体在这些表面的利益上又常常相互矛盾、相互冲突。如价格低廉对消费者有利，但对生产者的收入、股东的红利、企业的利润都可能产生不利影响。单纯用马上可见的金钱、物质来衡量常常会顾此失彼。公共关系不能以满足一部分人的利益而牺牲另一部分人的利益来维系，更不能以组织一己私利为出发点，它需要有一种能符合各类公众根本利益的衡量标准，而社会整体效益的标准最能满足这一需要。这是因为，任何团体、公众的生存和发展，它们的利益的获得都离不开特定的社会环境，社会的发展、环境的改善才是大家根本利益之所在。作为社会组织只有用这一标准来认识和衡量互惠原则，才能使自己的决策、行为符合公众的根本利益。

坚持互惠的工作原则要求组织的决策、计划，乃至所有经营管理行为，所有提供的产品、服务等都要以公众的需求、公众的利益为出发点，都要以社会整体效益的尺度来衡量。

坚持互惠原则要求组织在做任何决策时都要有很强的社会责任感，要考虑到对别人、对社会环境以及对后代可能造成的影响。

坚持互惠原则要求组织要有政治家的眼光，要看到社会整体发展、良好的社会环境对组织发展的重要性。对此，一方面要多行善事，尽自己所能关心社会的公共事业，参与社会服务。如积极为地方创造就业机会，关心市政设施建设，关心公共卫生事业和环境保护，赞助各种社会福利、文化、慈善事业等。另一方面，当局部利益与全局利益、长远利益与短期利益发生冲突时，要敢于从社会整体利益出发，从事一些公众暂时不太理解或不太习惯的、不太喜欢的公关计划。如，维护城市建设规划、交通整治、物价控制，更多地承担企业对国家的义务等。对这些工作，一旦认为对社会整体有利，就要大胆推行，并运用各种传播手段对不理解的公众做耐心的说服工作，以取得他们的支持与合作。

## 第四节　公关人员的素质要求

所谓素质，单从字面上讲，素即本来、原有的意思，指构成事物的基本成分；质是指一事物区别于他事物的内在规定性，是由事物内部特殊矛盾规定的。而对人的素质的理解，一般来说又有两种解释：一种是从纯粹生理角度去理解，把人的素质归纳为天赋的生理现象；另一种认为素质是人的性格、魄力、兴趣、精神、气质、水平、能力、学识、经验、风度和文化等后天修养的综合反映。公共关系人员的素质则基本上属于后一种，主要包括：政治思想素质、品德素质、科学知识素质以及心理素质等。

公共关系活动是一项复杂、艰巨的系统工程。公关从业人员的舞台是全方位、多角度的，能否在纷繁复杂的社会关系网络中应付自如，创造性地开展公共关系工作，在很大程度上取决于公共关系人员的职业素质。“向阳花木易为春”，只有具有较高的素质，才能更好地开展公共关系活动，实现公共关系目标。

### 一、良好的政治思想素质

我国是一个社会主义国家，我国人民正在党中央的领导下深化改革、扩大开放，为把我国建设成为繁荣、富强、民主的社会主义现代化国家而奋斗。在这样的大背景下，发展我国的公共关系事业就要求公共关系人员必须具备良好的政治思想素质。良好的政治思想素质表现为如下方面：

1. 把握基本政治原则

公共关系从业人员必须要自觉地坚持党的基本路线，坚持四项基本原则，坚持改革开放；要自觉地以服务于社会主义建设，服务于人民大众为己任；要自觉地为社会主义物质文明和精神文明的建设做出应有的贡献。

2. 具备高度的政治觉悟

公共关系人员能够自觉地用辩证唯物主义和历史唯物主义的观点去观察世界，观察社会和观察各类事物；在各项工作中，他们能自觉地抵制各种打着公共关系的旗号而和社会主义格格不入的腐朽、丑恶和庸俗的做法和手段，他们能自觉地在兼顾国家利益、集体利益和个人利益的前提下追求本组织的经济效益和社会效益。

3. 具备较强的政治敏感性

所谓较强的政治敏感性是指公共关系人员思维敏捷，判断准确，见微知著。

公共关系人员应善于学习，善于分析，善于时时、处处捕捉各种信息。他们往往能从纷繁的信息中梳理出经纬，能从普通的资料和数据中看出趋势，这样，才能站得高，看得远，才能高屋建瓴，胜人一筹。一次，欧洲某国准备派员出任驻日本大使，朝野猜测将选何人。一天，一家报纸的记者偶然在书店看到外交部的一位官员成捆地买有关日本的政治、历史、文化和经济等方面的书籍。记者敏锐地感到派员很可能是此人，他立即跑到外交部证实，是否派此人出使日本，这样，一条独家新闻到手了。1971 年夏天，美国著名记者赖斯顿根据中美“乒乓外交”以来的动向预感到白宫的对华政策在变，便立即申请到中国旅行。果然，就在他到达广州的时候，我国外交部正在秘密地安排对美国总统特使基辛格的接待工作。赖斯顿的这种“人未知而先知，人未到而先到”的见微知著能力正是我们公共关系人员应具备的政治敏感性。只有具备了这种较强的政治敏感性，才能为组织的决策者提供高质量的咨询建议，才能把握公共关系的时机，才能使组织立于不败之地。

4. 具备良好的政策水平和法制观念

“政策和策略是党的生命”，也是我国当今社会组织赖以存在和发展的生命。因此，公共关系人员必须不断地学习和掌握党和国家的有关方针、政策，认清形势，把握机遇。一方面，从公共关系的角度配合国家各项方针政策的落实；另一方面，又善于把国家政策具体化，结合本组织工作的目标和需要制定具体政策，利用国家的政策发展本组织。法律是由国家权力机关制定认可，并由国家强制力保证实施的行为规范。法律对公共关系具有制约和保障作用。因此，公共关系人员必须具备较好的法制观念，主动争取法律的保护。一个从公众利益出发，最后取得公众信任、尊敬，并得到公众配合的组织，往往都是在法律允许的范围内开展活动的组织。例如，在公共关系活动中，采用馈赠提高知名度，树立良好组织形象，加强联系与合作是可以的，但必须恰当，如果涉嫌法律明文禁止的行贿受贿就会受到制裁。有的人误以为公共关系是一条绕过法制的“捷径”，是为达到本不该追求的目的的“特殊手段”，什么“美人外交”、“金钱往来”等违法行为也打着公共关系的旗号，这是对公共关系的玷污，也为法律所不容。公共关系人员必须知法、守法和护法，熟悉与本组织业务有直接联系的法规法令，模范地依法办事，恪守法令，维护法律尊严，坚决抵制和揭露违法行为。

## 二、优秀的品德素质

良好的道德品质也是公共关系人员必须具备的基本素质之一。公共关系工作是一项塑造形象、建立信誉的崇高事业，它要求从业人员必须具备优秀的道德品质和高尚的情操。

1. 诚实、守信、公道正派的工作作风

诚实，就是说公共关系工作要实事求是，忠诚老实，这是公共关系工作的职业道德准则，也是公共关系工作的生命。公共关系人员是通过传播的手段协调组织和公众的关系的。因此，公共关系人员一方面无论在何时何地、何种情况下都要以事实为依据，认真准确地进行公共关系调查，收集各方面公共关系信息，为组织提供真实、准确的信息。另一方面，也要真实地向各方面公众反映组织的情况，决不能不顾事实真相进行“讨好式的宣传”，夸大其词，故弄玄虚，甚至不依靠事实，散布假信息。这样只能适得其反，造成被动局面，给组织和公共关系人员今后的工作造成恶劣影响。例如一位在饭店就餐的顾客发现三鲜汤里有只苍蝇，气愤地责问服务员。公共关系人员闻声而来，二话没说拿起汤勺就把苍蝇舀起来吃了下去，并对顾客说：“先生，大概您看错了吧？这只是一片葱花。”然后让服务员换了一碗汤了事。这位公共关系人员为了维护声誉敢于吃苍蝇，精神固然令人“钦佩”，但颠倒黑白，消灭证据，反诬的做法委实不可取。这样不仅伤害了顾客的感情，而且会损害组织的形象。正如最早为我国培训公共关系人员的美国公共关系专家露易·布朗所说：“歪曲、耍花招和掩盖事实是公共关系之大敌。”

守信，指讲信誉，守信用。简单来说，就是说话要算数，说到做到。公共关系人员是组织的代言人，他们自身的信誉直接影响公众对组织的信任度。现在有些厂家在推销商品做广告时说得天花乱坠，什么售后服务、保修期、维修站等，而后来实际上并未真正兑现和实施。这样必然会引起公众的不满和投诉，甚至会严重地影响组织的形象和声誉。因此，公共关系人员一定要注意自己的言行，要一言九鼎，要恪守信用。

公道正派的工作作风是指公共关系人员在面对公众，和公众打交道时，不论职位高低、不论单位大小都应一视同仁、平等相待。对人不能以成败论英雄，对事不能以荣辱定是非。比如举办记者招待会，对到会记者，无论是大报小报，无论是本地还是外地，无论是国内还是国外记者都应热情相待，一视同仁。这样才能使公众对其组织有信任感，才能有利于公共关系工作的开展。

2. 恪尽职守的工作态度和廉洁奉公的敬业精神

现实生活中，很多人以为公共关系工作轻松潇洒，公共关系人员经常是鲜花、美酒陪伴，出入酒吧、饭店等高级娱乐场所。其实，公共关系工作除了日常繁杂的事务性工作外，更多的是难度比较大，需要花相当多的精力、心力和时间的工作。比如一些高层次的策划工作、危机公共关系等，有时甚至是一连几个晚上都没有时间闭一下眼的工作。因此，就要求公共关系人员必须具有恪尽职守的工作态度，尽心尽责做好每一项工作。同时，公共关系工作又要求公共关系人员严格遵守职业道德，廉洁奉公。美国公共关系协会职业规范守则第十条规定：“公共关系人员在向客户或雇主提供服务时，在没有充分说明情况取得有关方面同意的情况下，不得因这种服务与其他方面有关而接受任何其他人给予的服务费、佣金或其他报酬。”之所以做这样的规定，显然是因为这种情况是会经常发生的。随着经济活动的频繁展开，这种情况在我国也会越来越多地出现。

因此，要求我们的公共关系人员必须要有一种拒腐蚀、不谋取私利、不徇私情、廉洁奉公的敬业精神。事实上，有些公共关系人员正是因为抵不住这种诱惑，私欲膨胀，做出了有损组织形象和利益的事情，甚至触犯了法律，从而也葬送了自己的前途。

3. 高度的社会责任感和道德感

公共关系人员是一只脚在组织内，另一只脚在组织外，一方面要代表组织和各类公众交往，另一方面还要及时把公众的意见、看法、要求及各种信息反馈给组织。这就需要他们具有高度的社会责任感和道德观念，要把组织的利益和公众的利益很好地结合起来。要把组织的经济效益和社会的整体效益结合起来，当组织的利益和社会的整体利益发生矛盾时，要自觉地、无条件地使组织的利益服从于社会整体利益。有的企业，当他们的产品达不到国际或国内质量要求标准时，尽管他们的产品可以畅销无阻，但他们仍以高度的事业心和社会责任感，以及对顾客这位“上帝”的负责精神，毅然收回所有已销出的产品，并予以全部销毁或重新检修，即使自己蒙受巨大损失，也决不坑害公众，这是公共关系道德准则的最高体现。

## 三、广博的学科知识素质

现代公共关系工作是一项在现代科学技术指导下的有意识的复杂活动，是一项科学性和艺术性相结合的工作。要胜任这项工作，仅凭经验和热情是远远不够的，必须具备扎实的学科基础和丰富的知识素养。

1. 要具备广博的基础知识

公共关系活动涉及的面广，接触的领域宽，因此，公共关系人员要具备多方面的基础知识。如社会科学方面，要掌握哲学、政治经济学、伦理学、美学、生态学、社会学等知识；管理学方面，要了解行为科学、领导科学、管理心理学、市场学、营销学等方面的知识；传播学方面，要学习新闻学、传播学、广告学、符号学等方面的知识。公共关系学本身就是一门综合性、边缘性的社会应用学科，所以，公共关系人员基础知识越牢固，知识面越宽，干起工作来就越得心应手，就越有利于公共关系工作的开展。

2. 要具备一些公共关系的专业知识

公共关系的专业知识包括公共关系的基本理论、基本原则、基本要素及公共关系发展的历史、公共关系调研、策划，公共关系案例分析等方面的知识。

3. 要具备公共关系实务等方面的知识

对公共关系实务方面的知识和技巧一定要熟知和掌握。如一些文案写作、编辑、摄影、广告设计与技巧等方面的知识。还要熟练地掌握迎来送往的一些基本礼仪和要求，同时，还要对一些国家和地区的风土、民情、民俗、礼仪有所了解。据说，曾有一位美国客人当着中国主人的面赞扬对方的妻子如何美丽动人，并赠送她一个精美的维纳斯塑像作为礼物，最后还以亲吻告别，结果中国主人大为生气，骂洋鬼子不正经，双方不欢而散。如果旁边有一位了解美国风土人情、美国文化背景的公共关系人员加以协调，事情可能就会好办得多。可见，一定的礼俗和风土人情也是公共关系人员所不可缺少的知识之一。

## 四、健康的心理素质

公共关系人员要胜任公共关系工作，还必须具备全面、健康的心理素质。全面、健康的心理素质主要体现在以下几个方面：

1. 执著的自信心和坚强的意志

自信是取得事业成功的基石，自信也是公共关系人员健康的心理素质的基本要求。一个公共关系人员只有相信自己的能力和力量，才能敢于去竞争，敢于去拼搏，敢于去追求卓越。我们中国人出于谦虚，当取得成就时往往说“我不行”、“还差得很远”。而美国人却往往非常自信，认为：自己是世上唯一的，所做的事是最好的。正如著名学者卡耐基所说：“你应庆幸自己是世上独一无二的。”法国哲学家卢梭也曾说过：“自信心对事业简直是奇迹，有了它，你的才智可以取之不尽，用之不竭。一个没有自信心的人，无论他有多大才能，也不会有成功的机会。”可见，培养自信心是十分重要的。

建立自信心首先要清楚地认识“自我”。认识“自我”主要应把握好与社会的距离，与他人的心理距离，清楚自己所处的位置，所扮演的角色价值及其实现程度。其次要清楚地认识到所奋斗的目标与现实条件之间的距离，这要通过详细的调查分析，掌握第一手资料。离开对客观现实的了解和掌握就不会有自信。

意志是克服困难以实现预定目标的一种心理素质，它与自信心是相辅相成的。自信心会培养出坚强的意志，坚强的意志又会强化自信。公共关系工作是开拓性、创造性的工作，必然伴随着一系列困难，要想获得成功，必须磨炼自己百折不挠、勇往直前的韧劲儿，在困难、挫折、枯燥、孤寂面前毫无惧色，勇于战斗，最终才能完成艰巨复杂的任务。郑板桥曾写诗云：“咬定青山不放松，立根原在破岩中。千磨万击还坚劲，任尔东西南北风。”这正是对意志最形象的描述。公共关系人员若意志薄弱，知难而退或任凭感情支配是不会做好工作的。

2. 广泛的兴趣与好奇心

兴趣是人们力求认识某种事物或爱好某种活动的倾向，它影响人们对事情的注意、选择和态度。好奇心较强的人也是易于对人和事产生兴趣的人，好奇心强才能萌发想象力和创造意识,感兴趣才能使这种想象力和创造性持续下去，进而导致公共关系活动的展开，取得公共关系效应。公共关系人员的好奇心和兴趣是与公共关系职业紧密相连的。

公共关系人员需要与各行各业、各种公众、各种人物打交道，因此，公共关系人员要有广泛、健康的兴趣才能与各种公众有共同的语言区域和接近点，从而产生认同感和亲近感，才能和公众建立密切的关系和友情。兴趣不仅会影响一个人的工作态度，影响他对问题的钻研，甚至会影响他的敏感性。一个人对其所从事活动的兴趣越浓厚，事业心就越强，就越能排除一切干扰，全身心地投入创造性的活动中去。广泛的兴趣还可以使人博采众长，见多识广，善于在复杂的形势和关系中随机应变，使自己的组织立于不败之地。同时，也能团结不同特点的公众，创造一种和谐、愉快的气氛，顺利开展工作。相反，一个对什么也不感兴趣的人，性情木讷、反应迟钝，他的信息必然枯竭，思想必然僵化，他的生活必然乏味，他的工作也必然毫无生气。

3. 良好的情绪与宽广的胸怀

良好的情绪是指乐观、向上而稳定的情绪，这种情绪往往受人喜爱。公共关系人员在与公众交往时要像一团火，要富有感染力，要保持充沛的精力和热情。这样，使人们因为有了你而感到愉悦、兴奋、安定，充满生机和活力。同时，在保持这种乐观、向上的情绪时，还要学会善于控制情绪，即使在自己受到委屈和痛苦时，也不能因此而给别人带来不快。如果不善于控制自己的情感，动辄狂喜、暴怒或极度忧伤，情绪波动，不稳定，就会使自己的言行失去理智控制，造成失误，甚至使长期的努力毁于一旦，即使再花十倍的努力也难以挽回局面。

胸怀与情绪在心理素质上是相通的。良好的情绪往往和宽广的胸怀有关。豁达大度，与人交往不计较一时一事的得失，能容忍别人与自己不同的意见、看法和风俗习惯，不仅是良好的交友之道，也是公共关系人员必备的素质之一。大千世界，无奇不有，公共关系人员要同各种公众交往，要为组织建立和协调上下左右、四通八达的关系网络，就必须具备这种“大肚能容，容天下难容之事；开怀一笑，笑世间可笑之人”的容人之道和宽广的胸怀。老子曾说过：容则大，大海不择细流，故能成其大；高山不择土壤，故能遂其高。公共关系人员必须具备这种宽广的胸怀，在与公众交往时，善于关怀别人，体谅别人，求大同，存小异，做事多为别人着想，多从别人角度考虑问题，这样才能取得公众的理解和谅解，才能朋友遍天下，才能做好公共关系工作。

4. 高雅的气质和开朗的性格

气质是人的一种典型的、稳定的心理特点，这些特点以同样的方式表现在各种活动中，有人称气质为“固态表情”。气质是一个人一生经历的凝固，是岁月流逝的痕迹和记录。《三国志》上曾记载，有一次曹操要接见匈奴使者，自认为容貌丑陋而不能扬威国外，而让别人代替他，他自己则执刀于王座榻旁站立守护。接见完之后，他派密探到匈奴使节那里去探听反应，匈奴使者说："魏王确实貌相非常，但是气宇轩昂的是站在旁边执刀守护的那个卫士，他才是真正的英雄气度啊！"可见，气质是长期社会实践的一种凝练，在交际中具有非常重要的作用，公共关系人员在长期的公共关系实践中，应注意不断克服自己气质中的弱点，注意发挥、培养类似于热情、高雅、敏捷、坚定、整洁、稳定、落落大方、善解人意等气质方面的优点。

性格也是人的个性心理特征的重要方面，是人们对待他人和外界事物的态度和行为方式上所表现出来的特点，它和气质往往是相通的。心理学家一般把气质分为多血质、胆汁质、粘液质和抑郁质四种类型。认为多血质和胆汁质为外向型性格，粘液质和抑郁质多为内向型性格。一般认为，外向型性格较适宜于搞公共关系工作。不过，性格本身都具有互补性，外向型的公众未必都喜欢外向型的公共关系人员，关键是要把握分寸，一方面要积极交往；另一方面又善于控制，切忌举止咄咄逼人，言语夸夸其谈。总之，要注意让自己的性格服从于工作的需要，而不是工作服从你的性格，这样才能开展好公共关系工作。

## 五、全面的能力结构

能力是人们通常所说的"才能"或"本事"，即人们运用知识和智力成功地进行实际活动的本领，是人的基本素质和智力因素在各种不同条件下的综合表现。公共关系人员应具备多方面的综合能力。

1. 组织协调能力

公关工作是一项有计划、有步骤的活动。公关人员在从事每项公关活动时，需要做大量的事务性工作：搜集整理有关信息；协调各方面人员，负责实施相应的计划；组织领导每一项具体活动；随时控制整个工作过程；及时进行调整和修正；处理应急事件……诸多千头万绪的繁杂工作要求公关人员必须具备较强的组织协调能力，尤其是一些重大的专题活动更需要做到计划周全、安排合理，以保证活动有条不紊地进行。

组织领导及协调能力的培养是多方面的。首先，要掌握与人合作的工作方法，善于听取别人的意见，注重调动和激发下属的积极性，人尽其用，充分发挥各自的才能。其次，判断和决策必须果断明确、指挥有方，同时善于协调各方面的关系，同心协力，共同致力于公关目标的实现。最后，应熟知一些常见活动的组织方法，比如主持会议的程序，搞专题活动应做的筹备工作，处理应急事件应注意的事项……只有熟练掌握公共关系的工作技巧与方法，才有可能充分发挥组织协调能力，否则将事倍功半、效率低下。

2. 表达传播能力

表达传播能力主要是指口头表达与书面表达两大能力。能写会道是公关人员应该掌握的两项最基本的传播技巧。

公关人员在工作中，常常要撰写通讯、新闻稿件，拟订工作计划与活动方案，编纂企业简报和年鉴，撰写公文、贺词、柬帖、通知等公关文书。因此，公关人员必须具备良好的文字功底和写作技巧。这就需要熟练地掌握一些常用文体的书写形式和撰写技巧，文字表达的准确性、简洁性、生动性等规律，力求在全面、客观、真实的基础上突出重点，加强趣味性和可读性，吸引各类社会公众，达到传播的目的。

口头语言表达能力要求公关人员必须掌握说话的艺术。公关人员与公众接触的机会较多，应充分利用一切交际场合，发表适时适地的演说，向社会公众传播信息、沟通感情、施加影响，使公众建立起对本组织良好的信誉和形象，为组织发展创造有利的舆论环境。为此，公关人员应充分掌握说话技巧，注意语词、语气、节奏的运用，把握好说话的分寸和时机，并利用“动作语言”传达感情、表露心绪，从而提高自身表达能力和传播效果。

一句唐诗减税千金的例子可以说明口头语言表达能力的重要性。法国是盛产葡萄酒的国家，有较高的酿酒技术和鉴别能力，因此想打入法国的葡萄酒市场是很困难的。四川农学院留法研究生李华博士经过几年的努力，终于使中国的葡萄酒奇迹般地打入法国市场。可是，当中国葡萄酒从香港转口时，港方说：土酒征 80%的关税，洋酒征 300%关税，中国的葡萄酒要按洋酒征税。面对这种艰难的局面，李华博士吟出“葡萄美酒夜光杯，欲饮琵琶马上催”的唐诗诗句，并解释说，这说明中国唐朝就能生产葡萄酒了，唐朝距今已有1000多年了，英国和法国生产的葡萄酒的历史恐怕要比中国晚几个世纪吧！香港方面无言以对，只好承认中国的葡萄酒是土酒（即自己国家生产的），只交80%的税。

3. 社会交往能力

企业公关人员必须从一点一滴做起,不断培养和提高自己的社交活动能力，注意自己的仪容仪表和言谈举止。为此，公关人员要善于理解、宽容他人，细心体察不同公众的行为及心理特征，能在尴尬的场合中保持愉快幽默的心境，并能主动打破僵局，化干戈为玉帛。充满自信、友好、轻松的微笑，是公关人员良好形象的外在体现，也是提高人际吸引力的重要因素。同时，熟知人际交往中基本的礼仪常识和社交技巧，如接待客人、赴宴、出席会议等礼节，也是公关人员社交能力形成的必备知识。另外，公关人员还应培养自己多方面的爱好和特长，如书法、桥牌、交谊舞、棋类、烹调、集邮等等。这不仅有利于公关人员陶冶性情，而且有助于在交际场合充当与各类公众沟通的“桥梁”。

4. 策划创新能力

公关活动讲究借势、造势、融势。公关人员要根据环境的态势、企业的要求设计出新颖独到、令人耳目一新的公关活动，才能引起公众对企业及其产品的关注。这就需要公关人员具有较强的策划创新能力。

“创新”原意是指首创前所未有的事物，但对于公共关系人员来说，主要是指能设计或提出有助于塑造组织形象的活动，使公共关系工作充满“生机与活力”。在公共关系活动中，公共关系人员要敢于想别人没有想过的事，敢于做别人没有做过的事，要敢于突破常规，大胆设想；要勤于思索，刻意求新。

有一次，一个企业参加产品展销订货会。在展销订货会上，这家企业被安排在四楼最右角的展厅里，而且该展销楼没有电梯，楼层越高，参观展览的顾客就越少，更何况在一个旮旯，怎么办？该公司的公共关系人员勤于思索，刻意求新，巧妙地运用了公共关系创新艺术，结果打开了销路。展销会开幕那天，当顾客纷纷涌进展销大厅时，发现地上有许多精制的小纸片，上面写着“亲爱的朋友，如果您光临四楼最右边的展厅，将会有意外的收获”。这张纸片引发了很多人的好奇心，人们争先恐后地涌到四楼右边展厅，那里除了美观的布置、微笑的服务和精美的产品外，还贴了一张告示：“凭本公司发放的纸片，九折优惠供应本展厅的一切商品。”结果，不但该公司零售、订货额居所有展销企业之首，而且当地公众纷纷传播着该公司的公共关系“新招”，该公司的知名度也大大提高。可见，有无创新能力对公共关系活动目标的实现是大不一样的。

公共关系人员所应具备的策划创新能力一般表现在两方面：一是善于思索。公共关系人员应养成勤于思索的习惯，善于寻找开展公共关系活动的最佳时机，选择公共关系活动的最佳形式。二是刻意求新。公共关系活动最忌讳因循守旧、墨守成规、照葫芦画瓢。因为，公共关系人员要经常同社会各行各业公众打交道，而公众又是最易于变化的因素，所以，在开展公共关系活动时，决不能只踏着别人的脚印亦步亦趋，更不能仅仅做一个组织的“传声筒”。公共关系人员必须具备较强的创新能力，以自己丰富的想象力和创造力去影响组织的决策层，并感染公众，这样才能有所创新，闯出自己的路子。

5. 应变与自控能力

应变能力是指应付情况突然变化的能力。公共关系人员在工作中常常会遇到一些令人尴尬的事件和场合，甚至可能发生意外。当这种情况发生时，能否使自己处变不惊，能否使自己在不利的形势下扭转局势，以自己的语言或行动挽救可能出现的甚至已经出现的失误，这就看公共关系人员是否有灵活的头脑、冷静的思考和果断的措施以及技高一筹的应变能力。

一个餐馆素以代办喜庆宴席享有盛名。一天夜晚，正值餐馆内十分热闹之时突然停电，屋内顿时漆黑一片。宾客正觉惊愕和扫兴之时，只听得餐馆经理高声道：“各位来宾，下一个节目新郎与新娘为大家点燃蜡烛，让我们鼓掌，感谢新郎、新娘，感谢他俩亲手为大家献上一片光明！”话毕，服务员呈上烛台十余盏。全场欢声如雷，胜似当初。自此之后，这家餐馆喜庆宴席上，便真的有点蜡烛这一节目。可见，这位经理具备了很强的应变能力。

自控能力是指一个人自我控制自己情绪和感情的能力，公共关系人员在与公众打交道时，特别是当有的公众平白无故地指责你和你的组织，你能否做到心平气和，宽容大度地听取公众的指责、批评和建议，这就看你是否有很强的自我控制能力。一次一家宾馆来了几位美国客人，或许是因为不了解中国，或许是对中国抱有某种偏见，他们无论对宾馆的客房设备还是对宾馆的饭菜质量，都过于挑剔，在 5 天的住宿时间内，他们几乎每天都要打电话给宾馆的公共关系部反映这个问题或那个问题。开始时，该宾馆公共关系部对反映的问题都做出回答和解释。可是，接二连三的电话以及毫不客气的指责语言，终于使宾馆公共关系部的接待人员耐不住性子了。当那几位美国客人要离开宾馆回国时，他们又拿起了电话打给公共关系部说：“我们这几天要求您解决的问题，您一件也没解决，真是太遗憾了。”听到这句话，那位公共关系部的接待人员也反唇相讥：“倘若你们以后再来中国，就请到别的饭店去体验一下吧！”于是一场舌战在电话里爆发了。当那些美国客人离开这家宾馆以后，客房服务员在他们住过的房间的写字台上发现了一张纸条，上面用英文写着：“世界第一差。”由于这位公共关系部接待人员缺乏自控能力，使该宾馆的形象受到了损害。

可见，合格的公共关系人员必须具备良好的自控能力，必须时刻意识到，自己是组织的代表，自己的一举一动关系到组织的声誉，自己的责任就是以自己的真诚服务来树立组织的良好形象，这样才能做到以自己的冷静平息对方的不冷静，以自己的和颜悦色和微笑服务消除对方的指责和怒气。

应变和自我控制的能力不是与生俱来的，是在实践中不断培养的。首先，公共关系人员要注意培养自己博大的胸怀、高瞻远瞩的精神境界，做到凡事冷静观察、细致分析、从长计议，不为小事所扰，不为小利所诱，不为小人所恼，其自控和应变能力就会随之提高。其次，要培养自己临危不惧、处变不惊的心理素质。公共关系人员应该懂得，万事万物之中变是绝对的，不变是相对的，巨变是必然的，微变是随时的。懂得这一点，在遇到某件事情时就会做好承受各种变化，甚至是突然的、灾难性变故的思想准备。当变化真的发生时，就会将变化引起的心理震荡降到最低限度，就会冷静地在变化中做出最佳选择。最后，要多进行发散性思维训练，这种思维训练的要点就是给自己提出一个问题，然后随意探索与之相关的可能性答案，由此得出的答案愈多愈好、愈独特愈好。坚持进行类似的思维变通训练，就会为公共关系活动中迅速反应突然变故、妥善解决突然变故打下良好的基础。

6. 专业技术操作能力

公共关系人员除了应具备上述能力外，还应该相应地具备一些具体的专业技术操作能力。比如美工、摄影、编辑、采访、翻译、印刷、广告设计、录音、录像、市场调查与预测及民意测验等。对于一个公共关系人员来说，虽然不可能完全精通所有的专业技术，但应大体上有所了解，并精于一项或几项。这样在开展公共关系活动时，才能使公共关系人员在发挥各自优势基础上实现多种技能的互补，从而使公共关系机构正常、高效地运转起来。

## 国内外公共关系行为准则

### 国际公共关系行为准则

一、国际公共关系协会成员必须竭诚做到以下各条

第一条 为建设应有的道德、文化条件，保证人类得以享受《联合国人权宣言》所规定的诸种不可剥夺的权利作贡献。

第二条 建立各种传播网络与渠道以促进基本信息自由流通,使社会的每一成员都有被告知感，从而产生归属感、责任感、与社会合一感。

第三条 牢记由于职业与公众的密切联系,个人的行动——即使是私人方面的——会对事业的声誉产生影响。

第四条 在自己的职业活动中尊重《联合国人权宣言》的道德原则与规定。

第五条 尊重并维护人权的尊严，确认各人均有自己作判断的权利。

第六条 促成为真正进行思想交流所必需的道德、心理、智能条件，确认参与的各方都有申述情况与表达意见的权利。

二、所有成员都应保证

第七条 在任何时候、任何场合，自己的行为都应赢得有关方面的信赖。

第八条 在任何场合,自己均应在行动中表现出对他所服务的机构和公众双方的正当权益的尊重。

第九条 忠于职守,避免使用含糊或可能引起误解的语言,对目前及以往的客户或雇主都始终忠诚如一。

三、所有成员都应力戒以下各条

第十条 因某种需要而违背真理。

第十一条 传播没有确凿依据的信息。

第十二条 参与任何冒险行动或承揽不道德、不忠实、有损于人类尊严与诚实的业务。

第十三条 使用任何操纵性方法与技术来引发对方无法以其意志控制因而也无法对之负责的潜意识动机。

## 中国公共关系职业道德准则

（一九九一年五月二十三日第四届全国省市公关组织联席会议通过）

**总 则**

中国公共关系事业的发展是中国改革开放的必然趋势，它以新型的管理科学协调社会各方面的关系，密切党和广大人民群众的联系，调动各种积极因素，维护安定团结，促进社会主义建设。因此公共关系工作者肩负着时代的使命。公共关系工作者必须具有高尚的职业道德作为完善自身形象的行为准则。

**条 款**

一、公共关系工作者应当坚持社会主义方向，自觉地遵守我国的宪法、法律和社会道德规范。

二、公共关系工作者开展公关活动首先要注重社会效益，努力维护公关职业的整体形象。

三、公共关系工作者在公共关系活动中，应当力求真实、准确、公正和对公众负责。

四、公共关系工作者应当努力提高自己的政治水平、文化修养和公关的专业技能。

五、公共关系工作者应当将公关理论联系中国的实际，以严肃认真、诚实的态度来从事公共关系学教育。

六、公共关系工作者应当注意传播信息的真实性和准确性，防止和避免使人误解的信息。

七、公共关系工作者不能有意损害其他公关工作者的信誉和公关实务。对不道德、不守法的公关组织及个人予以制止并通过有关组织采取相应的措施。

八、公共关系工作者不得借用公关名义从事任何有损公关信誉的活动。

九、公共关系工作者应当对公关事业具有高度的责任感。不得利用贿赂或其他不正当手段影响传播媒介人员真实、客观的报道。

十、公共关系工作者在国内外公共关系实务中应该严守国家和各自组织的有关机密。

**附 则**

本准则将根据实际情况予以调整和修改。其解释、修改、终止权属全国省市公关组织联席会议。

## 北京奥运会开幕式的公关启示

2008 年 8 月 8 日的北京奥运会开幕式，虽然不乏负面评价，但总体上国人还是给予了赞扬与认可。下面是从公共关系的角度来看奥运会开幕式的得失。

**1．大活动、大策划、大创意**

奥运开幕式就好像是公共关系公司做的一个活动，客户是中国政府（不是奥组委），Team leader 是张艺谋。显然，以张艺谋为首的公共关系团队较好地完成了这次活动的策划、创意与执行，充分响应了客户需求。

客户要利用这个机会向世界秀一下中国 5000 年的悠久文化，同时还要展示今天中国强盛的综合国力。于是，开幕式最精彩的部分——文艺表演一分为二："灿烂文明"与"辉煌时代"。而在阐释活动主题的创意上，不仅紧扣主题，并且以超人的想象力和创造力，发挥得淋漓尽致，登峰造极。尤其是以现场演员创作的"中国长卷"作为表演舞台，更是含义深远，匪夷所思。

同时，张艺谋团队对活动执行中的细节考虑得非常周详，对想得到的现场意外情况都做了第二方案部署。

当然，开幕式的活动案例我们恐怕无法全盘学习。想想，那庞大开支、举国资源和高科技、大设备，岂是一个企业可以做得到的？但其策略与思维、方法与创意仍为公共关系业提供了一个很好的学习与借鉴的实例。

**2．关键信息提炼与传播**

一个活动的关键信息的提炼与传播至关重要。北京奥运会开幕式的关键信息非常简洁，就是一个"和"字，体现了中国国家的主流意识，是中国近年来一直致力于在国际社会倡导的"北京声音"。当然，关键信息不但要精准提炼，还需要奇巧表达。张艺谋团队通过中国儒家和谐文化和中国发明活体印刷，反复表现"和"的形体与内涵，显得很 Smart。

此外，在关键信息的表达上，有很多值得玩味的地方。比如，很多人奇怪，怎么奥运会主题曲那么阴柔?而且用一个可爱的小女孩唱一首特意重新配器以使歌声更加抒情柔和的《歌唱祖国》？这太不符合奥林匹克"更高、更快、更强"的体育精神了吧?

别忘了，中国压根儿没把奥运会当体育盛会来办，这是一个聚合政治、文化、经济于一体的世界大会，中国要传达的不是争强好胜的霸气，而是和谐之音与祥和之气。明白了吧?

**3．平衡、文化与价值观**

“灿烂文明”与“辉煌时代”是一种平衡，56个民族的演员合唱国歌是一种平衡，全国各地方28个民间曲艺节目集体亮相也是一种平衡。平衡所表达的理念就是奥运会不是北京的奥运会，而是中国的奥运会、世界的奥运会，应当是全国、全世界都有参与。同时，这也是中国向全世界展示优秀文化与价值观的最好机会。

有识之士早已指出，中国及中国企业对外输出的是血汗产品，而欧美对外输出的是文化与价值观。这一点没错。虽然很多企业天天嚷着要建造企业文化，但他们举办的各类活动和会议主要部分大概有三个，一是领导讲话，二是产品说明，三是游戏互动。无论是刻板的宣传还是流于娱乐的玩耍，都无法达到北京奥运会开幕式的境界，那就是以传播、展示文化与价值观为主旨巧妙设计的寓教于乐。

**4．双向沟通的不足**

这次奥运开幕式有一个最大的缺陷，正是张艺谋声称的“用世界的语言讲述中国”，是一句实实在在的空话。

垫场表演的“安徽花鼓”、“余杭滚灯”、“海派秧歌”等28个节目，文艺表演中的孔子3000弟子嘴里哼哼的论语，以及贯穿始终的一切中国元素，固然满足了国内的部分需求，中国人大概能看或听明白一点点道道儿，全球几十亿观众只好做做目瞪口呆的Pose了，于是再一次感叹东方古国的神秘难测。

如果张艺谋真是一个业余公关爱好者，大概对公共关系的理解还处于远古时代——说自己的话，让别人去听吧，管你听不听得懂。张艺谋真的应该用一些国际化的语言文化与沟通方式来讲述中国，奥运会作为一个全球性盛会，光平衡中国是不够的，还要平衡世界。我想，作为专业公共关系人，应该可以虑及于此。

**5．李宁的大公共关系**

关于李宁（其实更多的是李宁公司）在北京奥运会的腾空出世，飞天逐日，看看国内外媒体铺天盖地的报道，就对这个奥运会上史无前例的大公共关系一览无余了。

只是，这个案例具有的更多的是精神激励的意义，而不太具有借鉴仿效的价值。

资料来源：丁来峰．沃华传媒网：http://www.wowa.cn.

**讨论题：**

1. 北京奥运会开幕式体现了公共关系的哪些内涵？
2. 北京奥运会开幕式给我们哪些公关启示？

## 思考与训练

1. 什么是公共关系？公共关系具有哪些要素？

2. 公共关系的表现形式是什么？如何把握公共关系的内在含义？

3. 有人说，拉关系、走后门也是为组织广交朋友、开拓生存空间，这与公共关系的目的是相同的，你认为呢？

4. 试举两个所见所闻的实例，说明当前我国公关“误区”仍未消除。

5. 公共关系与营销、广告各有什么区别？

6. 公共关系的基本观念和工作原则有哪些？你准备在公关工作中怎样体现这些基本观念和工作原则？

7. 如何把自己塑造成优秀的公关专业人才？

8. 公共关系工作究竟是男性合适还是女性合适？请阐明理由。

9. 公共关系人员最主要的素质要求应该是什么？请谈谈你的看法。你觉得自己在哪方面最需要努力以达到公关人员的素质要求？

10. 案例分析：

**服务无小事**

日本东京一家贸易公司有一位秘书小姐专门负责为客商购买车票。客商中有一位德国大公司的商务经理经常请她购买来往于东京—大阪之间的车票。不久，这位经理发现每次去大阪，座位总在右窗口，返东京时又总坐在左窗口。经理问小姐其中有什么缘故，秘书小姐笑着答道：“从东京去大阪时，富士山在您的右边；返回东京时，山又到了您的左边。我想，外国人都喜欢日本富士山的壮丽景色，所以我替您买了不同位置的车票。”就是这样一桩不起眼的小事，使这位德国经理大为感动。他想：“在这样一些微不足道的小事上，这家公司的职员都能做得这么周到，那么跟他们做生意有什么不放心的呢！”于是决定同日本公司的贸易额由400万马克提高到1200万马克。无独有偶，法国巴黎有一家里兹大饭店，如果顾客在这家大饭店预订了房间，乘出租车去饭店时，车刚在饭店门口停下，就会有看门人及时帮助顾客打开车门，待客人下车后，又马上会记下出租车的号码。饭店看门人解释说：“巴黎共有14500辆出租车，如果客人有物品遗忘在车上，这是帮助客人找回遗失物品的最有效、最简捷的方法。”

**问题：**请你分析一下以上事例反映出了这两家公司及其工作人员怎样的公共关系观念，并以此说明一下公共关系观念的含义和作用。

# 第二章　公共关系公众

> 一个典型的组织要面对许多异常挑剔但又极为重要的公众，组织必须与他们进行直接而频繁的沟通。组织必须对各类公众的私人利益、需要和关注点都保持相当的敏感度。
>
> ——［美］弗雷泽·西泰尔
>
> 投公众所好。
>
> ——［美］爱德华·伯内斯

公共关系是一种组织与公众之间的双向关系，研究“公众”的理论便构成公共关系学的重要内容。只有了解公众，才能真正了解公共关系的对象和内容，才能制定正确的目标、策略和方法，从而使公共关系工作建立在科学的基础之上。这一章主要介绍“公众”的含义，公众分类的方法，影响公众行为的心理因素，以及公共关系工作常见的目标公众对象。

## 第一节　公众与公众分类

### 一、公众及其性质

公共关系的“公众”是一个特定的概念，它与一般意义上的“群众”、“大众”等概念有着明显的不同。如前所述，公共关系的公众是指任何因面临某个共同问题而形成的，有着某种共同利益，并与某一特定组织的工作产生互动效应的社会群体。它具有同质性、群体性、可变性、多样性、相关性等特性。

1. 同质性

公众的形成是因为面临某个共同问题，而且“问题”将对公众成员产生影响，使得原本不属于某一社会群体和社会组织的若干人成为一个组织的公众，不同组织有不同的公众。一个组织可能有许多问题同时出现，从而涉及各种不同的公众，所以将形成若干类不同质的公众，这些不同质的公众是相对不同问题而言的，而由某一问题所引起的公众其本身却是同质的。因此，没有这种同质的内在基础便无所谓公众。

2. 群体性

公共关系既然是一种公众关系，就不仅仅与一个人或几个人发生关系，公众往往是一批人，是面临共同问题的特定的社会群体。这些群体的共同利益为某一个组织机构的行动和政策所影响；反之，这些群体的行动和意见也影响着这个组织机构。

公众的群体性包含三类群体关系：社会组织、初级社会群体组合以及其他同质群体。

社会组织是一个社会或一个团体内各个部分相互关系的总体，是人们为了合理、有效地达到自己的目标，有计划、有组织地建立起来的一种社会机构。一般来说，社会组织就是公共关系的主体，但是社会组织又是相对而言的，某个社会组织可以是某些公众的主体，也可以成为另外的社会组织的公共关系客体，可以当作“公众”来对待。因此，社会组织是公共关系要处理的第一类群体关系。

初级社会群体是指人们在生长过程中最初加入直接形成的人际关系密切的社会群体。如家庭邻里等。由于初级社会群体构成人数较少（一般家庭只有几个人），因此，不能单独构成公共关系对象，只有初级社会群体组合以后（即初级社会群体组合）才可以构成“公众”，成为公共关系要处理的第二类群体关系。

除了上述两种群体关系,还有与社会组织面临共同问题而形成的同质群体。同质群体既不是一般社会组织群体，也不是初级社会群体组合的群体。从社会学角度看，按年龄、性别、肤色或居住区域来划分的人不被认为是社会群体。因为他们不因存在某些社会关系而被联结在一起，而仅仅是根据人的特征来划分的。但是从公共关系角度看，人口学、种族学范畴可以转换成公众范畴。因为，只要在特定的条件下，这些不同性别、年龄以及不同地域或不同肤色的人，面临着需要共同解决的问题（即同质群体），就可以构成公共关系的对象。如在同一列火车上的旅客，他们并不是在社会交往中结合在一起的群体，只是在上了火车之后面临需要解决的相同问题而形成“公众”的，因此，同质群体也是公共关系需要处理的第三类群体关系。

3. 可变性

公众不是封闭僵化、一成不变的对象，而是一个开放的系统，处于不断变化发展的过程之中。任何组织的公众对象的性质、形式、数量、范围等均会随着主体条件、客观环境的变化而变化：有的关系产生了，有的关系消失了；有的关系不断扩大，有的关系可能缩小；有的关系越来越稳固，有的关系越来越动荡，有的关系甚至发生性质上的变化——竞争关系转化成协作关系，友好关系转变成敌对关系等。公众环境的变化必将导致公共关系工作目标、方针、策略、手段的变化。反过来，组织自身的变化也会导致公众环境的变化，如组织的政策、行为、产品的变化，使公众的意见、评价、态度或行为发生相应的变化，这种变化的结果又可能反过来对组织产生影响、制约作用。可见，必须以动态的、发展的眼光来认识自己的公众对象。

4. 多样性

公共关系的公众复杂多样。"公众"是个统称，具体的公众可根据不同的角度、不同的层次、不同的标准划分为若干种类型。公众可以是个人，也可以是群体、团体或社会组织。例如一个企业的公众可包括内部员工、股东，也包括消费者、新闻界公众、政府公众、社会公众等。顾客还可分为国内消费者、国外消费者，国内消费者和国外消费者还可划分为若干种不同类别。日常公共关系工作对象包括各种不同类型的公众。即使是同一类型的公众对象也有不同的存在形式。公众对象的多样性决定了公共关系工作的复杂性、方式方法的多样性，也为公共关系工作增加了难度。

5. 相关性

社会组织在生存发展过程中面临着许许多多的社会问题。公共关系不仅要为组织的目标服务，还要照顾到公众的利益。组织必须在力所能及的范围内保证特定公众的利益得以实现。如企业满足用户和消费者的利益，宾馆饭店满足宾客的利益，政府机关满足民众某一方面的利益，医院满足患者的利益等。只有公众的利益得到满足，组织的利益才能得以实现。另外，这些公众与某一特定组织的工作产生互动的效应。组织机构的各项方针、政策、行为影响着某些特定公众，而这些特定公众的需求也对组织产生重要的影响。比如，企业的方针、政策对职工、技术人员、领导干部有影响，可能激发也可能阻碍他们积极性和创造性的发挥；反之，这些人员自身利益的要求和行为也影响着企业制定下一步的方针、政策和计划。企业采取不同的经营方针对顾客公众、原材料供应者公众及其他各类公众都有着重要的影响，而这些公众的态度及他们所采取的行为对企业也起着制约作用。这说明组织和公众时时刻刻都互相影响，从而产生一种互动效应。不能产生互动效应的社会群体就不能成为组织的特定公众。这种相关性便是组织与公众形成关系的关键。

## 二、公众的分类方法

对复杂多样的公众进行必要的分类，把握其内在规律性是公共关系人员必须掌握的基本功。一个组织常面临复杂而又广泛的公众，可以根据不同的需要用不同的标准进行分类。常见的公众分类方法如下：

1. 内外关系分类法

按照公众与组织的内外关系可将组织的公众分为内部公众和外部公众。

（1）内部公众。指组织内部的各类公众，如企业内部的职工公众、干部公众、技术人员公众、股东公众、董事公众、离退休人员公众；医院内部的医生公众、护士公众及各级行政人员公众；学校的教师公众、学生公众及各级行政、后勤人员公众等。

（2）外部公众。指组织以外与组织在经济业务、外事往来等方面有密切联系的公众，诸如企业的客户公众（其中包括用户公众、消费者公众、旅客公众等）、原材料供应者公众、代销者或中间商公众、社区公众、政府公众、新闻界公众、金融界公众等；医院的药品供应者公众、患者公众、患者家属公众等。

2. 公众状态分类法

按照公众的组织状态可将组织的公众分为个体公众和组织公众两类。

（1）个体公众。个体公众是形式上分散，以个人作为意见、态度和行为的表达者，以个体形式与公共关系主体发生联系的公众对象。如竞选过程中面对的选民，酒店或商场中的散客等。

（2）组织公众。组织公众是以一定的组织或团体形式出现，以组织团体作为意见、态度和行为的表达者，并与公众关系主体相互交往的公众对象集团。如竞选过程中面对的各种助选团体，工商企业面对的集团消费者、订购者等。

3. 组织需求分类法

根据组织的需求，依照公众对组织的重要性不同，可以将公众划分为首要公众、次要公众和边缘公众。

（1）首要公众。指组织最重要的公众，如工业企业的员工、技术人员、管理人员、股东、董事；商业企业的顾客；医院的患者等。首要公众的态度如何直接影响组织的生存和发展，组织同他们的关系处理得好坏直接关系到组织前途。为此，几乎所有的组织在开展公众关系工作时，都集中人力、物力、财力来维持或改善同首要公众之间的关系，创造一种和谐的气氛。

（2）次要公众。指组织次重要的公众。如与组织建立往来关系的金融、财政、税收、社区、新闻等部门。这些部门对一个组织的生存和发展不直接产生影响，但它们可能间接地制约组织的发展。金融部门可能通过扩大或缩小贷款来控制企业，新闻单位可以实事求是地反映公众对组织的态度、看法等。因此，一个组织仅仅做好首要公众的工作是不够的，一定要在条件允许的情况下调整好组织与次要公众的关系，为组织的发展创造一个有利的环境。

（3）边缘公众。指距组织各项工作更远一层的公众。如某项特定发明造成一定的影响，如果企业重视这项发明，那么，这个发明单位就成为这个特定企业的边缘公众，同时该发明单位也是其他有关企业的边缘公众，它徘徊在各个有关企业的边缘，一旦其中某家企业购买了这项发明专利或发明成果，并准备付诸研制和试生产，则该发明单位就成为该企业的首要公众，而不再是其他企业的边缘公众了。边缘公众的特点是具有边缘性，它既可以是这个组织的边缘公众，同时也可以是其他组织的边缘公众；边缘公众还具有不稳定性，由于它同时成为几个组织的边缘公众，有些组织可能与它建立联系，而有些组织或许由于条件所限只好放弃和它的联系。

4. 公众态度分类法

根据公众对组织的态度可将组织公众分为顺意公众、逆意公众和中立公众。

（1）顺意公众。也称支持公众，是指对组织的政策和行为持赞赏和肯定态度的公众。如企业的股东主动为某企业投资，支持企业的发展；赞助某项社会福利事业或对某项工程的捐款者等。争取更多的顺意公众是公共关系工作一个最为重要的任务。

（2）逆意公众。也称反对公众，它是指对组织政策和行为持否定态度的公众，如一家造纸厂由于没有处理好工业污水问题，导致周围地区严重污染，当地居民对此意见很大，在这个问题上，这部分居民就成了这家工厂的逆意公众。逆意公众一旦付诸行动，其后果有时相当严重，甚至直接影响到组织的生存。对于这些公众，公共关系工作中应予以高度重视。

（3）中立公众。也称独立公众，它是指对组织的政策和行为持中间态度和不明朗态度的公众。这类公众大多对组织不大了解，即使与组织发生过交往，也因为没有出现过大的利益得失而不对组织抱有倾向性的态度。在市场竞争中，能否争取中立公众往往成为决定成败的关键。公共关系工作必须随时注意争取中立公众，并及时、有效地化逆意公众为中立公众和顺意公众，把敌手的数量缩小到最低点，把朋友的数量扩大到最大值。

5. 纵向细分法

所谓公众的纵向细分法，实际上是将公众作为一个过程按其发展阶段进行划分。公众的发展过程也就是公众与社会组织关系日益密切的过程。所以，组织公众的纵向细分也可以说是根据组织在运行过程中与公众发生关系的疏密程度对公众进行的一种划分。根据公众与组织关系程度和发展阶段一般可把它分为四类：非公众、潜在公众、知晓公众和行动公众。

（1）非公众。这是公共关系学中的一个特定概念，指那些不受组织各项方针、政策、行为所左右，同时他们的行为与要求也不影响组织而远离组织的公众。如棉农对一个生产电冰箱的企业是毫无实际意义的；需求食品的消费者对生产电视机的企业是不感兴趣的（假如他们根本不需要电视机）；非眼病患者对眼科医院是不登门求医的。这些不称其为组织公众的社会群体对组织来说毫无意义。认清组织的非公众可以帮助我们减少公共关系工作的盲目性，避免浪费现象的发生。

（2）潜在公众。指将来可能与组织发生利害关系的公众。我们常说的“潜在用户”、“潜在顾客”等就属于这一类公众。在组织所处的环境中，当某个社会群体面临着由组织的行为引起的某个共同问题但公众本身还没有意识到这一问题的存在时，这个社会群体就成了公共关系工作人员心目中的潜在公众。如某洗衣机厂生产了一批（比如说 5000 台）洗衣机，当发现这批洗衣机的电机有质量问题时，5000 台洗衣机早已上市。据技术人员估计，这批现在感觉良好的洗衣机用不了多久就会出故障。也就是说，5000 家用户将遇到一个共同的问题——洗衣机中电机的故障问题，但这些用户在购买洗衣机时并没有意识到这一问题的存在。如果该洗衣机厂公共关系部门重视这批公众的利益，尽早想办法，就会使影响企业信誉的问题更快、更好地得以解决。认识潜在公众可以使组织公共关系人员有计划、有目的地调整公共关系目标、制订公共关系计划，防患于未然，为公共关系工作的顺利进行扫清障碍。

（3）知晓公众。指由潜在公众发展而来的但没有集中出现在组织面前的公众。知晓公众已经意识到由于组织行为而使其与自己产生了一定的利害关系。这时，作为组织的知晓公众他们急切想了解自己所面临的组织，想了解问题产生的根源及解决的办法。因此，知晓公众对任何与他们所面临的组织及有关问题的信息都十分关注，并积极想办法，采取措施，渴望问题更快、更好的解决。作为组织，一旦知晓公众形成就应该立即开展经过精心策划的公共关系活动，态度应积极，措施应得当，行为应得体。如前例，如果洗衣机厂知道问题已发生，但又抱有某种侥幸心理，不采取措施解决问题，洗衣机厂将面临着 5000 个作为用户的知晓公众。如果这些知晓公众由于对洗衣机的不满导致了对洗衣机厂的不满，进而形成一种社会舆论时，洗衣机厂损失的将不只是 5000 个用户，可能要失去所有的市场。

为了解决实际问题，做好公共关系工作，组织必须掌握适当的时机。而实施公共关系方案的最好时机应该是潜在公众形成的时期。这时组织的行为造成的社会问题并没有对某些特定公众的利益造成不良的影响，此时主动采取措施，积极解决问题，把隐患消灭在萌芽状态之中，非但不会对组织造成不良的影响，相反还会为组织的原有形象增添光彩，使社会公众对组织产生信任感。仍如前例，如果洗衣机厂主动同新闻媒介联系，说明问题的原委，并为 5000 个用户更换新电机或洗衣机，这样更多的社会公众一定会对这家洗衣机厂产生好感。这就不仅消除了公众对企业可能产生的误会，而且还会吸引更多的用户成为企业的公众。

（4）行动公众。指由知晓公众发展而来的并已经集中出现在组织面前的公众。知晓公众已经知晓问题的存在，并正在准备采取某种行为对组织施加压力，而行动公众不仅知晓问题的存在，同时也清楚问题的原委而正在采取某种具体行动对组织施加压力。在特殊条件下，一个组织一旦形成行动公众，其公共关系工作难度就会大大增加。如前例，如果洗衣机厂已经使知晓公众转变为行动公众，那么，企业面临的问题就非常复杂了，很可能会因洗衣机的质量问题得不到解决而形成一种强烈的社会舆论，使企业产品滞销，从而制约企业的生存和发展。

以上四类公众是逐渐发展而来的，从而形成了一个连续的发展过程。这个发展过程可以用图 2－1 表示。

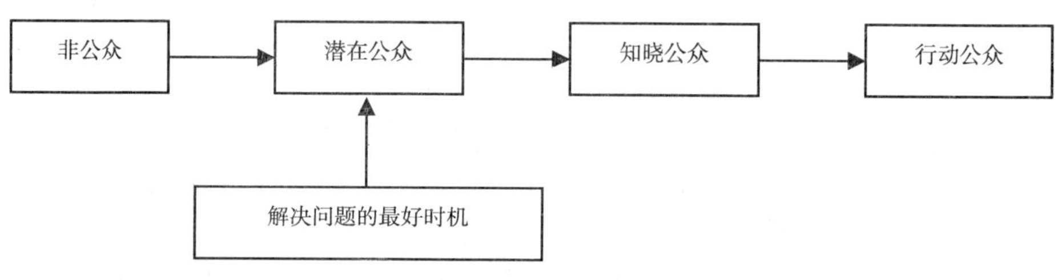


**图 2–1　公众发展过程**

6. 人口结构法

根据人口结构对公众进行分类，即按性别、年龄、职业、经济状况、教育程度、政治或宗教信仰、种族和民族等标准分类。

任何一个组织都应该对自己的公众对象进行人口结构分析，以积累基本资料，这是公共关系的一项基础工作。但就我国目前的情况来看，很多组织对此项工作还不够重视，长期没有建立这一类的信息资料档案。其实，尽管工作千头万绪，但是只要认真细致，调查研究，重视公共关系工作，完全可以创造一个好的开端，并从中发现本组织今后的努力方向。例如，某塑料制品厂通过统计购买塑料花的顾客，从中发现农民购买者增加，由 1%上升为 10%，这说明农村对该产品需求有增加的趋势，那么，就应该在农村增加一定数量的产品宣传网点，并争取在农村建立展销中心。同时在产品设计上也要考虑农村的风俗习惯、生活爱好等因素。又如澳大利亚有关部门曾委托香港甘穗公共关系公司总代理赴澳旅游的公共关系业务，甘穗公共关系公司首先进行人口结构分析，从中发现去澳洲的旅游者大都是经济比较富裕、教育水平比较高的人士。于是，他们在业务宣传时便以此作为准则。首先介绍当地的风俗文化；其次介绍地理知识；最后使用文字材料、书刊作介绍。这些有针对性的公共关系活动有效地吸引了这类人士，使前往旅游的人士不断增加。

没有区别就没有政策，没有政策就没有方法。根据公共关系工作的实际需要，公共关系人员可以从不同的角度和不同的标准去分析公众，认识公众，从而使公共关系工作的目标更加明确，政策更加适当，措施更加可行，投入更加合理，效果更加明显。当然，公共关系人员在实际工作中也不应拘泥于这些分类方法，要注意具体问题具体分析。只要分类对开展公共关系工作有利，那就是最好的方法。

## 第二节 公众心理分析

研究公众对象的一个重要内容是分析公众的心理和行为，以便使传播沟通工作具有较强的针对性和科学性。在现实生活中，对于同一件事情，不同的公众会有不同的反应，会采取不同的行为。这些反应和行为的差异与公众心理差异有关。因此，研究公众心理十分重要。

### 一、个性心理特征

公众的个性心理特征是表现于公众个体身上的最稳定、最根本的心理特征，它主要包括能力、气质和性格。它们贯穿于每个人心理活动的全过程，制约着人的各种心理活动，值得公共关系人员予以高度重视。

1. 能力

能力是使活动顺利完成并直接影响活动效率的心理特征的范畴，它的一个最鲜明的特点是与活动的效果相联系。能力有不同的分类和表现，有的人在这方面能力强，有的人在那方面能力强，因人而异。能力在不同个体身上会显示出差异。

首先，按能力的一般表现和特殊表现可划分为一般能力和特殊能力。一般能力是在各种活动中都必须具备的，并在各种活动中表现出来的基本能力，如观察力、记忆力、想象力、思维力等。特殊能力是某种专业活动所必需，并在专业活动中表现出来的能力，如音乐、绘画等。每个人的能力不同，存在着质和量的差别。如个人擅长不同是质的差异；个人能力大小是量的差异。公共关系工作也要注意分析公众对象的不同能力，根据其实际能力来开展传播工作，并充分调动他们参与的能力。

其次，按能力表现范畴来划分，可分为认识能力、实践能力和交往能力。其中认识能力主要包括观察力、理解力、记忆力和想象力；实践能力包括劳动能力、工作能力、生活能力和运动能力等，其中比较具体的是操作能力（或称动手能力）。操作能力是有客观标准的，衡量操作能力强弱的标准是处理和解决问题的质量、种类、速度、代价。操作者处理和解决问题的质量越高、种类越多、速度越快、代价越小，表明他的操作能力越强。操作能力具有三种特征：一是针对性，能针对问题的关键，对症下药；二是技术性，能技术熟练、得心应手地把目标转化为现实；三是变通性，能应变自如，触类旁通，运用非常规性的方法处理和解决问题。无疑，公共关系人员注重操作能力的培养和提高对公共关系工作的开展是大有益处的。现代社会中交往活动日益频繁，公共关系的开展在很大程度上要依靠交往这条途径，因此，交往能力也越来越显示出它在个体能力中的重要地位和作用。交往能力尽管不是个体能力的等同语，但却往往成为人们评价个体能力的第一印象，并由此影响对个体能力的综合评价。交往能力表现在人与人交往的过程中。善于和各种人打交道，善于用合适的方式表明自己的看法、意见、要求，善于倾听和理解对方的意见，并能够在此基础上实现沟通是交往能力的主要表现。

2. 气质

气质是指心理过程的速度、强度、稳定性和内外倾向性的心理特点的总和。它是由个体的心理特点所决定的。现代心理学认为，气质是高级神经活动类型的表现。高级神经活动具有兴奋和抑制两个基本过程。有的人兴奋的强度和抑制的强度相平衡，有的则不能平衡；有的兴奋和抑制转换灵活，对外部刺激的反应速度快，有的则正好相反。这样就产生了四种典型的高级神经活动类型，并由此表现为以下四种典型的气质：

（1）胆汁质。它是兴奋过程特别强，抑制过程受很大压抑的气质类型。具有胆汁质气质的人，一般表现为精力过人，不易疲劳；争强好胜，不怕挫折，大喜大怒，难以控制；办事果断，但容易急躁，具有明显的外倾性。

（2）多血质。它是兴奋过程强，但转换灵活，反应快的气质类型。具有多血质气质的人，一般表现为精力充沛、活泼好动；反应迅速、适应性强、兴趣广泛，善于交际；容易浮躁，不够踏实；他们也具有明显的外倾性。

（3）粘液质。它是兴奋过程较强，但反应不灵活的气质类型。具有粘液质气质的人，一般表现为沉静、稳重；工作时坐得住，不喜欢表现自己，忍耐性强，情绪不易外露；办事容易拖拉，比较固执；具有内倾性。

（4）抑郁质。它是兴奋过程弱，以抑郁过程为主导的气质类型。具有抑郁质气质的人，一般表现为行为孤僻、不太合群；观察细致、非常敏感、表面腼腆、多愁善感；行动迟缓，优柔寡断；具有明显的内倾性。

气质是由各种神经活动类型决定的，因而它不容易改变，但也不是一点都不能改变的。一个人年轻时心浮气躁，到了老年可能变得很豁达；一个意志非常坚强的人，通过长期的努力有可能改变大脑皮层活动的某些特点，从而在一定程度上掩盖、改变高级神经活动类型。特别是气质绝不只有前述四种类型，大多数人是兼有四种典型气质中的多种特点的，因而可以做出扬长避短的有效努力。

3. 性格

性格是对客观现实的稳固的态度以及与之相适应的习惯化的行为方式。性格与气质的区别在于气质是高级神经活动类型在行为、活动中的直接表现，而性格则是在高级神经活动类型的基础上形成的联系系统；气质主要由生理特点决定，而性格则主要在社会实践中形成。气质的动力特征可以按照自己的动力方式渲染性格特征；而性格特征也可以在一定程度上掩盖和改变气质。

性格有着各个侧面。从对社会、集体、他人的态度方面，有正直与虚伪，谦虚与傲慢，合群与孤僻，认真与马虎，细致与精心，大方与羞怯等；从意志方面，有果断与犹豫不决，沉着与鲁莽等；从情绪方面，有豪爽与抑郁，宁静与冲动等；从理智方面，有主观与客观，严谨与草率等。性格对于行为的影响是深刻的。因为几乎每个人的性格都不相同，在行为上就会表现出种种差异性。性格所造成的行为差异最具有个性。性格不是天生的，而是由后天的生活和教育以及个人的工作实践长期塑造而成的。已经形成的性格具有相对的稳定性，但又是可塑的。客观生活环境的变化是性格变化的重要因素。一个原来活泼开朗的人，如果遭到某个重大打击，也可能从此变得沉默寡言。另外，主观上的自我调节也是性格改变的有利因素。性格与前述的气质是一种非常个性化的因素。不同的人就可能有完全不同的性格和气质。这一点对于人际传播工作的影响最明显。针对不同性格、气质的人，可运用不同的沟通技巧，以充分体现公共关系工作的艺术性。

## 二、公众心理定势

在日常生活中，人们的心理定势是普遍存在的。人们往往根据一个人的名字来判断他的性别、年龄甚至文化教养，根据别人的介绍来想象被介绍者的特点，根据以往的经验和习惯来思考问题。所谓心理定势，也就是心理上的“定向趋势”，它是由一定的心理活动所形成的准备状态，对以后的感知、记忆、思维、情感等心理活动和行为活动起正向或反向的推动作用。心理定势犹如物理学中所讲的“惯性运动”，使人不自觉地沿着一定的方向去感知事物、记忆事物，去思考问题和寻找解决问题的办法；它既起定向作用，又是一种动力。心理定势具有如下特点：

第一，自发性。公众心理定势是对特定情况的适应性反应，是公众经过相互作用后自发产生的。任何一类公众都表现出相同或相似的心理倾向，这种心理倾向不是天生的，而是在一定的社会条件下，经过公众之间的相互影响逐渐凝结而自发形成的。在这个过程中，并没有人进行专门的引导与控制，而是无意识心理发生着强烈的作用。

第二，固着性。心理定势的固着性也即习惯性。它包括两个方面：一是指存在上的固着，它一经产生就在人的心理活动中占据一定的位置，不会轻易地消失；二是指功能上的固着，只要它在就要发挥作用。心理定势是不会轻易消失和改变的，是要固执地影响和驱动人们行为的。

第三，综合性。心理定势是认识、情感、意志等心理过程中诸心理因素综合作用的合成，而不仅仅是认识领域中独有的现象。如“一朝被蛇咬，十年怕井绳”，既反映认识上的心理定势，又具有强烈的情感色彩，同时也反映意志薄弱。心理定势是一种综合效应，它综合反映人的经验、知识、文化素养等。因此，对具体的对象进行心理定势的分析也可以从一个侧面了解该对象的特点。

1. 首因效应

在日常生活中，人们往往有这样的经验：当我们与一个陌生人接触时，在没有任何关于对方背景材料可以参照的情况下，我们首先注意对方某些细节，如对方的表情、姿态、身材、仪表、年龄、服装等，而对后面的细节不太注意，往往根据初次相识所得到的细节信息和初步印象对此人作出评价。一旦初始形象形成，也就是我们通常所说的“第一印象”、“初次印象”。首因即最先的印象，首因效应就是指人对第一次接触的事物（包括人）留下的最先印象。它会成为一种心理定势左右着人们对事物的整体判断，影响着人们对事物以后发展的长期看法。第一印象一旦形成就比较难以消除。

在公共关系工作中，组织对首因效应的有效利用要注意以下两个方面的问题：

第一，在组织的公共关系活动中，要设法给公众留下美好的“第一印象”。从大处来说，公共关系人员要充分重视“首因效应”对组织形象的影响，因此，应使组织周围的环境尽可能给人一种生机勃勃的印象。从小处来说，组织员工特别是公共关系人员应注意个人修养，以良好的个人风采给外界公众留下好印象，这对组织良好形象的树立具有极大影响。

第二，组织公共关系活动中，也应避免完全用“第一印象”去判断、认识公众对象。公共关系人员对公众或对其他组织的认知，免不了会受首因效应的影响，但是，不能将初始印象作为唯一的判断标尺，而应从不同角度全方位获取信息，并不断修正“第一印象”的偏差，排除“第一印象”的干扰，使自己的认知更全面、客观和准确。

2. 晕轮效应

所谓“晕轮效应”，是指从对象的某种特征推及对象的总体特征，从而产生美化或丑化对象的印象的一种心理定势。把它称之为“晕轮效应”，是说它像月晕一样，会在真实的现象面前产生一个更大的假象，人们隔着云雾看月亮时，在月亮外面有时还能看到一个光环，这个光环是虚幻的，只是月亮的光通过云层时折射出的光现象，事实上并不存在这样一个物质的、真实的光环；晕轮效应产生的也是幻化的总体印象，尽管产生这种幻化印象对某种特征的感知可能是真实的，像对月亮的感知一样真实，但总体印象却和月亮外面的光环一样不真实。晕轮效应有三个基本特征：

第一，遮掩性。晕轮效应往往产生于主体对认识对象的感觉、知觉阶段，容易受感觉的表面性、局部性和知觉的选择性的影响，产生以局部代替整体，以形式掩盖内部实质的偏差。

第二，先入性。晕轮效应的先入性表现为一个人已有的态度会直接影响对他人的认识评价，先前获得的有关认识对象的信息往往成为以后交往、认知、判断的依据。

第三，弥散性。对认知对象的整体态度，还会连带影响到跟对象的具体特征有关的事物上，所谓“厌恶和尚，恨及袈裟”、“爱屋及乌”正是晕轮效应弥散性的体现。

公共关系活动中可以适当利用这种晕轮效应来扩大影响，美化形象，如“名流公关”；同时也要避免因为滥用这种晕轮效应，使公众反感甚至讨厌，更要反对利用晕轮效应来蒙骗公众。

3. 刻板印象

刻板印象是指社会上一部分成员对某类事物或人物所持有的共同的、固定的、笼统的看法和印象。作为心理定势，“刻板”是它的根本特点。刻板就是呆板，没有变通；刻板印象就是对事物或人们的呆板而没有变通的印象。刻板印象不是一种个体现象，而是一种群体现象，它反映的是群体的“共识”。

刻板印象表现为对某类人物或某类事物的固定看法。职业、年龄、性别、籍贯乃至国籍都往往成为刻板印象媒介。刻板印象既有积极作用，也有消极作用。其积极作用表现如下：

第一，刻板印象包含了一定的真实成分，它或多或少反映了认知对象的若干状况。无论是认为东北人直爽还是认为商人精明，都有一定的合理性。

第二，刻板印象可以将所有认知对象进行分类，简化人们的认识过程，起到执简驭繁的作用。谁也不可能把所有人的所有特征都搞清楚，当知道某人属于某个群体时，我们就可以根据已形成的刻板印象对其有个大致的了解。

第三，刻板印象能帮助人们更有效率地了解和应付周围的环境。我们常常要与一些陌生人打交道，在这种情况下利用刻板印象来指导我们的言论和行动有时还是颇有作用的。

刻板印象的消极方面表现在，它使人们的认识僵化和停滞化。刻板印象一经形成，具有很高的稳定性。即使现实发生了变化，它也倾向于不变。这势必要阻碍人们接受新事物，阻碍人们开拓新视野。另外，持有刻板印象的人在判断他人时，把群体所具有的特征都赋加到他人身上，也常导致过度概括的错误。

公共关系工作中要注意发挥刻板印象的积极作用，摒弃消极表现，一方面要研究和尊重公众的某些刻板印象，使自己的形象与公众的经验相吻合；另一方面要努力传播新观点、新知识、新经验，以改变公众某些狭隘的成见和偏见以及由此产生的误解。

## 第三节　公众关系举要

内部的员工公众和外部的消费者公众、新闻媒介公众、政府公众、社区公众是一般社会组织较为常见的、带有一定共性的目标公众，组织与这些公众的关系构成了公共关系的主要公众关系。

### 一、员工关系

员工关系指在组织内部管理过程中形成的人事关系，其具体对象包括全体职员、管理干部。员工是组织的内部公众，是内求团结的首要对象。任何一种组织都会有自己的内部公众，都需要首先处理好自己的内部关系。由于员工是组织的成员，因此从内部公共关系的角度看是公共关系对象，从外部公共关系的角度看又成了公共关系主体。这是一种与公共关系主体关系最密切的公众。

1. 员工关系的重要性

建立良好员工关系的目的就是培养组织成员的认同感和归属感，形成向心力和凝聚力。其积极性可以归纳为以下三方面：

第一，良好的员工关系为塑造组织形象奠定基础。公共关系人员通过有效的公共关系计划和公共关系活动，来调整内部员工的价值观念，最大限度地满足员工的各种需求，使其对组织尽职尽责，关心组织的生存和发展。同时，使每个员工树立与组织共命运、同发展的思想，有利于形成组织机构内部的凝聚力和向心力，为组织机构塑造良好形象奠定可靠的基础。

第二，良好的员工关系有利于加强民主管理，使员工真正成为组织的“主人”。公共关系人员通过各种途径，上情下达，下情上呈，沟通领导与员工之间的思想和意见，使员工真正产生一种主人翁责任感，并重视自身的存在价值。这样不仅可以提高领导者的威信和工作效率，更有利于增强组织机构内部的民主管理，使组织真正形成一种“人和”的境界。

第三，良好的员工关系有利于实现“全员公关”，促进组织机构目标的实现。

专职公共关系人员要积极引导全体员工树立强烈的公共关系意识，协助开展各种公共关系活动。这样，全体员工都成为非专职的公共关系人员，从而促进组织目标早日实现。显然，良好的员工关系是对外公共关系的一个重要前提。

2. 员工关系的策略

组织的领导者和公共关系人员只有讲究和掌握处理员工关系的策略，才能培养员工的认同感和归属感，增强组织的凝聚力和向心力，实现内部公共关系的目标。

（1）培养融洽的家庭气氛。组织要与员工建立起良好的关系就必须将组织视为一个扩大了的家庭，所有员工都是这个大家庭中的成员。组织的领导者运用“情感维系”等方式密切同员工的关系，培养融洽的家庭气氛。例如，日本的一些企业特别注重向员工灌输忠诚企业的观念，利用各种形式培养员工的“家庭观念”，激发员工对企业的自豪感、归属感，建立一种以家族主义为主体的管理形式。

（2）满足员工的需求，尊重员工的个人价值。组织的内部公共关系工作应最大限度地使员工达到物质和精神的满足。从这个意义上说，组织内部员工关系的实质内容是充分了解和充分实现员工的各种物质的、精神的需求。根据马斯洛的需求层次理论，员工的需求主要分为五个层次：生理的需求、安全的需求、社交的需求、尊重的需求、自我实现的需求。例如，上海利华造纸厂曾举行了一次特殊的表彰先进活动：“贤内助恳谈会”。这天该厂披上了节日的盛装，厂区内外装点着红红绿绿的彩带、彩旗、鲜花，“热烈欢迎贤内助”的标语分外引人注目。这是该厂精心策划的一次公共关系活动。表彰先进是该厂的一项经常性活动。厂领导感到，若像往常一样，奖金一份、奖状一张、红花一朵、光荣榜上一登，形式单调雷同，费力花了钱，并不会带来特殊效果。为使这一活动收到实效，使先进工作者这一荣誉称号产生巨大的感召力和吸引力，该厂领导决定把活动推向社会成员，推向职工的家庭。于是以召开“贤内助恳谈会”的形式，向先进职工家庭表示敬意和感谢。工厂主要领导人、各车间科室负责人，在门口列队欢迎获奖职工及家属的到来，亲自为他们戴荣誉花，颁纪念证。在会上，厂领导高度肯定了“贤内助”的功绩。会上热烈的气氛使与会代表倍受激励。表彰会后还为“贤内助”安排了一系列活动：观看演出，参观厂区，听取情况介绍，参加招待宴会，最后与厂领导一起座谈。利华造纸厂的这一活动收到了良好的效果，先进员工的勤奋工作的价值得到管理者的肯定，其荣誉由其家庭来分享。这种来自组织的激励和从家庭反馈过来的激励，使员工获得了双倍的满足，其个人价值也得到了尊重。

（3）建立双向信息沟通网络，鼓励员工参与民主管理。公共关系部门在组织中应担当起“中间人”角色，上情下达、下情上呈，建立一种自上而下的信息传递和自下而上的信息反馈网络系统。只有这样，才能使员工获得一种方向感，使员工在认识上、行为上与组织的根本目标保持一致。否则，员工如果对组织情况不了解，特别是对与自己切身利益相关的信息知之甚少，便会产生猜疑、烦恼、对抗的心理和行为，从而造成人们之间的隔阂、争斗和内耗。同时，还要鼓励员工参与民主管理，这样不仅可以提高员工的主人翁地位和自豪感、责任感，而且也有利于组织决策的科学性。美国的柯达公司设立专门委员会，受理、审核、答复来自柯达建议箱、专线电话中的每一项建议、意见，使其“柯达建议制度”闻名全球，既调动了员工的主观能动性，又带来了可观的经济效益和社会效益。

（4）协调关系、解决矛盾和纠纷。组织的公共关系部门要想塑造良好的组织形象，切不可忽视内部的“人和”。公共关系部门要注意协调好领导者与员工、员工与员工之间的关系，消除他们之间的隔阂、误解与矛盾，其主要方法有：①做好员工的思想政治工作，培养其正确的名利观、价值观、人生观。②培养员工的团结协作精神、集体主义精神。日本野村证券公司利用公司成立60周年的机会搞了一次公共关系活动。公司公共关系部没有按一般惯例召开纪念大会，请几位头面人物来作报告，之后再进行联谊活动，而是别出心裁地举行了一次有助于内部员工沟通的运动会。体育场10个看台上分别坐着公司10个部门的代表，公司向每个代表赠送一件运动衣，运动衣是一个看台一种颜色。运动会共有十几个比赛项目，没有一项是个人比赛，全是集体项目。这些项目除拔河、400米接力赛以外全是奇特的内容，既像游戏，又像比赛。如一项名叫“满员电车”的项目中设计人员别出心裁地让各队分别站到9平方米的台子上，看哪队站的人多。哨声一响，“洋相百出”，人们笑得前仰后合，这下可考验了各部门的智慧和配合精神。由外国员工组成的“海外组”失败了，因为没有统一指挥，也听不懂彼此的语言，乱七八糟地挤成一团。最后一个项目是“投篮比赛”，在每个看台的前边竖起了三根高高的杆子，每个杆子上挂着一个小小的篮筐，杆子下有筐小皮球，哨一响大家就可以向篮中投球。霎时间，五彩缤纷的球扔得满天都是，气氛十分活跃。这个项目是全员参加项目，台上观众、各部门人员的家属都可以跑入场内参战，谁都想为本部门出点力，场上顿时热闹非凡。运动会结束了，但给人留下的印象久久不能忘记。当静下来时，回忆起运动会的情景，员工们明白过来，这不仅仅是场运动会。人们在笑声中，在轻松愉快的气氛中悟出了“要想胜利，只有配合”的道理，给员工以理性启迪，增强了其搞好内部团结的自觉性。

（5）创建优秀的“组织文化”。组织文化是一个组织所具有的价值观念、行为规范及其相应活动的总和。它包括五个要素，即组织环境、价值观念、英雄人物、例行工作和礼仪、文化网络。其中价值观念是组织文化的核心。创建优秀的“组织文化”的目的就是公共关系部门要为员工创造一种良好的自然环境、人文环境，统一员工的价值观念，树立领导者和员工中的先进分子为典范，奖励先进、鞭策后进，制定供全体员工共同认可并遵守的规章制度、行为规范、社会公德，并通过正式渠道而不是利用非正式渠道传播信息。创建优秀的组织文化有助于提高员工的个人素质和生活质量。

## 二、消费者关系

消费者关系又称顾客关系。所谓消费者，既指物质产品的消费者，又指享用某种服务或精神产品的消费者。每个组织都拥有一定的消费者。消费者公众是组织必须面对的重要的外部公众之一。处理好消费者关系也是组织公共关系工作的重要内容。

1. 消费者关系的重要性

美国学者研究表明：每有一名通过口头或书面直接向公司提出投诉的顾客，就有约 26 名保持沉默但感到不满意的顾客。这 26 名顾客每个人都会对另外 10 名亲朋好友造成消极影响，而这 10 名亲朋好友中，约 33%的人会再把这个坏消息传给另外 20 个人。换言之，只要有 1 名顾客不满意，就会产生 1×（26×10）+（10×33%×20），即 326 人不满意。因此，现代组织经营管理者、决策者都清醒地认识到消费者关系的重要性，把它作为一项长期的战略任务来抓。在全球兴起 CS 活动（Customer Satisfaction，让顾客满意）已成为近年来公共关系的一个视点。

消费者关系之所以重要，就是因为消费者是组织存在的价值和可能。消费者对组织来说是组织得以生存的条件，并决定组织的前途和命运；组织就是因消费者的需求而存在的。可见，消费者对组织具有导向意义。尤其在买方市场条件下，消费者就是上帝，就是效益，谁拥有了消费者，谁就拥有了发展的机会。

2. 消费者关系的策略

消费者是松散的社会公众，必须对其进行组织、管理才能掌握建立良好关系的主动权，其策略如下：

（1）坚持“消费者至上”。任何一个组织都必须清醒地认识到，只有高质量的产品、先进的技术装备、豪华的设施是不够的，还必须有一流的、完善的服务，把消费者的需求放在第一位。比如，消费者选购商品时，都希望得到三方面的满足。第一，要购买到自己喜欢的高质量的商品，满足物质生活方面的需求。第二，希望能受到良好的接待，可随心所欲地挑选，而不遭白眼，花钱花得高兴，并有周到的售后服务保证，获得精神上的满足。第三，通过所购买的商品反映出自己的个性、情趣、经济地位和生活方式，受到他人的青睐，获得心理上的满足。如果组织的全体员工都认识到这些，并使消费者的需求得到满足，就说明和消费者已建立起一种良好的关系。要做到这些，应通过公共关系工作使组织的全体员工真正引起重视，真正从尊重消费者的利益出发，树立起“消费者至上”的经营观念，全心全意地为消费者服务。正如美国公共关系专家加瑞特所说的那样：“无论大小企业要为消费者所有，为消费者所治，为消费者所享。”

（2）加强信息交流。为了建立良好的消费者关系，公共关系人员应当积极促进组织与消费者之间的信息交流。这包括两方面：一方面要收集消费者的信息。比如，消费者的年龄、性别、职业、爱好，消费者对产品性能、种类、质量、包装以及价格的评价和需求，消费者对售后服务的反映，消费者对产品交付期限是否满意，消费者对组织的基本印象，消费者对服务人员的态度是否满意等。所有这些信息都应尽量收集，并分类归档。另一方面要传播组织信息，组织的宗旨、政策和历史，产品特点、售后服务的具体标准和方法等应尽量迅速、准确地送达消费者。

（3）进行消费教育。所谓消费教育实际是引导消费。日趋激烈的市场竞争一方面给消费者提供了选择机会，另一方面也给消费者带来困惑，不知道哪一种商品或服务更适合于自己。而这正是组织建立良好消费者关系的契机。组织应通过开展各种形式的活动，进行消费教育，正确引导消费，解除消费者的困惑。如企业的生存和发展离不开消费者，必须时刻关注消费者。当消费者在琳琅满目的商品面前产生困惑时，企业应进行消费教育，在售前引导、售中开导、售后指导中满足消费者的需求。

第一，售前引导。通过宣传产品有关知识，启迪人们认识，间接获得消费效益，是组织为消费者提供方便、加强交流的重要形式。消费者在购买商品时，都要认真思考如何实施购买计划。市场上生产同类产品的厂家很多，究竟选择哪家企业的产品，对于消费者来说往往是很茫然的。这时公共关系人员一个很重要的任务就是要在产品的生产过程中就制订市场教育工作计划，编写有关材料，配合企业销售部门向消费者或用户讲解有关方面的技术知识，介绍产品的质量、性能、特点及使用方法。教育的方法可采取技术示范、举办技术培训班、召开技术鉴定会，请专家撰文介绍、编印精美的说明书等方式。

第二，售中开导。其目的是抓住潜在公众的心理及有利时机，通过售中开导使其成为知晓公众，进而转为行动公众。通常，由于潜在公众没有意识到问题的存在，极易被忽视，等到发现问题时，已失去工作良机。因而，售中开导是建立良好消费者关系的重要环节。对消费者购买过程中的消费教育，作为生产者，主要表现为产品知识的介绍；作为经营者，主要表现为恰到好处的热情服务和礼貌待客乃至必要的销售引导。其最终目的都是为了扩大产品和企业的知名度，提高产品和企业的美誉度。

第三，售后指导。商品售出以后，如果以为组织与消费者的关系就此结束，那就错了。从公共关系角度分析，及时周到的售后服务工作，对提高企业信誉，加强组织与消费者的感情联系，有特别重要的作用，它是衡量产品信誉的最重要环节。常言道："买时满意不算满意，买后使用满意才算真正满意。"在买方市场，在产品质量相差无几的情况下，最具竞争力的是售后指导工作（如产品的维修、安装、调试等）是否完备。

（4）组织消费队伍。组织要建立与消费者的稳固关系，组织消费队伍是巩固、发展消费者关系的重要环节。通常的办法是：①通过产品组织消费队伍。②通过服务组织消费队伍。③通过联谊活动组织消费队伍。

## 三、社区关系

"社区"是一个社会学的概念，由英语"Community"汉译而得，是指聚集在某一地域中的社会群体、社会组织所形成的一种生活上相互关联的社会实体。社区关系也称区域关系，主要是指一个组织与周围相邻工厂、机关、学校、商店、旅馆、医院、公益事业单位以及居民的相互关系。

1. 社区关系的重要性

社区是组织的根据地，对组织的生存和发展起着重大作用，因而构成了组织外部公共关系工作中不容忽视的一个环节，也可以说社区是组织生存的"土壤"，是组织重要的外部环境。

首先，社区为组织提供可靠的后勤服务。组织在生存和发展中所必需的电力、水、交通等，必须从社区提供的后勤支持中得到保证，任何一个环节发生问题都会影响组织的正常运转。

其次，社区为组织创造了良好的员工生活环境。组织的大部分甚至全体员工可能在社区中生活，他们要在社区购买生活用品，参加社区的各种社会活动，与社区中其他组织人员交往。如果所在社区公众对组织怨声载道，将会大大损伤本组织员工的自尊心；如果所在社区的生活条件恶劣，员工生活水平和质量下降，也会影响员工的工作情绪，这两种情况都对组织发展不利。

再次，社区为组织准备了充足的劳动资源。组织要在社区中立足，不论资金来源何处，都需要雇佣本地的劳动力为组织工作。这样可以降低劳动成本，提高管理效率。因此组织希望社区有大批年轻力壮的生力军，以及高水平的技术和管理人才，不断地补充和壮大组织的员工队伍。这也需要有良好的社区关系，以增强组织这方面的吸引力。

最后，社区公众是组织较为固定和经常的消费者。比如组织在社区建工厂生产产品或开店经销产品，均希望能够由社区本地的购买力来消化一部分产品。这样一方面可以减少产品的运输费用，另一方面又可以及时从消费者那里了解到产品存在的缺陷和不足，以便迅速改进产品，提高质量，而这仍需要组织与社区公众建立良好关系。

2. 社区关系的策略

社区关系与组织的利益紧密相联，与组织的发展息息相关。组织在社区的包围之中生存与发展，总是渴求一个良好的邻里关系，渴求得到环境的支持与帮助，创造一种“人和”的条件。实际上与社区搞好关系，关键在于组织是否以平等、热情的态度积极支持社区工作，维护社区利益，进行信息交流，参与社区活动。其具体策略如下：

（1）承担社会责任。组织对社区公众有不可推卸的社会责任。这包括与邻里单位保持友好关系，维护环境和生态，协助社会教育，提高社区的一般福利，激励社区精神，协助社区解决棘手问题，如青少年犯罪、伤残人就业问题等。在所有组织承担的社会责任中，维护环境和生态最为重要，若组织无视或逃避这一社会责任，必然会引起社区公众的愤怒，良好的社区关系根本无从谈起。所以，组织要积极承担社会责任，这是搞好社区关系的根本策略。

（2）加强信息沟通。组织应把自身的有关情况不断告知给社区公众，让社区了解自己、知道自己希望能与相邻单位共同努力振兴社区、多做贡献的良好意愿。同时，组织要经常调查、了解社区公众对组织的印象，以及各种反映和意见，对于好的要坚持，不足的要迅速采取措施加以改进。

（3）参与公益活动。为社区做好事才能赢得社区公众的友谊，在必要时社区亦会反过来支持组织。所以组织要积极参与社区公益活动，如举办教育，发展文化，赞助体育比赛，帮助社区安置老人，支持残疾人事业，宣传社区的名胜古迹，吸引游客以繁荣社区，宣传社区资源及工业潜力以吸引外资，帮助社区搞好绿化、美化，鼓励并赞助艺术家来社区演出，丰富社区文娱生活，资助社区卫生事业，维持治安秩序，保障社区公众安全等。这些活动都将不断强化组织在社区中的“热心居民”形象。

（4）实行开放参观。组织应开放自己，提高透明度，减少社区公众对组织的神秘感，让社区公众认识和了解自己。组织可定期或不定期地邀请社区各阶层人士来本组织参观，并使参观活动独具特色，能够给参观者留下深刻的印象。通过开放参观树立本组织的良好形象，增进公众对本组织的了解和信任，消除存在的误解和偏见。

（5）增进情感交流。组织要培养同社区公众的良好感情，必须通过一些有效的方式进行沟通，以便及时地了解社区的意见和态度，并使组织的意见迅速、准确地传播出去。沟通的方式可以是多种多样的，如邀请地方政府官员、各企业、商店、学校、医院及居民中的代表一起聚会，加深了解，增进友谊；举办座谈会、电影招待会、音乐会、舞会、演出会及体育活动丰富社区的文化生活，同时扩大组织在社区的影响。

（6）组织完善自身。组织的一举一动要从完善自身出发，考虑公众的利益，使社区公众视组织为朋友，不能有损公众的利益。如企业对环境有无废水、废气、废渣、噪声等污染，企业施工对环境有无影响等。

## 四、政府关系

政府是国家的权力执行机关，它是对社会进行统一规划和管理的权力机构。任何一个组织，作为社会大系统中的一个子系统，都必须服从各级政府的统一管理。这种关系处理得好坏对组织有重要的影响。

1. 政府关系的重要性

作为国家权力的执行机构，政府通过政策的制定和执行制约和影响着社会组织活动，例如在经济领域，企业在诸如税务、财政金融、外汇、审计和统计、海关与进出口贸易管理、环境和生态保护、商标和专利、产品鉴定和商品检验等方面都必须服从政府的管理。组织的活动必须在政府的政令许可范围内进行，而政府的政策法令则是社会经济多元利益的综合体现。一项法令或法规，可能使一些组织得利较多，也可能使另一些组织得利较少，甚至有的组织还会损失部分利益，这样就需要和政府之间建立良好的关系，主动与政府做好沟通，使政府了解组织的基本情况，帮助解决一些单个组织无法解决的问题，促进政府制定出更有利于本组织发展的政策法令。特别是在组织遇到困难的时候，良好的政府关系，则显示出更为突出的作用，可以通过政府的行政力量，唤来社会各界的支持和援助，使组织转危为安。因此，任何组织都不能忽视与政府的关系。

2. 政府关系策略

协调组织与政府的关系可以给组织带来许多有价值的东西，它是公共关系人员开发外部公共关系的一项重要内容。建立组织与政府的良好关系，应当运用如下策略：

（1）加强信息沟通。这里的信息沟通是双向的。一方面，组织必须有专人研究政府的政策法令，为组织决策提供可遵循的政策依据。为此组织一定要熟悉政府颁布的各项政策法令，随时随地注意政策法令的变动，及时修正组织的方针政策和调整、完善组织的实际活动。另一方面，组织还应主动向政府有关部门提供和通报本组织的重大情况。因为政府的政策法令都是依据基层的实际情况制定的，如果情况不明、信息不准就会造成政策偏离实际。要做到这点，组织必须熟悉政府机构的内部层次、工作范围和办事程序，并与主管部门的有关人员保持经常的联系。只有这样，才能经常迅速地把有关本组织的情况真实而及时地通报上去。如向统计部门提供准确的经济活动的各项数据；向审计部门提供各项资金的运转情况；向财政、税务部门上报盈亏情况，照章纳税情况；向专利和注册部门申请新发明的专利并及时注册商标，保护组织和产品的声誉等。

（2）借助人际交往。良好的公共关系往往始于良好的人际关系，建立和保持良好的政府关系也不例外。对于组织来说，应设专人负责与政府打交道，且职位应高一些。并要讲究交际艺术，切忌死板，要在熟悉政府机构的设置、职能和工作程序、工作人员的风格基础上勇于创造性地开展政府公共关系工作，借助良好的人际效应带动政府关系的和谐发展。

（3）扩大组织影响。要赢得政府的支持，除了保持基本的沟通，还应把握一切有利时机，扩大本组织在政府部门中的影响，使政府了解组织对社会、对国家的贡献和成就。如企业可利用新厂房落成、新生产线投产、周年庆典、新技术新产品问世等机会，邀请政府主管部门领导及党政要人出席企业组织的重大活动，主持奠基仪式或落成剪彩，参观新设备、新产品，通过各种公共关系专题活动，提高政府部门对本企业的信心和重视程度。组织还可以通过新闻媒介向社会公众介绍组织情况，同社会知名人士、社团领袖、专家、学者等保持密切联系，通过这些来扩大影响，争取政府部门和有关各界对组织的支持。

## 五、新闻媒介关系

新闻媒介关系也就是新闻界关系，即组织与新闻传播机构（包括报社、杂志社、广播电台和电视台）以及新闻界人士（记者、编辑等）的关系。

### 1. 新闻媒介关系的重要性

新闻媒介是组织的外部公众之一，是公共关系活动的主要对象。它对组织公共关系具有特殊的双重作用，一方面，新闻媒介是开发公共关系活动必不可少的手段，可以帮助组织实现公共关系目标；另一方面，新闻媒介又是组织的重要公众，是组织必须争取的公共关系对象。新闻媒介本身也具有不容忽视的特性和传播优势，它传播信息迅速，影响力大，威望度高，甚至可以左右整个社会舆论，影响和引导民意，对社会的经济、政治局势的变化具有不容忽视的作用。因此，在欧美被看做立法、司法、行政三大权力之后的“第四权力”，新闻记者被尊为“无冕之王”，任何组织和个人都不敢轻视新闻媒介这一重要舆论工具，正所谓“得之者如虎添翼，失之者名誉扫地”。新闻媒介关系的积极性可概括为如下几点：

（1）新闻媒介是组织与外界沟通的中介。新闻媒介具有沟通信息，提供信息的作用，是组织与外界沟通的中介。组织的公共关系活动就其实质来说，是收集信息、传播信息、沟通信息，这就必须借助于新闻媒介的力量。组织面对复杂的环境，联系着各式各样的分布在不同地域中的公众，信息是否灵通是组织生存发展的命脉所在。组织需要新闻媒介提供各方面的信息，更需要新闻媒介传播组织的信息。如新闻媒介中的广告，可以把组织与消费者和其他公众联系起来；组织通过召开新闻发布会、记者招待会可以扩大社会影响，提高组织的知名度。

（2）新闻媒介具有引导社会舆论的作用。一个组织、一个人、一个事物或一件产品等，一旦被新闻媒介集中宣传、报道，便立即会成为广大公众讨论的中心，成为具有公众影响力的舆论话题。公共关系工作的一项重要任务就是为组织创造良好的舆论环境，争取公众舆论的理解和支持。这项任务能否完成好，很大程度上取决于组织与新闻媒介的关系。有良好的关系就能经常通过媒介将自身的信息不断地传播给广大公众，使公众逐渐形成对组织的良好印象，这对树立组织的整体形象，取得公众的理解、信任和支持具有重要意义。

（3）新闻媒介可以扩大组织公共关系活动的影响。新闻媒介传播组织信息所起的作用要远远大于组织自行传播信息所起的作用。通过新闻报道介绍某一组织更容易为广大公众所信赖，“王婆卖瓜，自卖自夸”式的宣传是与之无法比拟的。此外，只有与新闻媒介建立良好的公共关系才能成功地运用大众传播媒介，提高信息的有效利用率，使公共关系活动传播信息的渠道畅通无阻，从而达到扩大公共关系活动影响的作用。

2. 新闻媒介关系策略

由于新闻媒介在组织外部中占有重要地位，处理好组织与新闻媒介的关系不容忽视。处理好组织与新闻媒介的关系应注意运用以下策略：

（1）有效地利用大众传播。

第一，要学会分析媒体，有针对性地传播。我国的电视、广播、报刊、网络等新闻媒体多具有官方或半官方的性质，大多把社会效益放在首位，其舆论导向具有真实性和权威性，在公众心目中有较强的社会影响力。另外，我国新闻媒体又处于不断发展之中，在公正传播、传播渠道、制作水平、服务质量等方面尚待提高和完善。对此，公关人员要有清醒的认识，注意提高适应能力和工作效率，充分利用新闻媒体搞好组织形象的传播。

我国新闻媒体包括：①电视。电视是目前影响最大的媒体之一，尤其是中央电视台，它的某些言论会直接决定着组织的命运。一些地方电视台也在本地域内显示着重要作用，成为重要的舆论监督力量。②报纸。报纸在公众生活中的地位一直居高不下，尤其是新兴的都市报。传统的报纸尽管依然发挥着舆论监督的作用，但是远远没有都市报对危机等敏感事件的那般炒作。③杂志。一般来说，杂志对组织的影响是比较小的，只有一些专业媒体或者经营管理类媒体会对组织经营行为给予评价，不过有时其影响也可能是巨大的。④互联网络。互联网络在现代社会中的地位逐渐提高，成为重要的媒体形式。特别是网络的即时性、互动性、匿名性、快速传播性等都决定着其对组织的影响力。⑤广播。广播的作用在降低，但是依然不能忽视，尤其是中央人民广播电台等重要的广播媒体。⑥通讯社。通讯社是专业的新闻机构，会 24 小时不间断地就最新情况向外发送消息，对于一些有影响的、大的组织来说还要关注新华社等通讯社的作用。

各新闻媒体有着不同的优势与劣势，如果公共关系人员对不同的新闻媒体的信息传播要求具备一些基本常识，扬长避短，无疑能获得较多的合作机会和传播便利。为了有效地利用新闻媒体，公共关系人员还需要及时掌握新闻媒体在一个时期的报道动向，根据形势的变化新闻媒体会随时变换报道重点和主题，只有与其主题相吻合的信息才有可能作为媒体选择的对象加以传播。因此，组织需要传播的信息要尽可能地与媒体的报道重点和主题趋于一致。要掌握新闻媒体的报道动向就要注意分析报纸的第一版，尤其是头版头条消息，以及一些评论性文章；电台、电视台的新闻栏目中重复出现频率高的信息也反映了他们的报道动向，从中发现组织可能利用的传播机会，使组织传播的信息与新闻媒体的重点一致起来。

第二，要积极参加新闻媒体活动。参与新闻媒体的相关活动是很多组织搞好媒体关系的常用手段。组织不仅能与新闻媒体保持经常性的联系，而且如能成为某一媒体的通讯员，则可以利用其发达的信息网为组织所用，更有效地开展组织信息传播工作。组织形象的传播是一门管理科学，也是一门艺术，公共关系人员要善于学习，勤于钻研，通过实践积累经验。任何组织只要思路新颖，选择媒体得当，根据组织人、财、物的实际情况量力而行，制订切实可行的传播计划，寻找合适的机会，花较少的钱照样也可以把传播工作搞得有声有色。

（2）掌握与新闻媒体合作的技巧。若要在社会上、在所有公众中获得良好的声誉和影响，组织必须借助新闻媒介这一广泛而深刻的传播力量。然而，要获得新闻媒介的积极支持，组织就不能顺其自然，而必须主动、真诚地与新闻媒介协调好关系。

第一，尊重新闻媒介。媒介关系可以说是组织中敏感的一部分，组织要想造成有利于自身的社会舆论，确定和维护自身在广大公众中良好的形象，都离不开融洽的媒介关系，而融洽的媒介关系的建立首先要求组织尊重新闻媒介。①要以礼相待，组织的有关人员在与新闻媒介公众打交道时要注重以礼相待，即对待各媒介机构和记者要友好热情，为其来组织采访写稿、核实工作等提供必需的帮助和服务。②要以诚相待，组织要讲真话，向媒介提供真实可靠的材料和数据，既不夸大组织成绩，也不掩盖失误，更不能制造假新闻。如确系保密的技术和参数，或预见报道可能会给组织带来巨大的经济损失时，应如实向有关记者、编辑说明利害关系，请他们酌情掌握。③要平等相待，即对各新闻媒介公众一视同仁、不分厚薄亲疏，绝不因新闻单位名气大小和级别高低的不同而采取截然不同的态度。应尽可能使他们获得平等的信息量，使他们平等获得采访组织状况的机会。④要严阵以待，由于新闻界与组织所处的立场、需要和动机常常不同，当组织发生那些对组织形象、声誉不利的事情时，新闻界往往感兴趣，甚至还会有意报道阴暗面，以期问题得以解决。这时，组织要采取的态度极为关键，组织应当严阵以待。严阵以待并不是去想方设法掩盖"家丑"，也不是去对新闻媒介横加指责，而是应本着虚心接受批评、认真查明事实真相、积极承担责任这样的态度与新闻界公众进行合作，以期化"险"为夷。

第二，支持新闻媒介。新闻媒介也有需要支持的时候，如果组织在这种时候能"雪中送炭"、鼎力相助，往往能起到事半功倍的作用，使新闻界对组织形成良好的印象。此外，组织学会"制造新闻"也是对新闻界的"无私奉献"，这等于向媒介提供了"食粮"，这种支持组织也不应忽视。

第三，结交新闻媒介。由于新闻媒介具有强大的舆论力量，欧美便有学者把新闻媒介看成是继司法、立法和行政三大权力机构之后的第四大权力机构。服务于各大众传播媒介的记者也被尊称为"无冕之王"。所以，组织若想搞好媒介关系，还必须重视同媒介公众的交际，善交无冕之王。为此组织要经常向新闻媒介提供有新闻价值的信息，与其建立长期稳定的联系。如美国著名组织家亚科卡善于处理与新闻界的关系，他说："当某一个人因某事受到谴责时，新闻界马上给予公布，而当事实证明他无辜时，新闻界的报道则很迟缓。"要跨越这一差距，靠的就是和新闻界人士的良好关系。亚科卡的经验是："善于与新闻界人士接触，无论是在顺境中还是在逆境中。""坚持每季召开记者招待会，不论是好结果还是坏结果。""讲真话，坦率诚实地对待新闻界人士。""当记者陷入困境，给他们提供真心实意的帮助。""对故意刁难的记者不必恼怒和发火，故意不理睬他就可以了。"亚科卡的忠告是："一个得不到新闻界信任和好感的组织是不可能有大发展的。能得到新闻界的信赖是一个组织最重要的财富。"

第四，正确地引导记者。无论是抱有表扬或批评性目的的记者，都需要对他们进行引导。这种引导不是任意扩大有利于组织的事实或者改变不利于组织的事实，扩大的事实或歪曲的事实都可能导致报道的失误，其责任会由提供事实的组织负责。正确的引导，不仅要提供真实的情况而且要表明组织对事件的看法，把组织与记者的观点协调起来。

（3）杜绝失实报道。失实报道是指新闻媒体发布出来的与客观事实不相符的一些新闻、消息、评论等。从性质上，失实报道分为片面报道和虚假报道两种。片面报道是由于媒体发布的信息量不足，导致公众对组织形象片面理解。虚假报道则是由于新闻媒体发布信息失真，从而误导公众，对组织形象产生负面理解。

第一，明确造成新闻媒体失实报道的原因。①来自组织方面的原因。组织出于某种目的对其所有或部分信息进行封锁，容易激起新闻媒体挖掘新闻的决心，他们会千方百计地从其他公众（竞争者、消费者或不了解组织情况的社会人士等）那里了解信息，从而造成新闻报道与事实之间的偏差，这是“信息源”的失实。组织出于自身的原因，仅仅向新闻媒体提供部分信息，甚至只报喜不报忧，是引发反面报道的根源。出于自身的考虑组织向媒体故意提供一些虚假的信息，以期影响公众，达到自己的某些目的，是造成虚假报道的根源。②来自新闻媒体方面的原因。某些新闻媒体工作人员工作态度浮躁，不踏实，不愿深入组织一线去采访真实素材，而是自以为是，偏听偏信，易于产生失真报道。某些新闻媒体或其人员出于某种目的，对某些问题带着个人好恶，戴有色眼镜去报道，该报道的不报道，不该报道的反而出笼了，甚至有所夸大。更有个别的新闻媒体人员缺乏职业道德，以制造虚假信息、进行新闻炒作为能事，到处煽风点火，唯恐天下不乱，以提供所谓组织“丑闻”来迎合部分公众的心理，易于造成新闻报道的失控。

第二，采取化解失实报道的策略。①充分重视新闻媒体在危机管理中的作用。组织要慎重对待媒体的宣传报道，尽量减少自身在新闻报道中的失误，在“源头”上杜绝失实报道的出笼。②组织认真对待新闻媒体。组织要善于协助媒体做好新闻报道工作。为其提供各种条件和便利，帮助澄清事实真相，把客观实在的信息传递给公众，不管这些报道是正面的还是负面的，组织均应持积极欢迎的态度，有则改之，无则加勉。③注意加强与新闻媒体的日常交往，沟通感情，并在可能的情况下帮助新闻媒体解决一些难题，树立组织的良好形象，这样能够最大限度地防止有关的失实报道。

第三，及时化解不利报道的新闻效应。在出现错误的媒体报道时，组织的行动关键要采取正确的公共关系措施，迅速行动，查清事实真相；可以对记者开放组织，借用记者之名挽回声誉损失，使流言不攻自破。

第四，消除面对失实报道的消极心态。①对失实报道疏于应对，听之任之。一些组织对此不愿声张，盼望随着时间推移，公众会忘记这一切，其结果是不但不会消除失实报道的影响，反而有可能愈演愈烈。②仓促赤膊上阵，对待新闻媒体，针锋相对。组织对失实报道的气愤之情在所难免，倘若以这种不冷静的态度来对待新闻媒体，甚至对簿公堂了，其结果多是得不偿失的，现实中许多事例都说明了这一点。

## 六、名人关系

名人是指那些知名度高，被广大公众所知晓和关注的那一部分公众。这一部分人社会影响大，活动能量大。企业注意名人关系有助于提高企业知名度和推动产品的销售，产生名人效应。

1. 主动联系

企业与名人主动联系，不是纯粹出于慕名，也不是出于好奇，满足虚荣心，而是服从一定的目的。接近名人是为了实现有利于企业和产品销售的结局。明确了这一目的可以为联系定下基调和方法，为实现联系作出努力。主动联系是企业与名人交往的积极的行为，是依赖和有求于名人必然导致的态度。主动联系包括给名人写信、预约拜访、请他人介绍、在社交活动中主动与之攀谈等。以上这些都要注意相应的礼貌、礼节，以求顺利交往，并建立联系。

2. 敬而不卑

与名人交往时要落落大方。接待热情，注意接待的规格和档次，因为名人见识广，社会交往多，规格和档次太低易使他们产生被贬低的心理，从而产生不快。交谈时，对名人不要表现出特殊的好奇心，问一些不该问的问题，这样常常会引起对方的反感。想要表达自己的推崇之情时，也要委婉而文雅，不要给人以谄媚、讨好的感觉。既然是与名人打交道，就应该对名人的专长和成就有所了解，谈话时发表自己的看法。与名人交谈要亲切、自然、友好，无论介绍企业情况还是推荐产品，均要使人感到是一种朋友式的谈话，而不是下级向上级汇报情况，不要拘谨、胆怯。

3. 尊重人格

当名人来组织参观、表演、演讲时，员工要表现出尊重欢迎的态度。不要指指点点、评头品足，不要窃窃私语、发出怪笑，也不要起哄、喊叫、吹口哨、围观。企业员工低下的文明修养会使名人反感而远离，使组织的公关努力事倍功半。如果对自己喜爱的名人欲与之接近，也应看场合与时间，不要随意打扰他们，更不要擅自闯入其住宅。请名人签名留念、送一束花表达敬意这种对名人的平常表现在少数一两个名人来访时可以进行，但多数人来访则不宜，因为一部分名人受到崇拜者的热情表示时，另一部分名人就会感到自己被冷落，有伤自尊心。对于不喜欢的名人不要嘲弄讥讽。

4. 爱护名人

企业请名人参加厂庆、重大公关策划活动、拍广告、来演出、进行参观等活动，由于名人的到场参与可以抬高企业的身份和产品的身价，提高活动的规格，增加企业和产品的知名度。但是，名人的时间是宝贵的，请名人到场要看对象和时机，对于年老体弱的名人、正走红而四处奔忙的名人，要看其身体状况、是否方便、是否抽得出空。活动太频繁，会使名人不胜负担。如果名人没有满足企业的要求，不要横加指责；对名人的小错、个性，不要求全责备，而应抱体谅的态度。仅仅把名人当摆设、当工具，使用完了就一脚踢开，在后面议论他们的长短，甚至夸大其词，贬损他们的形象，是一种不道德的行为。

## 拓展阅读

### 谈公关从业者的“公众心态”

一个公关事件或信息的传播在宏观上可分前期策划、中期传播、后期监测这三个阶段。在这三个阶段中，人们在对舆论的理解上常犯张冠李戴的错误，往往把一些非舆论的东西误指为舆论。新闻舆论是新闻传播者（记者）模拟社会公众对新闻事实的共同评价及其一致性意见。作为新闻的有机组成部分，公关传播则是实现模拟社会公众的一个重要途径。因此，公关从业者在从事公关传播时应该建立一种“公众心态”，以社会传播的思维去开展工作。

这里公关从业者所起到的是模拟社会公众的角色，我们称之为“公众心态”。我们一方面要模拟社会公众角色发言，另一方面又不同于社会公众。因为公关从业者作为“模拟公众”发言时，不是以个人名义而是以集体的名义出现，具有双重角色的身份。这双重角色具体说来，一是作为甲方（客户）发言，二是作为社会公众代言人的身份发言，在这二者中，前者较为真实，而后者较为宏观。

公关从业者作为“公众心态”的模拟者必须承担起社会职责，反映社会舆论、引导社会舆论。公关从业者的角色之一是作为社会公众代言人的身份制造意见，进而在有利于市场进步、社会产业发展的大前提下，广泛地反映社会舆论，充分显示舆论的差异性和多样性，表达来自各方的多种声音。只有这样，才能促进社会各个方面之间基于某个公关传播的产品或者理念的相互沟通与认知。

“公众心态”的行为一直存在于公关传播过程中，但是还没有被人提炼出来当成一个专门的话题来讨论，因此，如何建立“公众心态”，通过什么途径建立是关键。

建立优秀的“公众心态”理念，首先要求公关从业者真实地传达传播对象（客户）的一切背景，其次，收集社会需求，向客户反映社会舆论、社会需求。要做到“实”与“准”。公关舆论的引导主要是通过新闻媒介对不同意见的反映而产生的，它扩大了新闻机构认为正确的那种舆论的影响。公共关系通过记者引导社会舆论，主要是通过记者作品中特定的倾向对社会舆论所施加的影响。

那么公关从业者参与的、记者引导的社会舆论怎样才能求准呢？首先必须坚持公众的利益原则。这是公关传播机构与传播对象（客户）应该达成一致的原则，一般来说舆论运动是从“不一律”到“一律”运动的。社会公众对一个问题的看法，早期可能会有多种多样的看法，最后可能会形成一个统一的意见。因此我们公关从业者既要反映主导性的舆论意见，也要适当反映一下与之相近或相左的意见，这样才能使主导传播更加可信。一味的褒扬宣传方式往往会适得其反。

值得注意的是，传播学认为建立起“公众心态”舆论引导工作做好了，最终会达到控制社会舆论的目的。那么作为非一线新闻喉舌的公关从业者在此将产生什么样的作用？如何体验这个过程？首先要通过“控制”事实来进行。选择报道一些带倾向性的事实，或是有倾向性地报道一些事实，往往比直接报道一些倾向性的意见更能说服人。其次要控制好“火候”。对一些社会热点问题、焦点问题，如果新闻舆论继续火上浇油，就有可能激化矛盾，失去控制。相反，当我们的某一个突发事件（比如前几年的彩电反倾销事件）被境外媒体炒得沸沸扬扬时，我们却无动于衷，如此则会使我们陷入被动、尴尬的境地。因此控制舆论的诀窍之一就是控制好“火候”，把握好分寸，要防止舆论的大起大落，使社会舆论平稳、健康地向正确方向发展。再次是要做好“分流”工作。对社会上一些消极舆论，影响到了我们公关活动的进行，公关传播机构的作用就是要因势利导，使之转向积极。

总之，对于公关从业者来说，建立“公众心态”，努力站在公众的角度、社会的立场，客观地去开展公关传播活动，将会更有机会增加传播活动的影响力。

资料来源：林龙．谈公关从业者的“公众心态”．国际公关，2005（3）．

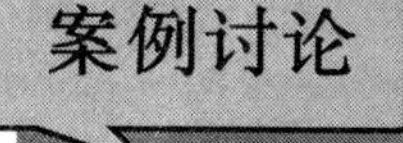


## 西门子 PTD 集团 2007 管理层年会

西门子（中国）有限公司输配电（PTD）集团兼多种身份于一体，既是输配电网络的产品供应商，又是系统集成商和服务提供商，在全球输配电市场上名列前茅。PTD（中国）在原有良好市场的基础上，2007 年保持强劲发展势头，为了汇报全年业绩，发布战略规划，鼓舞员工士气，激发团队热情，以谋求来年的突破与发展，PTD 集团决定召开 2007 年管理层年会。

这一届年会不同于往年，因为对于全球电气和电子巨头德国西门子股份公司的整体战略而言，2007 年是一个重要的时间标志。从这个时期开始，西门子将迎来 1989 年以来的第一次大规模的业务重组和组织结构调整。这一消息将由西门子中国总裁兼首席执行官郝睿强在年会上进行发布。郝睿强预计，西门子公司未来在华销售额的一半以上将来自节能环保领域，而 PTD 集团恰恰是该领域的中坚力量。

另外，PTD 集团也非常希望能够通过此次年会更有效、更紧密地将管理层团结在一起，借年会的契机让全体员工悉心体会集团的新战略，以便更好地促进在华业务的不断发展，更多地创造出像三峡工程、贵—广工程、扬子石化—

巴斯夫工程这样的上佳案例。

**1．项目调研**

在大多数中国企业对公共关系的关注和运用还仅停留在媒体关系层面上的时候，西门子就一直将充分而畅通的内部沟通作为企业持续发展的重要推动力——重视在每一位员工心中树立西门子的雇主品牌形象。而有着高层广泛关注和积极参与，并具备业绩汇报和策略发布双重意义的管理层年会是西门子PTD集团打造雇主品牌形象的有效形式。首先，年会充分展示PTD集团在过去一年里取得的良好成绩，确定其在业界的领军地位，以此增强员工的荣誉感和归属感；其次，揭示PTD集团在整个西门子战略架构中的位置意义，传达新整合策略指导下的PTD集团在未来的战略规划，并帮助集团成员全面而深入地了解这一战略规划，以此增强员工挑战未来的信心；最后，向西门子总部及领导层展示PTD集团的团队风范及激情。

总之，在深入研究后，执行方将PTD集团企业内部员工的情感作为突破口，提炼雇主品牌的传播需求，以此进行核心创意。同时，把此次年会定义为PTD集团雇主品牌在组织内部沟通的重大年度事件。

**2．项目策划**

（1）"巨人"形象传达主旨。在终身雇佣制被解除的今天，雇主品牌成为企业吸引人才、激发员工的关键因素之一。雇主品牌在企业内部的诉求集中体现在提升PTD集团对现有员工和潜在人才的"情感承诺"，塑造PTD集团的"员工期望满足合约"。对于PTD集团而言，必须始终重视每一位员工的集体荣誉感和参与感，聚焦员工的情感诉求，才能充分调动员工的积极性和成长激情。而管理层年会作为雇主品牌在内部传播的重头戏，作为企业文化的重要组成部分，担当着重要的布道者的角色。基于此，创意方案经过客户组和创意组的多次全面讨论，以及与客户的反复沟通，最终推导出表达PTD集团光荣与梦想的"巨人"形象，含蓄而明确地表达出PTD集团争取行业第一的决心与力量，并由这一概念推导出"巨人"的四种人形图像：

智虑（Think ahead）：形象表现拥有智慧与力量的思想者能够进行前瞻性思索。

聚贤（Word as one）：由充满能量、勇气和热情的员工汇聚而成，表现团队力量。

明向（Have clear direction）：拥有长远的眼光和优秀的领导力，能引领未来。

雄景（Word ambitious and hard）：雄心勃勃、脚踏实地、力量无穷。

同时，每一个"巨人"的图像是由许许多多的人形组成的，目的是表现PTD团结一心、坚不可摧的优势，从而自然地引出"汇聚能量，成就非凡"的活动主题。

此外，活动所承载的多层意义决定了“巨人”形象不能够孤立存在，因此，执行方以“什么是 PTD 巨人的特性”(What Is PTD GIANT’s Feature)作为引线，推出了一个整体的故事情景线——用“策略导向”(Strategy Planning)、“奋勇向前”(Running)、“飞跃无限”(Jumping)、“志在必得”(Winning)为主题元素设计了巨人的四种人形图像，以此来表达西门子公司的全盘战略背景和管理层年会所具有的奋发激励的主旨调性。

(2)互动细节激发情感。此次年会的主题为“汇聚能量，成就非凡”(Gathering to be the champion)。用“汇聚”这一动态词语体现 PTD 集团的佳绩来源于每一位成员的努力；用邀请员工进行拼图等独特环节来承认和肯定员工对企业的贡献；用“托宁鼓”集体游戏有效激发每一位员工的情感响应。此外，还设计了能够把所有参与者凝聚到一起的“赛龙舟”、“骑羊角球”等拓展活动，使他们在赛智、赛勇的游戏环节中，领会年会的传播主旨，增强了企业雇主形象在员工心目中的亲和力和影响力。

**3．项目实施**

(1)科学分组确保签到顺畅。整个年会涉及多个环节，其中包括 600 人的全程接待。在 2007 年 11 月 19～20 日的签到环节中，执行方对签到人员进行了有效分组，并针对四种“巨人”图像设置了相应的特别通道，这样能够有效保证在近 20 个部门人员的班车同时到达的情况下，以平均 30 秒的速度为 4 人同时完成发放胸卡、服装、房卡、资料夹等诸多物件，为活动的成功奠定了坚实的第一步。

(2)激情开幕营造完美气氛。年会在 11 月 20 日下午 1 点正式开始。为了突显 PTD 集团作为电力传输企业的优势，在进行会场安排和活动环节设置时突破了一系列技术难题，几乎全部采用了光电传导的方式，使整个会场的光线效果充满了现代气息。在冷焰火的光芒中，西门子(中国)有限公司副总裁、西门子配输电集团中国总经理马德先生(Mr. Andreas Matthe)上台宣布年会开幕。当他触摸舞台中央的球形感光体时，背景板上“策略导向”、“奋勇向前”、“飞跃无限”、“志在必得”四个巨人依次被点亮，舞台上顿时焰火灯光闪烁，五光十色，掌声和欢呼声自发响起，为发布 2008 年新战略营造氛围。

(3)动感集体照定格感人瞬间。下午 3～5 时，集体拍照环节成为整个活动的又一个高潮。通过事先的创意规划，执行方根据年会主题“汇聚能量，成就非凡”组成了“ENERGY”和“PTD 2007”的图形，为 PTD 集团组织实施了 600 人的动感集体照活动。与此同时，对整个组图过程进行全程拍摄纪录，并将编辑好的 Video 在年会中进行播放，这一形式不但令参会人员兴奋不已，而且还使年会“汇聚能量，成就非凡”的主题深入人心。

（4）晚宴活动加深情感互动。在晚宴活动开始前的欢迎酒会上，每位员工均可领取一个闪光的磁铁小笑脸，并亲手在后续的活动中将笑脸吸附在一张巨大的现场背景板上，最终通过所有人的共同努力来绘制“巨人”图像，使所有PTD集团的员工深深感受到个体的贡献以及团队的“吸引力”。同时，为了更贴切地表现年会主题，晚宴以气势磅礴的托宁鼓开场，而人手一只的小鼓也成为赠送给参会人员的一件礼品。另外，晚宴节目的选择也更多地表现了人体的美和人的力量，比如精选的“飞天”舞蹈。

**4．项目评估**

年会完整地诠释了西门子新战略时期的策略精神，受到了西门子中国及全球管理层的好评和关注。虽然并未直接涉及对外传播，但西门子PTD内网对该年会予以了大篇幅报道，除了PTD集团北京公司的900名员工外，覆盖全国13个合资厂的其余3600多名员工也都通过企业内部报道分享了年会所要传达的内容。此外，该年会的简报还刊登在西门子全球及官方内网，这对于以往的西门子中国公司的集团年会来说是极为罕见的。

资料来源：西门子（中国）有限公司输配电（PTD）集团．雇主品牌内部传播——西门子PTD集团2007管理层年会案例．国际公关，2008（2）．

**讨论题：**

1. 西门子PTD集团2007管理层年会与以往年会有何不同？

2. 西门子PTD集团2007管理层年会对企业内部关系协调发挥了什么作用？

## 思考与训练

1. 公共关系公众有哪些特点？

2. 怎样对公众进行分类？

3. 试对你所在的组织的公众进行分析。

4. 公众个性心理特征包括哪些内容？

5. 举例说明公众心理定势。

6. 如何处理组织员工关系、消费者关系、社区关系、政府关系和新闻媒介关系？

7. 在某城市一个中型商场的一次中层干部会上，商场经理说：“市区的所有居民都是我们的消费者公众，都是我们必须重视的公关对象。”你认为该商场经理的话准确吗？为什么？

8. 某快餐厅经理拟在“三八”妇女节举办一次活动，她在店外打出海报，说：“今天所有在本店用餐的女性顾客免费。”结果吸引了大批女性顾客，但是绝大部分都是打工妹。请你分析一下，这里存在什么问题，为什么结果会是这样？

9. 在公众关系处于和谐状态时，需要公共关系吗？为什么？

10. 某车间为了提高生产效率，采取边听音乐边工作劳逸结合的措施，但是嘈杂的音乐声影响到车间旁边的教师宿舍，教师因此无法正常备课。你会如何解决这个问题？

11. 有人说员工关系让工会去负责就行了。你说行吗？

12. 你如何理解“组织要为消费者所有，为消费者所治，为消费者所享”？

13. 社区关系中最重要的是什么？为什么？

14. 案例分析：

**腾田田的“生日公关”**

日本有一家很有名的麦当劳汉堡包店，因为它的老板叫腾田田，人们也称它为腾田田汉堡店，该店的“生日公关”别具特色，深为人们称道。在该店，员工过生日，店里给放假一天，赠送5000日元的贺礼；员工的妻子过生日也会收到老板叫花店送去的鲜花。鲜花不贵，但让员工的妻子非常感动，有的说：“连我的先生都忘了我的生日，想不到老板却记得送花来，实在太令人感动了！”就连员工的孩子过儿童节时，也会得到腾田田赠给的5000日元的礼金，给孩子的节日增添了一份喜悦。

**问题：**腾田田的“生日公关”有什么突出特色？它有哪些积极作用？要组织好“生日公关”，必须做好哪些具体的基础工作？

15. 案例分析：

**本田公司的人际沟通之道**

在世界摩托车大赛中多次夺冠而出名的本田公司，以100万日元资本起家，在十几年的时间内由摩托车王国发展为汽车王国，与丰田、日产鼎足而立。本田公司在经营上值得注意的一个主要经验就是管理上特别重视内部团结和人际关系。

本田公司为了建立上下左右全面团结的组织氛围，着眼于避免和减少上下级、同级、同事以及各个环节之间的矛盾和冲突。方法是尽力找出并消除产生矛盾和冲突的根源。本田公司规定各级管理干部都要同工人一样，上班必须穿白色工作服，戴黄色安全帽，以消除可能由于着装的差别而产生的距离。本田宗一郎作为老板也不例外，而且为了和普通职工保持亲近，他还经常在职工食堂和工人一起进餐，或者到车间同工人一起动手干活。各种各样的情况和意见经常成为本田对重大问题做出决策、改善内部管理的重要依据。

本田在他的企业内部发展了一种金字塔式的领导制度，但是本田在董事长这个职位上直接观察正面的运转情况，并且同普通工人一起劳动。这样，他就有了双重视野：从上往下看和从下往上看。本田努力推选一种“升降机”政策。他在正面研究他所做出的决定的效果、新出现的问题。他既是普通工人，也是车间主任、研究员、经理、董事长。

如果企业中某个成员想提建议，他就填写一张表格，这张表格中详细阐明了自己的计划。表格随后被送到部门的委员会，委员会立刻审核这条建议，如果认为这个想法明智可行，就把建议提交经理处。如果一条意见被采纳，那么发明者就会按其重要程度得到一定数目的分。积累达到了300分，就可以到国外去旅行一次。如果他一次就得了300分，还可因此获得特别奖，即本田奖。

**问题**：你从本田公司的策略中领悟到了什么？企业应如何搞好员工关系？

16. 案例分析：

### 投 诉

某二星级饭店，建筑外观还算不错，设备也算得上齐全。有位客人清早起来发现室内卫生间的地面被马桶内漏出的污水弄湿了，他叫服务员来收拾，而自己走下楼去使用大堂男用公共卫生间，进去后就闻到一股异味，便缸也冲得不清爽，他勉强地使用之后，便找大堂服务员，对厕所不卫生提出了意见。服务员回答说：“卫生间总是有臭味的，我们饭店人手少，公共场所怎么照顾得过来!”客人听了以后火冒三丈，再去找饭店经理，谁知经理也是一样的态度，还是那句话：“卫生间总是有臭味的，公共卫生间不断有人进去，怎么能弄清爽!”客人听了更觉不是滋味，大声申诉说：“你们这家饭店也算是星级饭店了，连客房内的卫生间都弄不好，更不要说公共卫生间了，真是岂有此理，我要向你的上级投诉，并且劝说熟人出差不要住在你们这里!”

**问题**：企业为什么要重视顾客关系？应怎样对待顾客的投诉？

# 第三章 公共关系传播

传播不仅把信息从相互关系中的一方转运到另一方，而且界定了我们全部在其中运作的相互关系和社会环境，如公民、管理者和政策制定者。

——［美］斯各特·卡特里普

对于文明的发展来说，人类的任何能力都无法比搜集、分享和应用知识的能力来得更基本了。文明的发展只有通过人类的传播过程才成为了可能。

——［美］弗雷德里克·威廉斯

公共关系的基本目标是为组织树立良好的社会形象，是要扩大组织的知名度和美誉度，这就离不开传播。所谓“公共关系传播”，就是组织与公众之间信息的双向交流与共享，它在公共关系实务中具有非常重要的地位和作用。

## 第一节 公共关系传播媒介

公共关系传播媒介种类繁多，概括起来，主要有以下几大类：

### 一、语言媒介和非语言媒介

1. 语言媒介

语言媒介是指以自然语言即发出声音的口头语言作为信息载体的传播媒介。在公共关系活动中，大量运用语言媒介进行信息传播。其方式有答记者问、与员工谈心、会议、电话通信、内外谈判、各类演说和致辞等。运用语言媒介进行传播，基本上属于人际传播，表现形式基本上是面对面的交流，因此信息反馈迅速，形式灵活多样，感情色彩强烈，传播效果明显；缺点是范围小，影响面不大。

2. 非语言媒介

非语言媒介是以一定的动作、表情、服饰等伴随语言为信息载体的传播媒介。在公关传播中，非语言媒介是一种广泛运用的沟通方式，通常情况下用来表现情感，加强或减弱语言传播的效果。非语言传播媒介分为有声非语言传播媒介和无声非语言传播媒介。

有声非语言传播媒介也就是“类语言”，它是传播过程中一种有声音不分音节的语言，常见的有说话时重读、语调、笑声和掌声。应注意的是，同一种有声非语言传播媒介，在不同的情况下其含义大不相同。比如同是笑声媒介，可以传递欢迎、赞成、高兴等信息，也可以是传递一种礼貌的否定等。

无声非语言传播媒介主要是指身势语言和情态语言。身势语言是指人用身体部位表现出的有某种含义的动作符号。如跷起大拇指、耸肩、摇臂、鞠躬、跺脚等。情态语言是指人脸上各部位动作所构成的语言，其基本主体是“眼语”。比如深沉注视、眉来眼去、横眉冷对等。无声非语言媒介具有鲜明的民族文化性，即有的人体动作在不同的民族中其含义会大不一样。

## 二、大众传播媒介

1. 大众传播媒介的功能

大众传播媒介主要指报纸、杂志、广播、电视。它们在公众生活中的主要功能有以下几方面：

（1）报道的功能。大众传播媒介又称“新闻界”，负责将社会生活中发生的新闻事件及时、公正地告知公众。新闻报道是对事实的公正陈述，依靠其时效性和公正性来树立新闻传播界自身的信誉。公共关系运用新闻报道必须遵守这种时效性、公正性。

（2）教育的功能。大众传播媒介承担了大量的社会教育任务，面向大众普及教育，将政治、经济、文化、科技、历史、生活等知识传播给公众。公共关系运用大众传播媒介传递信息必须注意知识性、教育性。

（3）娱乐的功能。大众传播媒介为公众提供了大量的娱乐性服务。报纸的文体娱乐版，杂志上的小说、趣闻等，广播中的音乐，电视上的电视剧等，是公众日常文化娱乐的主要来源。因此，娱乐性越强的大众传播媒介，阅读率、收听率、收视率就越高。公共关系运用大众传播媒介向公众宣传时也必须注意趣味性和娱乐性。

（4）监督的功能。大众传播媒介及其所形成的公众舆论，对政府、企业及各类机构的政策、行为、人员、产品起着社会监督的作用。公共关系工作必须将这种公众信息的反馈作为传播工作的重要依据。

2. 印刷类大众传播媒介

印刷类大众传播媒介主要指以文字、图片形式将信息印刷在纸张上进行传播的报纸、杂志和书籍。

（1）报纸。报纸是受众面最大的一种印刷类大众传播媒介。报纸具有三大优点：①可选择性。读者可按自己的需要、阅读习惯，在许多“并时性”排列的消息中迅速选取自己最感兴趣的阅读。②周详性。同样一则消息，报纸报道要比电视报道深入细致、周密详尽，读者甚至可以反复阅读、细细琢磨。③制作容易，成本较低，读者接收不需要特别设备。

（2）杂志。杂志是受普遍欢迎的一种印刷类大众传播媒介。按照内容，杂志可分为知识性、趣味性杂志和专业性杂志两大类。知识性、趣味性杂志以一般社会大众为读者对象；专业性杂志以特定专业人员为读者对象。杂志有三大优点：①读者群比较稳定。②内容比较灵活多样，伸缩性大。③便于读者在不同的“单位时间”内阅读，也容易携带。

（3）书籍。书籍是历史最为悠久的一种印刷类大众传播媒介。书籍的容量大，除了以其规范化的形式便于人们阅读和保存外，还具有一定的权威性，在传播和积累人类知识、文化中起着重要的作用。

印刷类大众传播媒介，它的读者受到文化水平的限制。没有一定文化水平的读者无法利用它。时间性极强和形象性极强的信息都不宜依靠印刷类大众传播媒介来传递。在公共关系传播中应考虑印刷类大众传播媒介的局限性。

3. 电子类大众传播媒介

电子类大众传播媒介是指以电波的形式传播声音、文字、图像，运用专门的电气设备来发送和接收信息的媒介。电子类大众传播媒介可分为广播和电视两大类。

（1）广播。广播是覆盖面最广的一种电子类大众传播媒介。

广播的优势表现在：①及时。广播上的信息不受时间、空间的限制，通过电波可以在转瞬之间传遍地球的各个角落。②机动性强。收听广播几乎不受空间和工作条件的限制，听众可以一边听广播一边工作，这更有利于信息的广泛、及时传播。③感染力强。④可普及率强。广播节目的制作成本低廉，接收广播的设备简单、廉价，使用长久，家家户户都能买得起。⑤广播最大的优点是不受文化水平限制，只要有听觉就能接收，因此普及率最高。

广播的主要缺点是：①不便检索，不便保存。②广播的信息和效果稍纵即逝，难以把握，收听时稍不留意，便无法追寻。③其内容的生动性不如电视，信息的深度不如报纸。因此，广播适用于时间性强、涉及面广和普及性强的信息内容。

（2）电视。电视是现代社会最强有力的一种新兴的大众传播媒介。

电视的优势表现：①电视集音响、图像于一身，在传播信息过程中能同时诉诸人的听觉和视觉，形象生动，真实感强，最易激发人的兴趣和抓住人的注意力。②电视的时效性较强。由于电视摄像、传播技术的发展，卫星接收电视技术的采用，电视台基本上可以做到随时传播新发生的事件实况，再加上电视新闻的正点滚动播出，这些都使电视传播更为迅速及时，其时效性可比广播。

电视也有其局限性：①缺乏深度。电视由于表现形式的限制，在内容上容易肤浅，深度不够，难以表达抽象思维、逻辑思维的内容。②电视不便携带，观众在接收电视传播中还受到种种条件限制，不便随时随地收看，选择余地较小。

公共关系常将大众传播媒介用于新闻宣传和公共关系广告方面，借以向大众提供信息，树立组织形象。

## 三、实物媒介

实物媒介在公共关系活动中大量使用。它包括以下几种形式：一是产品及劳务。产品本身是一种最可信的信息载体，通过其质量、款式、品牌、商标、包装以及有关的售中或售后服务，传递出最实在、可靠的信息。因此，产品本身作为媒介常被用于展览活动、赠送和赞助活动。二是公共关系礼品，指带有本组织标识的实物宣传品，如本组织产品的微型样品或具有一定实用价值的纪念品。公共关系礼品一般是不进入市场流通的非卖品，往往是专门设计和制作的，而且宣传价值、交际价值大于使用价值，主要是纪念性质的。三是象征物和模型，如用于环境装饰的雕塑、大型活动的吉祥物、展览活动中的实物模型等。

## 四、图像标识媒介

图像标识是指以静态的形象为主要信息载体的传播媒介。图像标识是各种社会组织经常使用的传播媒介，可分为以下两大类：一是照片与图画。照片与图画通过平面构图传递形象、信息。照片比图画更灵活，更富创造的想象力和表现力。两者均大量使用在各种宣传品、橱窗展示和展览陈列活动中。二是标识系列。标识系列以特殊的文字、图形、色彩的设计，构成组织的形象标志，以区别于其他组织和产品，主要包括商标、徽记、品牌名称以及在包装、门面、办公用品、运输工具、环境装修、人员装束等方面的应用。在商业促销活动中，标识系统具有很强的市场传播功能。

## 五、人体媒介

人体媒介是借助于人的行为、服饰和社会影响等来作为传递信息的载体。它包括组织成员（从领导到员工）的形象、社会名流、新闻人物以及能够影响社会舆论的其他公众等。

### 六、印刷宣传品

印刷宣传品包括：一是公共关系刊物。如组织编辑发行的小报、杂志、通讯等。它们被定期发行、免费分发，一般区分为内刊和外刊两种。二是书籍、小册子。如配合特定主题内容编制的文集、影集、画册或宣传手册。三是宣传单。如企业简介、产品目录书、促销宣传品、邮递广告品等。四是海报、POP宣传品。如配合某一活动主题制作的宣传海报、条幅、彩旗、不干胶宣传品等。

## 第二节　影响传播效果因素

所谓“传播效果”，是指传播发送者通过传播媒介对信息接受者心理、行为、态度和观念等所产生的影响程度。要提高公共关系传播的效果，必须把握其影响因素，从多角度入手，从而更好地发挥公共关系策划传播的职能。

### 一、传播发送者因素

传播发送者是公共关系传播沟通的主体。从广义上看，它是指社会组织。从公共关系的角度来看，它具体是指组织的公共关系部门及公共关系人员。在实施传播沟通的过程当中，传播发送者本身的形象、态度、行为以及传播信息的内容真伪等都直接影响着传播的效果。

1. 传播发送者的已有形象

一个诚实、人缘好的人所讲的话人们会100%地接受；相反，一个“老奸巨猾”的人传出的消息人们总是将信将疑。社会组织也是如此。如果某个社会组织形象颇佳，那么它所传播的信息人们将不加思考地接受；反之，一个声誉不佳的组织所传播的消息人们往往谨慎行事，以免受骗上当。

2. 传播发送者的态度、行为

传播发送者若以诚恳的态度客观地宣传、介绍所要传播的信息内容，就会“诚招天下客”。盲目吹嘘，夸大其词，什么“世界第一”、“誉满全球”、“包医百病”，甚至不择手段地欺骗公众，其结果只能是搬起石头砸了自己的脚。因此，传播信息时一定要诚实无欺、客观公正、留有余地。

3. 传播发送者的“代言人”

受传者对传播发送者的印象和看法直接关系到传播效果。据此，社会组织可以选择“代言人”来提高传播效果。例如组织可以请享有盛誉的专家、名流、权威人士等发布信息。这样，受传者会产生“认同感”，认为是自己人在传播信息。

这样做会缩短传播发送者与接受者的心理距离，因而比组织自己出面效果更好。

传播发送者对传播效果的影响除了以上三点之外，还受到传播体制、经费等限制。因为大众传播媒介都从属于政党和政府机构，尤其是传播面广、有影响的传播媒介，其传播的内容大多是有条件限制的，并且费用昂贵，这对经济力量不雄厚、公共关系经费缺乏的传播沟通活动无疑设置了一些障碍。这些都或多或少地会直接影响到传播效果。

## 二、传播接受者因素

从对传播效果理论的分析中可得出一个这样的结论：传播接受者即公众并不是唯命是从、任人摆布的木偶，而是在传播沟通过程中起能动作用的客体。传播接受者由于是传播发送者的工作对象,他的心理活动以及表现出来的态度、行为等都与传播效果息息相关，因此传播接受者是影响传播效果的客观因素。

传播接受者的心理素质、文化素质、职业、个性等各不相同，使得传播接受者因素更加复杂。传播接受者影响传播效果的因素主要是源于公众对传播的信息具有选择性。这种选择性包括选择性接受、选择性理解和选择性记忆。

1. 选择性接受

公众愿意接受与自己固有的立场、观点和行为相一致的自己关心和需要的信息。以收看电视为例，一个关心时事、关心政治的人总是不愿错过新闻节目；足球迷常常为观看一场足球比赛实况而欣喜若狂；喜欢歌曲的人总愿意收看文艺节目。

2. 选择性理解

公众总是用自己的世界观去解释某一信息。接受者不同，对信息内容的理解往往也不同。这主要是由于接受者受教育程度、知识结构、生活阅历等各不相同而形成的。例如在现实生活中，如果称某女性为“公关小姐”，她也许不愿意接受，因为在公共关系仍然未被中国人正确理解和熟悉之前，“公关小姐”曾被人们误以为是那些以脸蛋和外表换取金钱或得到某些男士欢心的轻佻女子。如果称电视连续剧《公关小姐》中的主人公周颖为“公关小姐”她会觉得很自然，因为她的确称得上是一位真正出类拔萃的“公关小姐”。

3. 选择性记忆

公众总是容易记住自己感兴趣的信息，忽视或忘记那些与自己兴趣相悖的信息。这与公众的个性、情趣、职业等无关。人们对自己关心、感兴趣的事总是记忆犹新、回味无穷甚至终生难忘；对那些平平常常的小事总是忽略不计，时过境迁，自然失去记忆；尤其对自己不感兴趣的信息，不但容易忘记，而且不愿意记忆。

传播接受者的选择性因素又一次证明了传播效果有限的理论，它说明对传播发送者所传播的信息，公众总是有选择地加以接受、理解和记忆。传播的效果一般只是增强了公众的固有观念，而不是改变公众的固有观念。但是，传播发送者并不能因此而放弃传播，可以从接受者的其他因素中寻找突破口。

## 三、传播功能性因素

功能性因素主要是指信息接受的时效性。功能性因素主要包括延缓性因素和即时性因素。

1. 延缓性因素

延缓性因素是指信息能在受传者身上较长时间内发生作用的因素。由于传播接受者所处的社会环境不同，因而长期以来，不同的国家、地区，不同的民族，形成了各自的伦理道德、风俗习惯、宗教信仰，人们的心理素质、文化素质、道德水准等各不相同。这样就使不同区域的公众对某些信息已形成了固有观念。作为传播发送者，要想获得良好的传播效果，就必须注重延缓性因素的作用，否则容易陷入传播的误区。

例如，据路透社报道，美国一家伯格维里联号快餐馆利用闭着双眼、戴着耳机正打瞌睡的时任美国总统里根的照片作噱头，为餐馆的营养早餐做广告。照片下面有一句说明："一个人没吃早餐，通常一眼就可以看出。"广告说，该联号快餐馆卖一种营养早餐，吃了令人精神饱满、体力充沛。这张照片是里根出席波恩的一次会议时拍下的，被伯格维里联号快餐馆采用。这则广告引起了许多人的不满，人们纷纷指责这则广告损害了总统的形象，也损害了美国的形象，差劲得很。当这家联号快餐馆接到许多投诉后取消了这个广告，并把刊于俄勒冈州、华盛顿州的四家报纸上的广告全部收回。又如在西方国家，裸体广告并不稀奇，这是由其社会制度和生活方式决定的。在我国，由于不同于西方国家的社会制度和文化传统，因此完全照搬西方的宣传方式是行不通的。国内有一家电扇厂在电视上曾用一名女士为其电扇做广告，由于该广告故意将这位女士的裙子用电扇风吹起，结果遭到了来自各方观众的非议，该广告不得不将此镜头删掉。

2. 即时性因素

即时性因素是指信息在短时间内及时满足受传者的需求并即刻发生作用的因素。这就需要传播发送者注意观察和分析公众的思想、感情和生活规律，抓住时机开展传播沟通活动。如当某一公司庆祝新产品问世或进行周年活动时，传播发送者便可以前去祝贺，并随身带去礼品或宣传品。由于此时该公司环境氛围较好，因此几乎所有的礼品及宣传品都可能愿意接受。这就是即时性因素在起作用。

## 四、传播结构性因素

按系统论观点，结构是诸要素在系统内部的恒定分布和排列并形成确定的相互关系。公共关系传播的结构因素是指传播者将具有相互作用和关联的信息传播要素采取不同的匹配和耦合方式影响接受者。结构性因素包括信息刺激的强度、对比度、重复率和新鲜度。

1. 信息刺激的强度

信息刺激的强度是指传播发送者运用一些超乎常规的做法来传播信息，以引起受传者的注意。如生产吉他的乐器厂将厂房盖成吉他形式；在川流不息的车海中突然出现了救护车的尖叫声；小品演员时常运用小品里的声调为某企业及产品做广告；挚友久别重逢时的紧紧握手、热烈拥抱等。这些做法都会引起公众的注意。可见，高强度的刺激容易引起受传者的注意。

2. 信息刺激的对比度

信息刺激的对比度是指传播发送者在传播信息过程中，运用类比的方法，强化传播效果，吸引公众的注意。如制作一则宣传义务献血的公益广告，在以白色为其基调的整幅画面中，用几滴鲜红的“血”色加以渲染，增强对比度，使人们一下子就明白了其中的道理。

3. 信息刺激的重复率

信息刺激的重复率是指传播发送者将同一信息多次重复传播，以扩大接收面，增加公众对该信息的印象，引起注意。信息的重复出现势必增加其刺激强度，并且同出现频率低的信息形成鲜明对比。因此，信息刺激重复率是信息刺激强度和对比度的综合运用。比如可口可乐、松下等公司广告的重复制作与传播几乎无人不晓，这就是信息重复刺激的效果。

4. 信息刺激的新鲜度

信息刺激的新鲜度是指传播发送者将所传播的信息在内容、形式上不断地调整、创新，给接受者以新鲜感。信息的传播方式如果总是一味地重复，久而久之会给公众一种厌烦或是认为该传播无创新能力。因此，在信息传播过程中应不断改变、调整，创新方式，以引起社会公众的注意。

## 第三节　公共关系传播手段

公共关系传播的手段很多，这里着重介绍一下撰写新闻稿、举办新闻发布会和记者招待会、制造新闻三大公关传播手段。

### 一、撰写和投递新闻稿件

公共关系人员向新闻界提供新闻稿件是当今社会组织与新闻界交往的一种重要形式和渠道，也是组织与新闻界保持密切联系的纽带。因此，公共关系人员必须学会撰写新闻稿件，还要学会投递新闻稿件。

1. 撰写新闻稿件的一般要求

公共关系人员首先要明确撰写新闻稿件的一般要求，这样才能运用好这一公关传播的基本方式。

（1）明确主题。撰写新闻稿件之前，首先要明确所撰写的新闻主题是什么，要做到意在笔先。一篇新闻稿件提出的问题和体现的中心思想是选择和组织新闻素材的主要依据，同样也是写作过程的主要线索。选择主题要从新闻事实的特性出发，并注意当前形势迫切需要的、具有普遍意义的思想倾向和观点。在撰写新闻稿件之前，还应考虑到新闻的由头，即新闻发布的依据和契机。新闻事件发生的时间或事实的出处是该事实成为新闻的依据。特别是对延续性的新闻更要注意寻找新闻根据，如从何处获悉等。

（2）写好新闻导语。导语是新闻的开头，是全文的概括，是新闻独有的结构语言。在新闻的首段，先用极简要的语言概括新闻的主要内容，揭示新闻的主题，唤起公众的注意，引起阅读全文的兴趣。假如后面的内容不能发表，仅发表开头这一段也能达到传播信息的目的，这样的导语才是成功的。所以，导语的基本要求是简洁、凝练、生动、醒目、开门见山以及突出最新鲜、最重要的事实。例如《中国旅游报》上曾刊载了一条新闻，导语就写得非常简练。其结构与内容是这样安排的：

标题：峨眉山猴群面临严重生态危机，专家呼吁游人切勿喂食猴子

导语：为保护峨眉山灵猴的同时也保护游客的人身安全，一个最有效的办法是，上下峨眉山的游客切勿喂食猴子！这是久居峨眉山以猴子为研究对象的“猴博士”赵其昆目前在峨眉山野生动植物保护协会举办的一个学术报告会上发表的看法。

具体事实紧承导语之后，展开叙述，介绍了生物学家赵其昆5年来对峨眉山猴群所做的大量观察和深入研究，赵其昆以1700余人和猴子遭遇后的种种行为作为样本分析的依据，令人信服地指出：峨眉山猴群由于游客的喂食，近几年来使得它们在山林中觅食的本领已在退化，惰性增长，猴子的数量也正在逐步减少。因此，专家呼吁：为了游客自身的安全，也为保护猴子的生态环境，切勿喂食猴子……

这篇新闻稿，标题只用一两句话提示文章主题，导语以集中、简洁的文字写出新闻的梗概，继而以比较具体的文字补充导语里未能提到的材料，使内容更加清晰完整。这种“倒金字塔”式的好处在于主题突出，方便阅读，能满足读者的愿望与兴趣。因为现代生活节奏快，报刊数量多，公众很少有充裕的时间去详细阅读每条新闻，一般都是先浏览一下报刊标题，感兴趣的内容才往下面细读，并且急于知道结果如何，因此新闻的标题就是高潮，导语概括要点，

只要一看标题、导语便知其梗概，这就是新闻的特点。这样可以适应公众心理要求，节省时间，给接受者以更大的便利。

导语的表达形式可根据新闻事实的特点，采用提问式、议论式、叙述式、描写式、摘要式、对比式等写作手法。开头要引人注目，并用简练的语言写明新闻事实发生的要素——何人、何事、何地、何时、何故及如何等。

（3）结构严谨，逻辑性强。新闻结构的主要内容是导语、主体和结尾。新闻主体是导语后面的主要部分，对导语中披露的新闻要素作进一步的解释、补充和叙述，是发挥和表现主题的最重要部分。要求是：观点要鲜明，层次要清楚，精心选材，生动活泼。主体的顺序可以以时间为序，也可以以内在的逻辑为序。总之，结构要严谨，逻辑性要强。

新闻的结尾要简短，要言尽而意未尽，要发人深思或设置悬念，为以后的连续报道埋下伏笔。新闻，往往要采取“倒金字塔”式，就是以重要性递减的顺序来安排新闻中的各种事实，要把最新、最动人、最精彩的内容写在前面，这是纯新闻报道的基本结构特征，即头重脚轻。

（4）介绍背景材料。在撰写新闻稿件的过程中，公共关系人员还应注意写好新闻背景，即要介绍新闻事件发生的历史背景、环境和原因，解释事件发生或人物言行的实际意义，主要是为烘托和发掘新闻主题服务。新闻事件的发生，既有纵向背景，即事件发生的来龙去脉，也有横向背景，即此事与周围事物的关系。因此，要介绍背景材料。介绍新闻背景材料的方式，有比较式、解释式和穿插式。背景材料有时是穿插于新闻主体、导语或结尾之中的。

（5）运用新闻语言。撰写新闻稿件必须运用新闻语言。其具体要求如下：①必须具体实在。因为新闻是在用事实说话，事实由时间、地点、人物、事件经过、事件起因、结果等因素构成，因而表达事实的新闻语言必须具体实在，不宜用空洞抽象的概念，而且应回避模糊性词语，尽量使用确切性词语。②必须简练、精确。新闻要求迅速及时，决定新闻语言要简明扼要、开门见山、直截了当。新闻要做到真实，语言必须精确，即对事实的性质、程度、空间、时间的叙述或描写要准确无误，不能含糊其辞。③必须通俗易懂。新闻拥有最广泛的读者、听众和观众，而且层次复杂。人们都要读报纸、听广播、看电视，了解国内外大事。所以，新闻语言必须通俗易懂、浅显明白，使更多的人能够接受。④注意生动活泼。新闻的语言还要注意尽可能地生动活泼、饶有风趣。比如适当地穿插些知识性、趣味性的背景材料，穿插些风俗、典故、逸事、常识等，使读者听之有声、视之有形、尝之有味、触之有感、呼之欲出，以增强新闻的感染力。

2. 撰写新闻稿件应注意的问题

组织的公共关系人员在撰写新闻稿件时，除了要掌握一般的程序技巧以及遵循一定的原则要求外，还要注意以下问题：

（1）公共关系人员在撰写新闻稿件时，要考虑到为本组织树立良好的社会形象。作为新闻机构，发布信息是“中立”的，但公共关系人员不是为写新闻稿而写作，而是代表一定的组织或团体，为其扩大社会知名度和美誉度，或解释和说明某些问题。

（2）公共关系人员在写新闻稿件时，应站在社会的高度，至少要站在社区的高度来分析问题，不能只局限于本单位的小圈子。因为有些事实在小范围内是轰动性的，但在全局范围内却是微不足道的。因此，要善于研究那些正在萌芽的事物，发掘出真正的“新闻”，还要设法在旧事物上翻新。一般说来，刚萌芽的新事物往往带有指导全局的意义。

（3）公共关系人员在撰写新闻稿件时，要注意根据不同的新闻媒介，介绍不同类型的新闻，撰写不同体裁的文章。对有些高深、生疏的专业内容和技术术语，要尽可能地用公众对象能接受的方式表达，还要注意避免用形容词的最高级，如“世界最好的”、“最著名的”、“领导世界新潮流”等，以避免给人自吹自擂的感觉，也不要使用带命令口吻的语言，以免引起记者和公众的反感。

（4）公共关系人员在撰写新闻稿件时应注意标明新闻的来源，以利于记者能进行更深入、详细的采访。同时，还要写明组织的名称、所在地和联系人姓名，最好还应附上新闻照片。这会对记者是否应该对该事件进行深入采访产生影响。另外，每张照片都应附上简短的说明，以便于参阅。

3. 新闻稿件的投寄

公共关系人员并不是写出新闻稿就可以了，还要掌握投寄的技巧，这样才能使新闻稿真正发挥作用。

（1）公共关系人员应事先确定好将新闻稿件寄往何处。公共关系人员手中应有一份新闻机构明细表，随时掌握各机构的负责人、记者、编辑、广告业务人员的各种情况，甚至他们的个人情况。另外，还应了解同本组织有关的全国性报刊、地方性报刊、综合性报刊、专业性报刊的编辑方针、机构设置、截稿时间等，针对不同的新闻机构投寄不同的新闻稿件。如果对象不符，就不容易被发表。如果寄给专业性报刊，则各种术语和数据必须准确。

（2）公共关系人员应学会审时度势，选择适当时机寄送稿件。当社会发生重大事件，如重要的党政会议召开时，大型国际性政治、经济、文化、军事、体育活动或重大事件广泛覆盖新闻媒介的传播网时，组织的一般新闻很难引起记者的兴趣，投寄的稿件往往会被挤掉，也就失去了被采用而实现其真正新闻价值的机会。所以，一般要选择新闻的“淡季”寄送组织的新闻稿件。另外，有关新产品的介绍一般要赶在发广告之前。

（3）公共关系人员要注意不断地分析、积累经验。如果新闻稿件未被采用，应注意以下分析：是否因缺乏新闻性、不具备新闻的特点、不值得报道？是否内容过于专业化？是否与媒体的宗旨不符？是否写作方面不得要领或广告气味太浓、宣传色彩太重？是否新闻来源不可靠，没有采用适当的“新闻由头”？是否违背当前正在贯彻的方针政策？或者要求新闻媒介报道的动机不纯……总之，要认真地分析、总结经验教训。如果新闻稿件被采用了，也应分析一下被采用的原因和成功的因素在哪里，以便今后的报道更加自觉和主动。对已发表的新闻稿件要注意剪报、录音或录像，及时存档，以备今后连续报道和对比分析。对新闻媒介经常报道的组织应主动登门求教，学习他们的公共关系部门运用新闻媒介的成功经验，以改进自己的工作。

## 二、举办新闻发布会和记者招待会

从政府工作部门来讲，中央政府及其所属各部门以及地方政府往往都设置专门的新闻发布机构和专门发布新闻的官员，发布新闻的机构一般称新闻局、处、办公室，发布新闻的官员称新闻发言人。新闻发布对政府来说，就是协调和加强政府各部门同新闻单位和公众的联系，沟通情况，传递信息；解释政府发布的法令、条例、规章及有关方针政策，传达政府的施政意图；协助新闻单位了解政府的各项工作，并从政治上、政策上予以准确地反映，为新闻单位更及时、更丰富、更活跃地宣传提供服务。新闻发布对社会组织来说，其目的在于协调和加强同新闻媒介和公众之间的关系和联系，沟通情况，传递信息；公布和解释本组织的重大决策、行为及有关的规章制度，传达本组织的施政意图，协助新闻单位及时了解本组织各方面的情况。新闻发布会和记者招待会都是当今社会组织新闻发布的一种重要形式，也是当今社会组织重要的公共关系活动。

### 1. 新闻发布会和记者招待会的区别

新闻发布会是指由政府、企业、团体或个人把新闻记者、有关公众召集在一起，由专人发布消息、回答问题的一种会议形式。记者招待会是只召集新闻记者，而不包括一般社会公众，虽然也发布信息，但更多的是回答记者们的问题的一种会议。新闻发布会和记者招待会虽然都是新闻发布的重要形式，但两者还是有一定的区别。

新闻发布会的主要对象既包括各大新闻媒体，也包括与新闻发布内容相关的组织和公众。新闻发布会可以只围绕一个主题或某项业务内容进行，如一种新产品的性能、研制、投产和销售，一项新技术的研究、应用和推广，一项计划的酝酿、制订和实施，一项活动的筹备和进行，也可以有综合、广泛的内容，以满足不同对象的需要。一般来说，新闻发布会是单向发布，举办者只是向新闻机构和公众发布新闻，不回答记者的任何提问，但有时可以例外。

记者招待会的对象范围要小一些，只包括新闻记者，没有一般社会公众。

而且记者招待会的内容除了有新闻发布的内容外，还可以包括当组织受到公开批评而需要得到社会公众的理解并挽回影响、组织发生突发性事件需要向公众了解情况等方面内容。特别突出的一点，记者招待会是双向沟通的，一方面要有发言人的陈述；另一方面记者可以自由提问，发言人必须给予回答。

新闻发布会和记者招待会虽然相互有一定的区别，但两者还有很多共同之处。比如两者都是组织与新闻界交往的重要形式，两者都要发布信息，人们往往对两种会议的程序以及形式方法上都有共同的要求。

*2. 新闻发布会和记者招待会的基本要求*

由于举办新闻发布会和记者招待会不仅是向社会发布某种信息，而且也是组织形象的一次“亮相”。因此，各类组织都重视新闻发布会和记者招待会的举办，都要经过周密的研究、精心的策划和准备。一般说来，举办新闻发布会和记者招待会有以下三个方面的要求：

（1）准备阶段的基本要求。首先，确定会议主题和对会议进行可行性分析。要明确会议将宣传什么，是对一桩事情进行解释还是公布有关信息？如果是发布信息，则需要对发布的消息进行分析研究，看其是否具有广泛传播的新闻价值以及是否合乎时宜，然后决定是否召开。同时要对记者们将在会上提出哪些问题进行预测，在内部统一口径，以免说法不同而引起与会者的猜疑。其次，确定会议的时间和地点。为了获得良好的传播效果，召开会议一般要避开重大节日，也不宜与社会公众普遍关心的社会重大活动相重合。地点一般应选择在交通便利、场地较舒适的市中心某处，但有时也可选择在主办单位或某一事件发生的现场。再次，准备好各种会议材料。包括口头材料、文字材料、实物材料等。必要时还可播放录像、展示实物、示范表演、图表解释，以增加记者的感性认识。最后，选好发言人和主持人及落实有关会务事项。发言人应具有一定的权威性。发言人应思维敏捷，口齿清楚，具有应变能力和较强的口头表达能力。主持人应稳重、大方，具有一定的组织能力、控制能力、应变能力和表达能力。有关会务事项包括发请柬、拟定会议程序、准备会议器材、确定工作人员、布置会场等。

（2）会议进行过程中的基本要求。首先，搞好会议的签到工作，然后按事先的安排把与会者引到会场就座。其次，会议进程要严格遵守会议程序。主持人要充分发挥主持者和组织者的作用，宣布会议的主要内容、提问范围及会议进行的时间，一般不要超过两小时。再次，记者招待会应以记者提问为主，主持人及发言人讲话时间不宜过长，以便记者提问。对记者所提问题逐一予以解答，不可与记者发生冲突。如有外国记者参加，应配好翻译人员。最后，会议主持人要始终把握会议主题，维护好会场秩序。主持人和发言人会前不要单独会见记者或提供任何信息。

（3）会议结束阶段的要求。首先，尽快整理出会议记录材料，对会议的组织、布置、主持和回答问题等方面的工作进行回顾总结，从中吸取经验和找出不足。其次，收集与会者对会议的总体反映，检查在接待、安排、服务等方面的工作是否有欠妥之处，以便今后改进。最后，统计各到会记者在报刊上发表的稿件，进行归类分析，找出舆论倾向。同时，对各种报道进行检查，若出现不利于本组织的报道应作出良好的应对策略；若发现不正确或歪曲事实的报道应立即采取行动，说明真相；如果是由于自己失误所造成的问题，应通过新闻机构表示虚心接受并致歉意，以挽回声誉。

3. 新闻发布会和记者招待会应注意的问题

新闻发布会和记者招待会的举办，除了要符合上述各项要求外，还必须注意以下问题：

（1）无论何种组织，在举办新闻发布会和记者招待会之前，都应征得所在地区新闻主管部门的同意，办理好报批手续。

（2）无论发布什么新闻，都应充分地、慎重地考虑到它对社会的各种影响，不能违背国家的法规，以避免出现偏差。

（3）新闻发布会和记者招待会自始至终都应坚持实事求是的原则。无论是会上发布信息，还是会后与记者交谈，组织所发布的信息内容必须客观、真实，若发现与事实不符应及时纠正。

（4）举办新闻发布会和记者招待会还要注意经费预算，要考虑组织的经济承受能力，量力而行。

## 三、制造新闻

制造新闻也是与新闻界交往的一种重要形式和方法。所谓“制造新闻”是指制造具有新闻价值的事件和报道材料，即由公共关系人员以健康、正当的手段，以组织内部发生的真实事件为基础，有计划地推动和整理出来的既有利于组织，又使社会、公众受惠的新闻。

制造新闻虽然也是要以真实的事实为基础，但它带有浓厚的人为色彩。它需要公共关系人员具备广博的知识、丰富的想象力、一定的技巧和敏锐的观察力，即敏感的“新闻鼻”，能在纷繁复杂的社会现象中迅速地发现新闻线索和发掘新闻素材。

1. “制造新闻”的特点

与一般新闻比较，组织有计划、有目的地制造的新闻具有以下特点：

（1）它不是自发的、偶然产生的，而是经过公关人员精心策划安排的。一般性新闻是在事物发展变化中自然而然发生的（如突发性的新闻事件），而制造的新闻是经过公关人员精心策划、推动、挖掘出来的。一般而言，新闻传播的主动权不在公关人员方面，而在新闻界人士方面，公关人员精心策划出来的新闻事件，因为奇特、有趣，具有较高的新闻价值，同样能引起新闻界人士的兴趣和跟踪追击，并加以报道，取得提高组织知名度的作用。

（2）制造的新闻比一般新闻更富有戏剧性，更能迎合新闻界及公众的兴趣。要成功地制造新闻事件，吸引新闻界人士的注意和兴趣，就要使新闻事件更富有戏剧性，更具有新、奇、特的特点，要求公关人员独具匠心，富于创造。

（3）能以较低的成本明显提高组织的社会知名度和美誉度。自然发生的新闻有的是对组织的声誉有利的，也有的是对组织的声誉不利的，而且一般而言，自然生活中出现的新闻不可以控制。而经过公关人员精心、周密策划的新闻活动、事件，则带有很强的目的性，都是围绕提高组织知名度和美誉度为中心而展开的。因此，成功地策划一个新闻事件能大大提高组织的知名度和美誉度。

低成本地制造新闻事件，吸引相关媒体的报道是营销界常用的一种借鸡生蛋的办法。由于前期对相关客户作了详细的调查，可以依据客户的特点人为制造新闻事件。新闻是媒体赖以生存的基础，只要新闻事件的策划周全，往往能起到事半功倍的效果，以最少的营销费获取最大的推广效果。脑白金在进入市场之初，采用的关键市场推广手法之一就是制造新闻。这种推广手法使其在短时间内以最低的成本占据了华东地区。

2. 制造新闻的基础——发掘新闻

（1）提高新闻敏感性。新闻敏感性是指对新的事实中新的信息的发现和辨别能力、对有价值的新闻敏锐的认识能力和准确、迅速的反应能力。新闻敏感性是公共关系人员必备的素质，也是制造新闻的根本前提。新闻敏感性包括：①对政治形势的洞察力，即迅速判断客观事实的政治意义以及预见可能产生的政治作用的能力。政治洞察力强，就善于从政治上考虑问题，善于鉴别和选择政治性强的事实进行报道，并能很好地体现党的政策。②对实际工作的关注力，即判断某项工作在全局中的地位以及对全局工作影响大小的能力。关注力强，就会努力深入实际，熟悉实际工作的发展，对全局情况了如指掌。③对公众兴趣的审视力，即判断某些事实能否引起公众兴趣的能力。对公众的审视力强，就能代表公众来观察，寻找他们欲知而未知的有趣的材料，从而满足他们的新闻欲。

新闻敏感性并不是某些记者、某些公共关系人员的天赋灵感，只有经过长期的努力，刻苦学习，不断积累和磨炼，才能逐步提高新闻意识，增强新闻敏感性。具备了新闻敏感性并不等于就可以发掘新闻、制造新闻了，还必须广泛地搜集新闻素材。

（2）收集新闻素材。在组织的生存和发展过程中，有可能成为新闻的事件很多，大致可以概括为以下几个方面：①组织的经济效益和社会效益有明显的提高，工作成效显著，甚至在同行业、同地区、国内、国际处于领先地位，有可能成为新闻。②组织在某一方面有了重大突破，比如某一企业产品质量提高、数量扩大、新的品种诞生，应用了新技术、新设备或者重要发明获取专利，新的科技成果通过鉴定，获得重要荣誉称号、重要奖励，或者为国家节约了大量能源，这些都有可能构成新闻。③组织在深化内部改革、调动各方面积极性、提高劳动生产率方面有了新的经验、新的做法和新的措施；或是组织在人事方面有了重大变动，撤换了不称职干部，大胆重用了有能力的年轻人，顶住了来自各方面的压力等。这些也有新闻价值。④组织的职工对社会和组织作出了重大贡献，涌现出富有时代精神、高尚情操的先进人物等也是重要的新闻素材。⑤组织在参与社会公益活动、热心社会福利及慈善事业、承担社会责任方面有良好的表现。例如给残疾人捐款、捐赠生活用品，支持我国的体育事业、教育事业、希望工程、航天事业等，这些既能很好地塑造组织形象，也是很好的新闻素材。⑥组织因被诬陷等原因导致组织形象受损，企业优质产品名牌商标被假冒，或者由于其他原因使组织声誉受损，也应作为新闻素材，通过新闻媒介传播予以澄清，恢复声誉。⑦组织在经营管理上出现失误，在公众中造成不良影响,组织知错改过后也应及时通过新闻媒介向有关方面和社会公众表示歉意，并承担责任，赔偿损失，以挽回影响。⑧组织举办各种专题活动，如奠基典礼、开业典礼以及各种有意义的纪念活动或庆祝活动。这些活动本身对组织的发展具有重要影响和深远意义,若能邀请知名人士参加则更能吸引新闻媒介的注意，从而达到提高组织知名度和美誉度的目的。

（3）挖掘新闻线索。在广泛收集新闻素材的基础上，公共关系人员还必须探寻、挖掘有价值、有意义的新闻线索。探寻和挖掘新闻线索通常有以下途径：①认真学习党和国家的一系列文件和有关领导同志的讲话，吃透精神。因为这些文件和讲话一般都集中概括了当前的政治、经济和文化生活中的主要情况和问题，以及政策动向和新的任务，既是进行新闻报道的思想依据，又直接预示着一个时期内将要发生的重要事情，能为人们提供大量的新闻线索。②积极参与组织内部的各项活动。组织内部的有关会议和活动往往是情况、问题、意见和建议集中的场合，公共关系人员要尽量多参与，而参与的目的不能只是为了报道会议本身，而应通过会议中所反映的情况集中各方面的意见以及从会议就有关问题所作出的决定中去发现有意义的新闻线索。③掌握动态，善于研究。公共关系人员要通过查阅有关报刊剪贴和复印有价值的部分，将其分类汇编成册，并注意收听和收看广播、电视节目，必要时还应录音、录像，以及时了解和研究各个特定时期新闻机构报道的动向、热点，从已掌握的各种情况中寻找线索；也可以根据报道的动向有意识地去收集材料，取得更多的新闻线索。④广泛交往，开拓思路。我们每天都接触传播媒介，信息每天都像洪水一样涌来，稍加留意就会受用无穷；随意放过不但可惜，还可能给组织经营带来隐患。

所以，公共关系人员应在社会上广交朋友，并通过对周围的密切观察分析，从日常生活中挖掘素材，并在此基础上提出新问题、选择新角度、发现新线索。⑤丰富知识，积累经验。公共关系人员应尽可能地多掌握生产知识、经济知识、科技知识和其他业务知识。只有熟悉这些知识，才能更深入地了解从事这些活动的人，更敏锐地发现新闻线索。

（4）确认新闻价值。新闻价值是指某种事实得以实现传播，从而产生效果的各种因素的总和。一般说来，无论是公共关系人员，还是新闻记者、编辑以及社会公众，他们衡量、确认、选择新闻价值的标准大致相同。确认新闻价值要注意：①注重新奇性。新奇性是新闻价值构成的基本要素。它通常包含两个意思：一是指时间上要新。新闻报道与新闻事实发生的时间要尽可能接近，时间差越小，新闻价值越大；时间性越强，新闻价值越高。所以，新闻报道要有强烈的时间观念才能增强新闻的可读性和可信性。二是指内容上要新。现实生活中有许多为广大群众欲知而未知的新鲜事，如新情况、新成就、新经验、新风貌、新问题等。②讲究指导性。新闻是否具有指导性也是衡量新闻价值的重要标准。在任何时候，新闻都要以指导性和思想性为尺度去衡量所观察到的一切事物，从而确定它的新价值，恰当地运用它。③强调重要性。事物越重要、越显著，关心的人越多，新闻价值也就越大。有些事的重要性和显著性是一下子就能看出来的，有些却是淹没在大量的一般性事实之中，这就要公共关系人员下工夫筛选、辨别。新闻事实与人们的利害关系越密切、涉及面越广、影响越大，重要性就越显著，也就必然引起人们的普遍关注。重要性与显著性常常是连在一起的。显著性是指那些著名的、非同一般的事物，比如邀请著名人士参加组织的重要纪念日活动等。这些事实知名度高、影响面广、吸引力强，最能激起人们的兴趣。④考虑接近性。这是指新闻事实与公众在心理上、利益上、地理上、职业上的关联与接近。其关联接近程度越紧密公众越关心，新闻价值也越高。如恰当地选择社区内的新闻事实予以报道有助于引起社会公众的兴趣，改善组织形象。⑤注意趣味性。趣味性也是衡量、确认新闻价值不可缺少的标准之一。新闻从业人员都知道一句话，叫作“狗咬人不是新闻，人咬狗才是新闻”，说的就是这个意思。但是，对趣味性不能做庸俗理解，不能做片面理解。公共关系人员在做新闻宣传工作的时候，不能有片面猎奇的小市民心理，专门去追求怪招、选奇闻、耸人听闻。所以，新闻除了“新”、“奇”外，还应该从社会生活中人们所关切的具有积极意义的事情中去寻找。

公共关系人员在广泛收集新闻素材、挖掘新闻线索、分析和确认了新闻价值之后，就可以通过健康、正当的手段制造新闻了。

3. 制造新闻的策划步骤

（1）市场分析。要做一个新闻策划，必须先对策划对象所在行业及相关情况有深入的了解。比如，行业的历史、行业的现状、行业发展的新特点、相关的法律配套等。了解得越详细，掌握的信息越多，就越有可能从中挖掘出有价值的新闻点。

（2）确定宣传目标。对新闻策划来说，主要需要确定的是宣传的范围和宣传的目标人群。宣传目标影响着后面新闻点的策划、媒体的选择和预算的编制等步骤。如果宣传范围只是地域性的，那么媒体只需选择地方性媒体就可以了，预算也会比做全国性宣传低得多。如果选择是针对年轻白领的，那么策划的新闻事件必须能吸引他们的关注，媒体也应有针对性地选择白领媒体。

（3）策划“新闻点”。这一步，需要策划出能达到宣传目标的“新闻点”。策划“新闻点”一般可以运用“借势”或“造势”两大基本方法。①借势。即借助外部的条件和环境进行策划，如借助比企业更受人们关注的各种事物，与企业即将进行的公共关系营销活动结合起来，从而把新闻界及公众的关注点移到本企业方面，收到良好的效果。②造势。这是指企业新闻策划者通过巧妙思维，利用某一看来微不足道的契机，为企业与公众间关系的建立与发展造出一个有利趋向和势头来。造势是一种最简单同时也是最复杂的策划。

（4）选择媒体。新闻策划都是通过媒体的传播来完成的，因此媒体的选择非常重要。一般根据产品的特性和宣传目标来选择媒体。比如，大众产品应选择大众媒体；如果客户目标是女性，则应该选择女性媒体；专业化的产品应选择专业化的媒体，像计算机产品最好选择计算机专业媒体和大众媒体中的计算机版面；而全国市场则应选择全国性媒体。

（5）编制预算。做宣传，要衡量投入产出比，对预算做到心中有数。但新闻策划和广告投放在费用上很不同，广告费用主要包括制作和媒体投放的费用，而新闻策划则主要是新闻事件的实施费用，优秀的新闻策划只需要少量的甚至不需要媒体费用。因此，新闻策划费用很难像广告投放那样在今年就可以计划好明年的投放量。

新闻策划不同，个案的实施费用往往会根据具体的策划而有所不同，因此应采用“目标任务法”来预算。先确定一个新闻策划的目标，然后估算出要达到这一目标所需的费用，包括新闻事件实施费用和新闻发布费用，这两项费用相加就是一次新闻策划的总费用。

（6）策划的实施和控制。这是新闻策划中的另一个重要环节。因为再精妙的策划也需要通过媒体进行传达。如果媒体不配合，新闻策划是不可能获得成功的。还有，现在不少媒体已出现“排他性”倾向，就是一条新闻如果其他媒体（尤其是竞争媒体）已经刊播了，就不再采用。这为新闻策划所需要达到的“大规模轰炸”效果提高了难度。这一情况下，需要策划人有很强的媒体运作和控制能力。

（7）衡量策划效果。对策划效果进行有效评估，有助于判断整个策划成功与否，也能对下一次策划提供有价值的参考。一般来说，新闻策划的效果可以通过以下几个标准来衡量：①刊登播出数量。在策划实施后统计媒体刊登播出的新闻数量，衡量是否达到原先设定的目标。②刊登播出质量。刊登播出质量主要指篇幅、字数、播出时间长度、刊登的版面（是否头版或其他重要版面）、播出的时间段（是否黄金时段、知名栏目）、企业和产品的名称是否出现、产品性能是否介绍等事先设定的目标。③市场反应。市场反应包括两个方面：一是销售业绩，只需对策划实施前后实际的市场销售情况做出比较就可以分析出策划是否推动了销售；二是看企业或产品的知名度是否提高，这需要在策划前后各做一次问卷调查。④采用“比较法”。比较法就是与其他竞争产品的市场表现进行比较，从而对新闻策划的效果做出评估。

4. 制造新闻的一般技巧

（1）应该就公众在某段时期最热衷的话题制造新闻。公众在不同的时期关心的话题不同。对公众兴趣审视力较强的公共关系人员，应该时刻关注这个问题，以便把握时机。比如 1988 年汉城奥运会期间，广州健力宝集团就抓住时机成功地制造了一次很有影响的新闻。集团不仅向奥运会捐送、赠送产品，在奥运会结束后，总经理还专程向我国获奥运金牌的运动员赠送冠以“健力宝”名称的金罐。对这一活动，新闻界进行了大量报道。

（2）要注意抓住“新、奇、特”这三点制造新闻。一个事件的新闻价值往往就在于它的“新、奇、特”上。在激烈的组织形象竞争中，要成功地制造新闻，公共关系人员必须独具匠心，使公共关系活动具备“新、奇、特”的条件。

## 超大牛仔裤的震波

上海蓓英百货服装店是一家特约经销牛仔裤的联营商店。在服装业日趋萧条的情况下，店主想出了颇具公共关系意识的一招：定做了一条近 2 米长，腰围 1.3 米的特大牛仔裤悬挂在店堂，上面别着一张纸条，纸上写着“合适者赠送留念”，以此招揽顾客。这一别出心裁的做法，引来了不少高个子和大块头，他们苦于无处购买合适的牛仔裤而到此处碰运气，然而，这条牛仔裤实在太肥大了，他们只能望“裤”兴叹，但小店的名气却由此而大振。这种奇妙宣传逐渐引起了新闻媒介的注意。《新民晚报》、《解放日报》等纷纷对此作了报道，使这家原本淹没在个体市场的小店竟一下变得家喻户晓，尽人皆知了。人们普遍关心的是：“牛仔裤被穿走了吗？”没有！店主继续寻觅“合适者”。不久，第一个幸运者出现了，上海浦东陆行镇腰围 1.30 米的退休工人陆阿照穿走了第一条超大型牛仔裤，人们的情绪陡然高涨了，《解放日报》以《腰围 1.3 米的牛仔裤被穿走了》为题报道了这一新闻。蓓英百货服装店又一次名声大振。在此期间，国家女篮的郑海霞曾到店里来试，但因裤腰太肥而不无遗憾地走了，店里特意到广州重新定做一条，赶到北京去送给郑海霞。这样，蓓英服装店的名声从上海传到了北京。中国“巨人”穆铁柱是慕名而来的第三位幸运者，他光顾“蓓英”的这一天，这间只有一间门面的小店顿时热闹非凡，很多人围拢在此，争相观看穆铁柱穿牛仔裤的场面，在这位2米多高的巨人面前，一旁的售货员和观众简直成了小娃娃，在那些好奇的观众看来这本身就是一大“奇观”。店主把穆铁柱送出店门之后，“穆铁柱穿上了牛仔裤”的消息不胫而走，大小报刊纷纷报道，上海电视台、中央电视台也相继播发这条新闻。就这样，蓓英百货服装店没花一分钱广告费，仅用三条超大型牛仔裤就轻而易举地名扬全国，营业额翻了几番。

（3）为了强化新闻的效果，应事先制造一些热烈气氛，使公众心理上有所准备。法国白兰地成功打入美国市场的案例中，法国白兰地公司就是通过给美国艾森豪威尔赠送两桶窖藏长达67年的名贵白兰地，作为其67岁寿辰的贺礼，制造了有关白兰地酒的新闻。赠送仪式上白兰地酒的种种传说与趣闻成为华盛顿市民街谈巷议的话题，以至于到总统寿辰那天出现了万人空巷的现象，人们都集中在白宫前面等待这一赠酒仪式，新闻机构更是纷纷报道，造成了强烈的轰动效应。

（4）制造新闻还要尽可能地与传统的盛大节日或纪念日联系在一起。每年的传统节日、纪念日往往都是新闻报道的重点。以下两个典型事例可供参考。

**妈妈，我向您致敬**

前些年，南方某酒店以西方传统节日母亲节为契机，举办了以“妈妈，我向您致敬”为主题的征文比赛和表扬模范母亲的活动。他们精心评选出12位模范母亲，给予表彰，并向当地12～15岁的学生征集歌颂母爱的诗歌和文章，从中选出20篇优秀文章，在母亲节当日举办朗诵会。在舞台背景下，一群天真可爱的孩子们为母亲献上不同的节日礼物，母亲的眼中则流露出无比幸福的喜悦。朗诵会上，孩子们朗诵着自己的作品，倾诉着一颗颗童心对母亲表达不尽的爱意。此次活动在获奖孩子将奖品献给母亲，表露母子、母女的亲情中落下帷幕。这样的结尾在无言中升华了此次活动的主题，一时间，该酒店的名字在当地家喻户晓了。

**地球，我们的家园**

“我最大的愿望就是通过镜头，唤醒更多的人热爱自然、热爱动物的意识，共同创造一个和谐、美好、长久的生存环境。”这是全国知名连锁品牌——好利来总裁——罗红先生的话。罗红是一个“好摄之徒”，多年以来，他独自驾车拍摄的足迹遍布世界。2006 年 6 月 5 日世界环境日，罗红应联合国环境规划署之邀在其总部所在地肯尼亚首都内罗毕举办了主题为“地球，我们的家园”个人摄影展。这是联合国第一次邀请一位中国摄影家在其年度活动上举办个人展览。为期两周的展览结束后，罗红将所有展品义卖，所得全部捐献给联合国的环境保护项目。联合国官员在参观展览时说：罗红的作品不仅体现了一个摄影家的艺术才华，而且显示了中国艺术家正在以国际化的视角来思考环保问题。

（5）应注意多与报社、电台和电视台等新闻机构联合举办各种活动，以增加本组织在传播媒介中亮相的机会。这是因为新闻机构自己举办的活动自然会在自己的新闻媒介上报道，组织也会因此得到与广大公众见面的机会。例如某家企业和某电视台联合举办青年大辩论活动，这家电视台一定会全力将这次活动制作成节目在电视上播放，于是这家企业在整个辩论比赛和发奖仪式上露面。可见，与新闻单位联手也是制造新闻的一个极好机会。

## 第四节　网络公共关系

据统计，在美国发展最快的五个行业中，公关业是其中之一，所有全球性公关公司都以每年 20%～25%的速度在发展。未来的时代是一个人和电脑共生的网络时代，这一时代的到来进一步提升了公关的作用和地位，给公关人员提供了一个“长袖善舞”的发展空间。网络时代是公关业充满希望和机会的时代。网络为公关业带来了又一个春天。网络世界中的一些著名品牌，如雅虎、亚马逊等在几年时间里建立起来，和可口可乐等传统品牌一个世纪才建立起来的知名度相比毫不逊色，不能不说其中有网络公关的功劳。

网络公关（public relations on net）或者称作 E 公关，是适应时代要求，以互联网为手段，沟通企业内外部信息，加强企业与社会公众的交流，从而提高企业的知名度和美誉度，塑造良好的企业形象的新型公关活动。网络公关是数字环境下的公共关系，是传统的公关活动在网络中的新发展。

### 一、网络拓展了公共关系的内涵

在网络化的今天，网络公共关系符合传统公共关系的要旨，并且突出了其传播的特征，充实、完善了公共关系的内涵。

1. 网络公共关系的主体得到拓展

传统的公共关系一般以正式的组织特别是合法的企业为主体，而在网上的各种组织、团体、企业、个人都可能成为公关主体。这是因为，网络是一种平等的平台，在这里，任何组织与个人最终都被简化为了“0”和“1”的编码，主体的平等性加强，从而扩大了公共关系主体的范畴。

2. 网络公共关系的客体得到扩展

网络公共关系的客体一般是指与网上企业有实际或潜在利害关系或相互影响的个人或群体。传统公共关系的客体一般看得见、摸得着，而网络公共关系的客体却可能是一个“老死不闻其声、不见其人”的虚拟对象。通常来看，网络公共关系的客体可以分为两大类型：一种是围绕企业由利益驱动形成的垂直型网络用户，由投资者、供应商、分销商、顾客、雇员及目标市场中的其他成员组成；另一种则是围绕某一主题形成的横向网络用户，包括生产类似产品和提供相应服务的其他企业，以及同企业一样面临类似问题，分享相同价值观的个人、其他组织、社会团体、行业协会及联合会等。如果说前者与传统公共关系的客体基本无差别的话，那么后者无疑得到了大大的延伸，把任一网络公共关系的客体范围从过去比较狭小的局部扩展到了全世界的范围。而传统的公共关系中，只有极少数的跨国公司以及大型集团才能做到这一点。

3. 网络实现了公共关系的较大变革

而在传播沟通方面，网络代表着最先进的沟通方式，实现了公共关系的较大变革。与其他的传播方式相比，网络具有无可比拟的优势，见表 3－1。

**表 3－1 传播沟通方式比较**

| 特点<br>方式 | 时间性 | 空间性 | 载体 | 速度 | 交往者之间的关系 | 传播和交流范围 |
|---|---|---|---|---|---|---|
| 交谈 | 即时 | 近距离 | 声音 | 快 | 直接 | 狭窄 |
| “手谈”（文字书写） | 异时 | 近距离或远距离 | 符号 | 慢 | 间接 | 受文字载体数量限制 |
| 印刷术 | 异时 | 近距离或远距离 | 符号 | 慢 | 间接 | 在印刷品数量范围内传播 |
| 电报和电话 | 即时和异时 | 近距离或远距离 | 声音和符号 | 快 | 间接或直接 | 交往者间有限的交互 |
| 广播和电视 | 即时和异时 | 近距离或远距离 | 声音符号或图像 | 快 | 间接或直接 | 非交互或有限交互 |
| 网络技术 | 即时和异时 | 近距离或远距离 | 可以转化为各种符号格式的数字 | 快 | 间接或直接 | 扩展的交互 |

## 二、网络公共关系的特点

1. 互动互通性

首先，因为网络具有互动互通的特点，使得信息传播的交互性大大增强，从而使网上公关主体拥有了在传统公共关系（这里指通过报纸、杂志、电视、广播等传统新闻传播形式进行的公共关系）中所没有的主动性，使网上组织在公共活动的几乎所有环节中都能发挥主动作用。这一特征是网络公关与传统公关相比更具优势的根本原因所在。

在传统的新闻传播中，编辑、记者、导演等人往往充当了“守门员”的角色，他们决定一组织的新闻、消息是否能见诸报纸、杂志或电视，他们甚至还决定这则消息的表达风格和隐含内容等。与传统新闻的这种局限相比，网络的加入给组织的公关活动提供了巨大的机会。网络使企业可直接面向消费者发布新闻而不需要其他媒体作为中介成为可能，这是一个极为重要的革命。这一革命克服了传统新闻传播中存在的消极人为因素，使组织能有效地掌握公共关系的主动权，能对公众产生直接影响。

同时，网络即时互动的特性使网上公关还具有创建组织和公众“一对一”关系的优势，增加了组织和公众间的直接交流与沟通，使组织能及时、充分地接收公众的反馈信息，了解公众的个性化需求，把握公众对组织的评价，维护公众和组织的良好关系，从而提高了公关活动的实效性。

2. 即时性

“给我两分钟，我让全世界找到你。”这是一家网络公司的广告词，形象地说明网络公关的跨越时空性，网络信息传播的高速度使得组织的公关活动具有即时性的特点。传统传播媒介有一定的发行周期，如一般报纸和杂志每天或每月才发行一次，而在网上可以全天 24 小时随时发布消息，且可随着形势的发展随时更新消息，公众也可以全天候不拘时地进行点击。比如“蓝色巨人”IBM 公司购买 Lotus 后即在其首页上发布了这则消息，比当天的报纸要早几小时。网络的这种特点对组织公关活动的开展既是机会又是挑战，组织有了机会随时发布消息，但也使公关工作的节奏大大加快，一些不利于组织形象的负面信息可能因为在网上曝光，几分钟就传遍世界各地，这就同样需要公关人员利用网络的即时性对事件做及时而有效的处理。1996 年 10 月，美国一家生产果汁的欧瓦拉果汁公司发生一起突发事件，该公司生产的一批苹果汁不慎被 0157 大肠杆菌污染后流入市场，导致 61 人中毒，其中一名儿童死亡。一下子舆论哗然，公司的良好形象受到了严重损害。面对这一突发事件，公司开展了强大的网络公关，请网络专家在 24 小时内建立了公司的全球信息网站，向公众传达了公司的道歉声明和补救措施，并且帮助消费者链接相关的医药保健网站，获取有关大肠杆菌的最新医学信息，以求对策，从而避免了事态的进一步恶化，挽回了公司的形象损失。

3. 广延性

首先，网络的全球互联性使得网络公共关系在空间上拥有了传统公共关系所没有的广延性，组织公关活动的受众无限扩大，全世界160多个国家和地区的上网公众都有可能接收到组织在网上发布的新闻。克服了传统公共关系活动在地区上的限制。同时，网络给组织的公共关系活动提供了巨大无比的活动空间，组织可以通过网络论坛、当地电子公告板（BBS）、新闻组、网络会议、网络广播台、网络电视台等各种形式向公众发布新闻或开展其他公共关系活动，从而扩大了组织活动的范围。

此外，网络公共关系还具有自主性、多媒体性、低成本性、多形式和效果显著等特点。

## 三、网络公共关系运作的原则

1. 诚信

“公关之父”艾维·李早已提出“对公众讲真话”的公共关系原则，网络公共关系低成本运行，故企业在使用后会很方便。而最大的方便即在于自主性。在这种情况下，要搞好企业组织与社会公众之间的关系，关键在于企业对待公众和社会的态度，以及如何对待利润和效益。因此，企业在一定的生产经营条件下，加强管理，提高产品质量和服务质量，真心实意为消费者和社会服务，就是价值最大、最成功的公关策略，而不能以网络是虚拟空间为借口、以网络匿名性为掩护，对公众进行欺骗。网络公共关系管理必须要把树立诚信美德放在重中之重的位置，如果稍有闪失或过错，在网络广阔的空间里将迅速传播，致使企业形象受到极大打击。如果说，欺骗在传统公共关系中还可能得逞，那么在网络公共关系中，组织的一言一行都会受到监视，欺骗成为最不明智的选择。公众在网上很容易核查组织言行的真实性。而且网上公共关系在内容上又十分透明化，致使细微出入也容易被人发现。

2. 快速

这体现在两个方面：一方面，组织要利用网络这一有力工具及时将有关信息发送给有关的媒体，因为信息时代昨天的“新闻”即旧闻；另一方面，则是指组织的有关信息必须及时更新。随时把自己的最新动态挂到主页上或有关网站上是企业进行网络公共关系最起码的要求。但不少组织在制作好主页后即认为万事大吉，不再注意更新，这容易给人造成一种印象，即该企业重形式轻内容、做事拖泥带水、管理者没有责任心等。

3. 创新

建立自身的主页是企业利用网络开展公共关系的起点，而建立长期有效的网络公共关系则要采用多种多样的方式，要注意创新。譬如，组织可以在网上一个知名公共论坛上邀请该领域的著名专家与网友进行交流。其话题不一定专门围绕该企业产品，但交流中的有些言谈，会为企业亲近受众搭造平台。

4. 安全

为了保证网络安全，要谨防受到攻击。这主要源于三个方面：一是来自于竞争对手在网上暗中的恶意中伤；二是来自于一些顾客的指责；三是来自于黑客的攻击。如果说前两种情况的实施主体是有意识的，那么来自于黑客的攻击往往是无意识的。黑客通常只是出于好玩或是露一手的目的，而在组织的主页上随意进行涂改。其中既有让人哭笑不得的恶作剧，如在主页上画一只小乌龟；也有让人措手不及的恶性攻击，如使企业的服务器瘫痪等。要解决网上受到攻击的风险问题，一方面组织要加强管理、提高技术水平；另一方面政府要加强立法执法，使网络公共关系保持在稳定发展的轨道之中。

## 四、网络公共关系的活动方式

1. 建设公关型的企业网站

企业网站是帮助企业树立形象的最佳工具之一。网站上的企业背景资料、商标、广告语、经营理念、企业视觉形象识别系统等公关信息元素可以源源不断地向公众进行传播。公众也可以通过网站提供的联络方法提出自己的疑问、咨询及投诉，并快速地得到企业的答复。以上过程使公关活动的本质即组织和相关公众之间的双向信息传播和沟通得到最好的诠释，这也要求企业在设计网站时充分考虑网站的公关功能，不仅把网站作为一个销售平台、服务平台、采购平台、广告平台，也要把其作为企业公关活动的平台，使网站融入企业的文化、精神和理念。在利用网站公关的过程中，企业公关人员必须明确两个问题。首先，网络公关的对象包括客户、供应商、经销商、投资者、企业内部员工、媒体、金融机构、政府机关、社会团体等，这些公众对企业的经营管理活动都会产生直接或间接的影响，需要受到企业的重视。其次，网站需要根据这些公众的特点为其提供各种信息服务。企业的背景资料、组织结构、管理技术水平、新闻是向上述全体公众提供的，此外企业也应该注意提供针对特定公众的特定信息服务。

2. 借助网络媒体发布新闻稿

近几年，以新闻传播为重要任务的网络媒体发展速度惊人。新浪、搜狐、网易等站点在新闻传播方面的影响力已经丝毫不亚于一些传统的电视、报纸、杂志媒体。通过这些网络媒体来发布关于企业的新闻，无疑是行之有效的公关方法。不仅如此，如果企业网站有足够的访问量，网站本身就可以在一定程度上代替传统媒体的新闻发布功能。企业还可以通过公共论坛、与企业业务相关的新闻组来发布这些新闻，同样也可以达到较好的效果。网上新闻稿的制作应注意以下几点：

（1）注意稿件的链接问题。网上新闻稿的制作不同于现实生活中的新闻稿。在现实世界中，新闻稿通常不超过两页，因为有这个限制许多信息只好删去。在网络上则没有这种限制，而且还可将新闻链接到其他相关信息上，使得公众在搜寻信息时可以从中寻找更有用的信息，既方便了公众又大大增加了组织的信息发布量。因此，在进行网上新闻稿的制作时要特别注意稿件的超链接问题，应创建新闻稿与各种相关信息的链接，如创建新闻稿与站点中过去的新闻稿及相关信息的链接，使公众能获知事件发展过程的概貌及更多的信息；创建新闻与其他站点中相关信息的链接；创建新闻稿与有关图片的链接，使公众有可能获得相关的图片资源。

（2）注意稿件的形式问题。为了提高公众对组织网上新闻稿的浏览率，新闻稿的形式应力求生动、活泼，富有新意，能抓住网上公众挑剔的眼睛。形式千篇一律、语言枯燥乏味的新闻稿在任何时候都是无人问津的，在强调“注意力经济”的网络时代尤其如此。因此，为吸引公众对组织新闻的注意，组织在设计网上新闻稿时，公共关系人员可运用Flash动画、音乐等多媒体技术，增强新闻发布形式的趣味性，从而加深公众对新闻的印象。

（3）加强新闻稿的互动性。网络区别于传统媒体的一大特征是它的互动性，在制作新闻稿时也应充分增强它的互动性，从而使组织及时得到公众的反馈信息，为组织的下一轮决策提供依据。首先，应该在新闻稿页面的顶部或底部添加联系信息，使公众一旦有疑问，能和公司的公关人员快速地取得联系，实现公众与组织公关部门的即时互动；其次，应在新闻稿后设立专门的评论区或设立常规性的电子论坛，使公众可以自由发表自己的读后感，参与讨论。

3. 通过电子邮件发布个性化信息

面对不同的信息需求者，企业可以通过电子邮件为他们提供各种类型的信息服务，使他们及时了解企业的各种新闻、产品、销售政策，而相应公众也可以通过电子邮件将对企业的要求、建议传回企业，维护企业与传统大众媒体的关系。传统大众媒体和新兴网络媒体绝对不是简单的对立关系，而是相互渗透、相互融合的。企业公关人员可以进入相应的公共新闻组和论坛，或者进入媒体的论坛和聊天室与记者、编辑交流，也可以利用电子邮件向他们发送新闻稿，提供新闻线索，这都将帮助企业公关人员建立与媒体人员的良好沟通，促进企业公关活动目的的实现。

4. 刊登网络公关广告

公关广告是企业推销自身形象的一种特殊手段，是一种特殊形态的广告，

亦是一种特别的公关活动方式。而网络广告所具有的超时空、低成本、内容可扩展等优势，无疑使它成为一种理想的公关工具。在网络上做的形象广告、公益广告、观念广告，都能有效加强公众对企业的理解，融洽企业与公众的关系。

5. 赞助公益事业

在网上赞助公益事业，可以在推动公益事业发展的同时为企业赢得良好的声誉，是一种有效的网络公关手段。

6. 开展网上社会服务活动

在网上举办各种专项社会服务活动，无偿地为相关的公众提供服务，以活动和实惠吸引公众的兴趣，获得公众对企业的好感，也是一种较好的网络公关活动方式。举办网上公众代表座谈会。企业在做出影响相关公众利益的政策决定之前，需要了解相关公众对此项政策的详细意见或是企业在相关政策实施一段时间以后，想收集公众对此项政策的态度和反映，都可以通过网上公众座谈会的方式来进行。在操作过程中可以通过各种途径，如电子邮件、企业网站、电话等发布邀请函，其中应注明座谈会的时间、网址、参会人员、讨论主题等重要信息。

7. 召开网上新闻发布会

在传统公关活动中，新闻发布会是组织和公众沟通的例行方式。它是一种两级传播，先将消息告诉记者，再通过记者所在的媒体告知公众。企业将这种方式放到网站上，通过聊天系统或视频会议系统进行，将大大降低新闻发布会的成本，提高其效益。

8. 网上软件搭载发布

通过网上 OICQ、Foxmail、Netants 等绿色软件的搭载形式完成对新闻稿的发布。绿色软件的下载率非常高，因此，组织可与这些软件的生产商联系，以搭载的形式发布新闻稿，从而扩大组织的最新动态、产品资料等信息的受众面。在发布工作完成以后，组织还有一系列相应的善后工作需要做，如给有关记者打电话告知新闻稿的发布情况、认真回复公众或记者读完新闻稿后的疑问等。

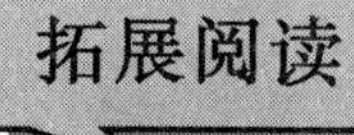


## 战略公关新闻传播“四势”

随着微利时代的来临及整合传播概念的不断深入，如何最大限度地满足细分的顾客群体需求，已经越来越成为企业的核心公关战略。那么，在战略公关实践中，我们如何更有效地挖掘新闻价值？如何制造或引导社会舆论向更有利于自身的方向发展？本文将结合案例，从运“势”的角度探寻战略公关新闻传播的基本技巧和操作方法。

**1．蓄势**

从战略公关的角度分析，“蓄势”指企业通过公关传播渠道对外释放内部蓄积，在目标客户心目中建立差异化品牌形象的战略实施过程。就“蓄势”的操作方法而言，可以从品牌、产品和服务、管理、资金、舆论导向这五个方面入手。

（1）蓄品牌积累之势，就是制定并发布企业差异化品牌战略。企业可以通过系统的品牌定位确立一个鲜明、独特的品牌个性，最终整合公关传播渠道完成企业向公众的品牌形象传递，其中消费者的实际需求和市场竞争形势是品牌战略定位确立的重要参考依据。

（2）蓄产品和服务之势，就是以消费者的潜在需求为中心，在产品或者服务上寻找与消费者的利益切合点,并以此作为企业战略公关体系中的核心诉求，在公关传播中赢得消费者对企业品牌的信赖。深圳明星楼盘“蔚蓝海岸”的公关推广便是通过“蓄产品和服务之势”手段进行推广的成功案例。2004 年，正当深圳地产商热衷于通过电视、报纸等媒体进行广告投放时，卓越集团总裁李晓平却将推广费用花在了新闻传播上。基于对深圳老百姓的潜在生活需求的把握，李晓平带着他的“蔚蓝海岸”项目创新性提出了“高尚滨海生活”概念，并从城市居住文化和空间美学角度对其产品和服务进行了诠释。通过《感受第一抹蔚蓝》、《我在蔚蓝海岸看顾法国孩子》、《蔚蓝海岸：细节的感动》等一系列张弛有度的稿件，“蔚蓝海岸”深深打动了特区人们的情感，实现了产品和服务上的差异化诉求，逐步促成了“蔚蓝海岸”在深圳地产界的品牌优势。

此外，蓄管理之势、蓄资金之势及蓄舆论导向之势也是战略公关体系中比较常用的几种蓄势方法，限于篇幅不便一一阐述。

**2．借势**

“借彼之力，为己所用”即为“借势”，其通常是指借助外部已有的形势衬托、凸显企业自身优势的一种操作方法。在个体企业或公关行为主体的现有资源（比如项目启动资金、公关活动的新闻价值）不足以引起社会广泛关注的情况下，便可以寻求借助外力组织公关战略。简言之，“借势”可以分为如下几个类别：

（1）借“名人”之势。这里所说的“名人”泛指在社会中有一定影响力的个人或群体，而借“名人”之势即通常所说的“利用名人效应”，其最典型的应用就是聘请名人担任企业或品牌的“形象代言人”，进而为其公关新闻传播寻找吸引公众的焦点。

比如北京财富公馆在其公关推广中，便借用了“财富 500 强 CEO”这一群体的商界明星效应，提出了“财富 500 强 CEO 官邸”这一个性鲜明的新闻传播主题。在随后的公关传播中，财富公馆对“财富 500 强 CEO 官邸”的标准进行了一一诠释，并凭借财富500强CEO这一群体的名人效应迅速提升财富公馆高端品牌形象。

而此前不久刚刚完成的“中钞国鼎·巴乔中国行”大型公关活动，则完全借用了意大利传奇足球巨星罗伯特·巴乔的个人影响力，因为有了罗伯特·巴乔的参与，中钞国鼎“历届奥运会徽/吉祥物纪念章”产品上市推广活动一度被全国媒体聚焦。

不过，值得提醒的是，借“名人”之势并不是万能之法，名人所传达的品牌内涵毕竟有限，只有与其他方法配合才会达到最好效果。

（2）借舆论导向之势。公众的广泛参与使舆论导向能够引起人们的心理共鸣，对于深度和广度传播企业的品牌十分有益。舆论导向是指在一定时期内，大众和新闻舆论特定强调并关注的焦点、热点或观点倾向。

在这方面，TCL集团的“世界心”国际救援行动可谓是一个经典案例。2004年末，东南亚特大地震海啸灾难爆发，向灾区献爱心成为当时全球关注的社会趋势，TCL借机策划并执行了“世界心”国际救援行动。由于本次事件是一次国际性的公益救援行动，因此TCL在传播方面刻意保持低调，在围绕“中国企业的全球企业公民责任”的新闻传播中赢得了全球人民的尊重。

（3）借政策环境之势。政府和行业管理部门出于宏观管理的需要，在不同时期、不同背景下，将有不同政策、不同的倡导和价值取向。对于战略公关传播而言，借政策之势的要点是对政策的理解、把握、熟悉和运用。而政策不是一成不变的，所以要敏锐地观察政策在不同时期的变化。

（4）借“文化地图”之势。“文化地图”反映了一个国家或地区人民文化水平状况和文化事业发展水平。借用“文化地图”之势，就是要鸟瞰“文化地图”的全貌，透视经典文本、意识形态、价值观念和偶像认同四个坐标，由表象到本质的深刻变化情况，把握它的规律趋势，从而为公关传播所用。

此外，依据所借用载体的不同，战略公关新闻传播中的“借势”方法还可以细分为借消费趋势之势、借气候差异之势等。

**3．造势**

“造势”是指一个企业或公关行为主体凭借自己的力量和智慧，积极主动地创造出有利于自身发展的态势、格局和趋向。换言之，“造势”就是主动“制造”新闻的过程。

当然，运用“造势”方法组织公关战略要掌握其中的技巧和要点：所造之势既要有风可捕，保证对传播受众有足够的吸引度，又要坚持真实性和兴趣点原则。而根据所选题材不同，战略公关新闻传播中“造势”又可从如下几个方面着手：

（1）挖掘企业内部资源，以公司现有资源或基本事实为基础制造能够吸引受众关注的新闻话题。椰岛鹿龟酒的公关战略便是一个典型案例。早在1995年，自向媒体报出“美国博尔公司提出以1.2亿元的价格买断椰岛鹿龟酒配方及生产权”的爆炸性新闻，椰岛股份有限公司便掀开了其大规模“造势”传播序曲。随后的一段时间内，围绕椰岛鹿龟酒配方、生产权该不该卖的争论抢占了全国各大媒体的主要版面，椰岛鹿龟酒也因此“一夜成名”。

（2）结合社会热点新闻事件，从社会热点新闻事件中分析并寻找与企业和产品关联的信息，以此为基础制造新闻话题。例如邦迪牌创可贴的一句经典推广口号“没有什么创伤不能弥合”的诞生，便结合了当时朝韩和谈中“金大中和金正日碰杯”这一新闻热点。

（3）逆向利用媒体制造声势，即当企业处于对立环境中，便可借用媒体的传播功能故意激化当事双方的矛盾并使之公开化，吸引受众广泛关注。相比以上两种造势方法，这种逆向操作的方法存在一定的风险性，所以在应用此方法前要尽量塑造企业在对立环境中的弱势形象，并以此争取媒体和大众的同情，同时企业要对由于矛盾激化可能给企业带来的各种危机进行预估，制定完备的危机管理预案。

**4．合势**

“合势”便是组合蓄势、借势、造势等常用运势方法中两种或多种手段，挟众“势”之威制定企业公关战略的操作过程。由于组合了蓄势、借势及造势等操作方法的综合优势，故“合势”通常可以在企业战略公关新闻传播中发挥“组合拳效应”，在企业品牌传播体系中发挥重要的作用。

需要注意的是，“合势”并不是蓄势、借势、造势等几种运势方法的简单叠用，而要根据企业公关战略实施的节奏有选择地应用。比如史玉柱和他的“脑白金”奇迹，便是综合运用造势、借势等运势方法制定企业公关战略、最终获取成功的一个典型案例。

早在脑白金上市之初，史玉柱便以五个大篇幅的新闻报道鸣锣开道，以“美国人的疯狂”为题制造了一个非常新奇的新闻点，引起了社会关于“人类长生不老”话题的争论，进而完成了新品上市的首轮“造势”传播。

在随后的市场推广中，史玉柱的新闻传播战略巧妙“变轨”——通过与克隆技术对比、以“宇航员登太空吃脑白金改善睡眠”为题进行公关传播等综合手段巧妙“借势”，借助社会热点事件极大提升了脑白金的产品知名度。

资料来源：王成．战略公关新闻传播“四势”．国际公关，2007（6）．

## 案例讨论

### 时尚引领，奉行神州——艾美特的泛时尚化传播

**1. 项目背景**

（1）项目单位性质。1973 年，艾美特公司母厂在台湾创立，之后二十多年间一直从事以电风扇为主体的小家电的 OEM，培育了稳定增长的 OEM 国际市场。1991 年，艾美特正式进入祖国大陆，落户深圳石岩，1994 年开始自创品牌，逐渐从 OEM 过渡到 OBM，在国内市场以品牌输出为主，国际市场则以产品输出为主。

而且，看到小家电行业的巨大潜力，艾美特逐渐把产品线延伸到小家电各个领域，在电磁炉、电暖器、电饭煲、空净机各个领域都推出了自己的产品。2001～2004 年艾美特电风扇产销量连续四年稳居国内企业前三名，市场占有量为 15%，2004 年电暖器销量位居全国第一位，而后进入的电磁炉市场也进入了行业前 10 名。

长期的 OEM 经历让艾美特对产品的品质控制十分成熟，艾美特风扇于 2004 年 1 月通过国家免检产品认证。而长期的低调作风以及传媒界对单纯的小家电企业缺乏关注，造成了艾美特产品品质高但知名度低的不平衡现象。

作为国内著名的公关传播顾问公司，宣亚国际公关一向以帮助客户获得商业成功为宗旨；以成为国内公关传播领域最具价值的品牌为目标；并以其深入浅出的公关理论作为工作的准则，在这种传播认知指导下的专业公关传播服务和提供给客户的高附加价值服务，获得了国内行业协会和业内同仁的高度认可。在艾美特项目上，宣亚结合小家电营销投入较弱的特点，在保证传播力度的前提下，在经济、高效的策略下制定和执行传播方案，赢得了客户的认可和尊重。

（2）项目概述及主要挑战。随着生活质量的日益提高，近年来人们对小家电的需求开始急剧增长。目前，在国外一个普通家庭平均拥有 40 件左右小家电，而国内一般职工家庭所拥有的小家电数不超过 20 件，这个差距意味着广阔的市场前景，然而，目前中国大部分家庭都把小家电定位于廉价产品，这意味着对高品质、高价格产品在某种程度上的挤压。同时，近年来，整个家电业的市场竞争在不断加剧，恶性的价格战火也早已烧到小家电行业，再加上原材料价格的屡屡上涨，这一切都造成了厂家利润空间不断被压缩的局面。

而与此同时，众多大家电携资金优势和品牌既有的知名度而来，不仅在终端卖场与传统小家电企业争夺地盘，也轻而易举地占据了传媒本已有限的关注版面，这令本身知名度就不是很高的传统小家电企业的传播之路更是增加了难度。

众多后来竞争者加入后，为了迅速拉近与领先者的距离，跟风、模仿成为行业惯用的手法，一时间，小家电迅速出现同质化魔障，消费者对小家电的质量高下难以区别，只能在价格上挑选优势产品，这进一步刺激了恶性竞争。

如何成功逃离这个知名度低下，同质化、模仿、跟风的恶性竞争，成为宣亚接下来要做的核心任务，而传播的定位问题则是重中之重。

**2．项目调研**

基于上述分析，宣亚国际公关对艾美特企业所在的小家电行业的市场概况以及所有相关媒体进行了全面调研，在系统推理和突破性思考的基础上，制定了出奇制胜的公关传播方案，为打造企业品牌产品的知名度以及帮助企业成功逃离恶性竞争泥沼奠定了思想基础，并为下一轮的活动策划和媒体计划打下了基础。

（1）SWOT 分析。

| 优 势 | 弱 势 |
|---|---|
| 企业产品质量过硬，积累了一定范围内的良好声誉 | 企业产品独特性不明显，缺乏与同类产品的显著区隔 |
| **机 会** | **挑 战** |
| 1．小家电企业商机隐现，传媒对本行业的关注处于上升期<br>2．社会对高品质产品需求处于急速上升期<br>3．小家电行业高端产品缺失，价格战、恶性竞争的结果使大部分小家电品牌集中在大众化、中低档，高端市场留出空缺 | 1．大家电企业的强势竞争势头抢占了媒体、大众的关注焦点<br>2．恶性竞争的结果导致消费者对小家电缺乏鉴别能力<br>3．跟风、价格战的惯疾令小家电产品难保独特性 |

（2）项目分析。作为急需突破性发展的艾美特，需要一个突破性的公关策划方案。宣亚公关认为：品牌竞争主要表现为企业如何进行自身品牌内涵的表述，清晰地向消费者传递品牌价值与体验信息，并通过差异化与竞争对手划清界限，使受众有明确的认知，而品牌的差异化，将是艾美特品牌传播所要解决的主要问题。

最能体现品牌传播作用的是产品的中高端市场，因为在该市场上，消费者对产品价格并不特别敏感。尤其在小家电市场上，个体产品的价格本来就不如大家电，如手机、彩电等市场，商品之间的差价绝对值因素对该市场消费者购买的选择影响几乎可以忽略。在这种情况下，产品为消费者提供怎样的品牌体验，品牌在市场当中的口碑与印象如何，直接影响着消费者的选择。因此，宣亚公关认为品牌传播能对艾美特巩固并且扩张中高端市场提供有效帮助，在传播当中应强化艾美特品牌的中高端形象。

**3．项目策划**

（1）公关目标。包括：①国际化的小家电厂商。在品牌层面将艾美特打造为国际化的小家电厂商、精致理念的领导者以及产品品质的有力保证。②引领国际潮流的产品。在产品层面将艾美特产品打造为引领国际潮流的产品，具有先进的功能与技术，代表着有品位人群的消费方式。③品牌功能全面区隔与独特化。将艾美特从产品功能层面、品牌情感诉求层面、企业形象诉求层面与市场相区隔，形成艾美特品牌功能的全面区隔及独特化。

（2）基本策略。包括：①插旗策略。在小家电时尚品牌缺位的情况下，艾美特采用抢先插旗式的公关策略，全面传播“精致”的核心信息，结合产品图片表现，更容易树立自己的强势地位。②高频策略。在设计公关活动与传播时，保持高度的曝光频率，形成强势的姿态，务求在对手传播尚属混沌的时候，自然具备睥睨天下的领导地位。③波浪策略。从公关声势上来看，要保持内在核心信息的一致，既有产品传播高潮迭起的震撼性，也有企业传播统筹的延续性，实现浑然天成的公关效果。

（3）传播策略。包括：①分层式传播。将艾美特从企业形象、产品品牌等各个方面进行严格的分层传播，各有侧重，与其他品牌无主题的、“杂烩式”的传播进行区隔。②多棱式传播。对一个公关事件或话题，进行多角度、多层次的传播。③品位式传播。在艾美特的传播上，力求与大多“灌输式”的传播方式区别开，无论是产品软文，还是对事件、新闻解读，都应能充分与设想中的格调与品位相契合，并通过合作、沟通等多种方式，争取多在一流媒体上曝光，从而达到一种文化渗透的作用。

（4）公关传播策划。包括：①“精致”理念符号化。通过全年艾美特在消费者面前强势、高频的出现，时刻从不同角度展开对“精致”理念的阐释。反复刺激，固化人们对“精致”的记忆，使之成为艾美特的另一代名词（符号）。②企业定位时尚化。每一次的活动策划、产品发布、展览展示等任何表现企业形象的机会，都参考时尚品牌的运作，使艾美特企业在时尚圈中占有重要一席。③传播媒体多样化。增加艾美特在不同媒体的曝光频率，为艾美特产品贴上时尚标签，从而成为目标消费群所追逐的对象。④传播手段多元化。在不同的策划当中，反复运用新闻稿投放、展览传播、概念传播、话题传播，媒体合作、软文投放等多元化公关手法，争取最大覆盖面、最有针对性、最有时效性的传播效果。

（5）实现形式包括：①新闻稿投放。每月至少两次的新闻稿投放，分别从产品及品牌的角度，保持与媒体的信息通畅与及时更新。②媒体关系维护与专访。艾美特的领导到全国媒体重点区域（重点是华南区）巡回召开媒体联谊会，拉近与主流媒体的关系；对企业领导人就企业宏观规划与市场认识进行专访，树立行业领袖形象。③展览传播。抓住顺德家电展等展会的时机，加强与媒体的沟通，以艾美特在展会中的风采使媒体增强对艾美特实力的认识。④概念传播。在对媒体的传播中把握概念的传播，以“精致小家电”为核心概念，围绕这个概念创造衍生概念，加强核心概念的输出力。⑤话题传播。结合企业实际情况与当前热点，引导媒体的话题传播，比如“弃气用电”、“年末赠礼主角”、“小家电同质化了吗”、“关注空气质量”等与消费者切身利益及行业、市场密切相关的话题，争取媒体曝光率。⑥媒体合作。通过与高端时尚杂志的合作，引发新生经营阶层对艾美特“精致时尚”理念的接触与认同，将使用艾美特产品作为精英身份的象征。⑦活动传播。结合企业需求，以活动策划增大与媒体的接触点，保证核心信息的准确、有效传达，比如策划时尚消费类媒体感兴趣的消费者活动、策划新品发布会，抓住大众、消费、财经类媒体的兴趣点等。⑧软文投放。软文能更精确、完整地表现艾美特产品的特性以及企业想要传达出的信息。在软文投放方面，为体现艾美特“时尚家电”的主题，应选取时尚、高端的，符合艾美特品牌定位的媒体。

**4．项目执行**

承接2004年的良好传播开端，在2005年项目开始实施时，艾美特逐步展开了宣传攻势，依照从重点城市重点区域到周边城市的次序进行，第一次正式开展的较大规模的活动是全国媒体最集中的四大区域的媒体见面会，此次活动正式宣告艾美特成为一个“公众公司”，将积极主动地与媒体沟通。对于小家电而言，公关执行的核心点就是尽量抓住每一个可供发挥的节点并做到极致，向工作的周到、细致要成绩，向思维的开阔创新要进步，因而取得了不俗的业绩。

（1）四地媒体见面会。2005年4～5月，艾美特在宣亚公关的协助下，进行了北京、上海、深圳、成都的四地巡回媒体见面会，邀请了四地的50余家主流媒体与艾美特副总进行了谈话，这是艾美特首次进行较大规模的媒体见面会。一方面利用各地的经销商会议、新品发布会等增强了媒体对艾美特产品的体验，同时强化了媒体对于艾美特产品“时尚”、“精致”的直观感受；另一方面，这次活动建立了艾美特的主流媒体库，促进了艾美特与媒体间的联系与沟通。

（2）新闻稿传播。有效利用好新闻稿的传播力是做好小家电企业传播的非常关键的一环，因此，把新闻传播的计划性和灵活性有效地结合起来非常重要。在此案例中不仅在阅读的新闻稿投放中注重产品与品牌传播的结合，也将计划稿件与按照热点组织的新闻策划结合起来，结合“精致生活”、“时尚产品”的核心理念，取得了良好的传播效果。

（3）新品发布。新产品对于企业的宣传意义非常重要，它有可能成为一个拐点，一举扭转品牌在大众心目中的平凡印象。因此，当艾美特推出气流扇时，宣亚公关判断这是一款具有划时代意义的产品，它在外观和功能上对传统电风扇的突破，都能被很好地利用和包装，进一步阐述艾美特“时尚”的品牌理念。

因此，他们对这个产品进行了全面的包装，从“开创气流时代”、“空调伴侣”的产品概念角度挖掘这个新产品的意义，将之打造为不同于电风扇的高端产品，完成了市场区隔；同时，通过对其功能的细节化阐述，延伸出了2~3篇新闻稿，获得极佳的传播效果。

在之后对艾美特重点产品进行传播时，宣亚公关采取了类似的立体式包装手法，例如为传达“时尚”的生活理念，他们为电磁炉提出了“移动厨房”的全新概念，而在新品电暖器的传播中，迎合社会“节能”的时尚，提出“能效比”概念，都取得了传媒认可。

（4）顺德家电展。顺德家电展是华南最高标准的家电博览会，华南乃至全国的媒体都比较关注，如何在这个活动中体现艾美特的独特性，表现艾美特的“时尚家电、精致生活”的风貌是抓住媒体关注的关键。宣亚公关从“小家电同质化了吗”这个行业话题入手，探讨了如何从小家电同质化陷阱逃离，寻找自己的独特定位。为与媒体进行更深入的沟通，宣亚公关邀请了北京及华南13家媒体出席此次会议，并安排了记者与艾美特副总的午餐访谈会。

**5．项目评估**

通过一年多的公关项目执行，艾美特的品牌知名度与产品知名度有了显著的提高，主流媒体基本认可“艾美特为国内高端小家点的领导品牌”的观点，而艾美特的稿件曝光率比项目实施前增长了300%以上。

（1）媒体关系。表现为：①主流媒体占主导地位，在所有活动邀请的媒体中，主流媒体占据了绝对主导的地位，所占比例达到90%以上。②媒体关注度提高。北京、广州等一级城市的核心媒体保持了对小家电行业以及艾美特的关注；西南、西北等地媒体对艾美特的关注度最高；透过日常沟通，媒体库内的记者都对艾美特企业与产品有所认知。③记者对艾美特有较清晰认知。媒体库内的大部分记者都认同艾美特提出的“精致”概念，认为这是小家电产品的发展方向；认可艾美特是专业的小家电生产企业，主打风扇、电暖器、电磁炉等产品；把副总蔡正富先生当成行业权威，愿意倾听他发表行业意见。④媒体库逐渐完善，核心媒体圈已经形成。多次参加专访的核心媒体记者与艾美特往来甚密，在宣亚国际公关为艾美特提供的媒体俱乐部名单中，指定的27个城市里面，艾美特媒体库均有相应的媒体联系名单，这意味着新闻稿能及时、顺利到达相关记者并能有效得到媒体相应反馈。⑤媒体与企业双向沟通。媒体产业增强沟通的需求，参与企业活动和专访的积极性提高。

（2）覆盖区域。艾美特的传播上，地区分布涵盖了北方、华东、华南、西南、华西五大板块的27个重点城市的主流大众及行业媒体。同时，结合报道的不同特点，选择重点投放的区域进行传播，力求实现有重点、有广度的立体投放层次。

（3）报道质量。在所有报道当中，文章标题含有醒目之“艾美特”字样的达100多篇，占总数的一半以上，比上一年提升了三成以上；文章内容附带艾美特产品或职员大幅图片的报道近60篇，占总数三成以上；实现网络传播转载的近200篇，广泛地扩大了影响。

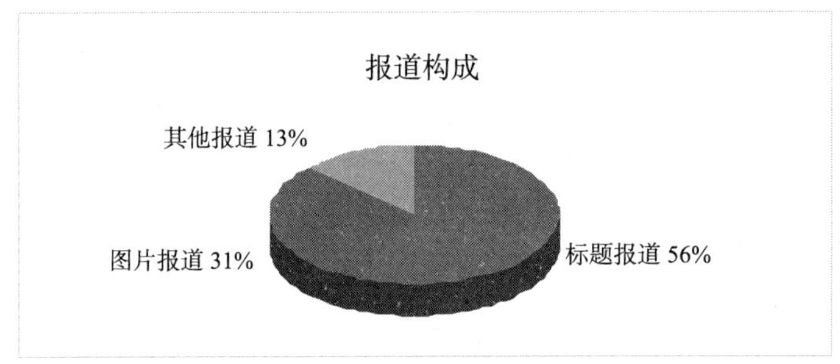


（4）总体评价。艾美特经过一年多的公关传播，从一个不为人关注的小家电企业，成为一个公众认同的企业，建立了与媒体、大众沟通的通畅渠道，与美的等一线家电品牌一起成为受媒体关注的企业。同时品牌个性逐步形成、产品知名度大幅度提升，与一般的小家电企业、产品拉开了距离，基本奠定了其“精致、时尚”的品牌形象，这是一个质的变化，成为艾美特不可替代的品牌优势。“中国品牌”荣誉的获得就是对这种质变的肯定。

资料来源：谭昆智．公关原理与案例剖析．北京：清华大学出版社，2008．

**讨论题：**

1. 艾美特的公共关系传播运作有何独到之处？
2. 本案例的成功之处表现在哪些方面？

## 思考与训练

1. 公共关系传播媒介有哪些？各有何特点？
2. 常用的三大公共关系传播手段是什么？
3. 如何提高公共关系传播的效果？
4. 请分析报纸上一篇新闻稿的结构，根据你身边发生的新闻事件，写一篇新闻稿。
5. 网络作为一种新型媒体有哪些特点？上网观察一下企业是如何利用网络开展公共关系的？
6. 有人说“制造新闻”是提高社会组织知名度的灵丹妙药，你认为呢？
7. 请自找一个合适的主题，模拟举办一次记者招待会。
8. 请组织一次旨在选出应届公共关系毕业生形象，为用人单位提供信息的新闻发布会，请写出具体方案并组织实施。

9. 请运用名人效应为组织进行制造新闻的公共关系策划。

（1）××牌轿车厂。

（2）××学校。

（3）××食品有限公司。

（4）××服饰专卖店。

（5）××房地产开发公司。

10. 案例分析：

### 港湾公寓

美国有一家十分有名气的房地产公司在密执安湖中一个景色秀丽的小岛上建造了几幢豪华的公寓，命名为“港湾公寓”。最初，购买者寥寥无几，这家公司设法通过媒介做了大量的宣传，但均不见效果。后来，公司聘请公共关系专家精心策划了一次升旗仪式。他们在公寓楼前的空地上建了一个升旗台，竖起一根旗杆。选择美国国旗制定200周年纪念那天，邀请海军军校学员当升旗仪仗兵，并邀请一支很有名气的乐队演奏助兴，芝加哥市市长派专员前往主持升旗仪式，在雄壮的音乐声中庄严地升起美国国旗。同时，在楼前空地上身着节日盛装的孩子们手举彩色三角小旗变换拼出“港湾公寓”四个醒目大字，为摄影记者提供了拍摄的绝好镜头。房地产公司的这一举动，吸引了大批记者前来采访。在当晚的电视新闻上，升旗仪式实况被报道出来，镜头中“港湾公寓”四个大字多次出现，给人强烈的视觉感受并留下深刻的印象。第二天，各家报纸也纷纷以不同的题目刊发了这一消息。港湾公寓一夜之间名声大振，原来滞销的局面很快被打破，成为公众的抢手货。

### 赈灾义卖献爱心

1991年夏季，百年不遇的特大水灾袭击我国华东数省，人们纷纷捐钱捐物，援救灾区人民。北京香格里拉饭店的领导和公关人员精心策划了一个以“人帮人”为主旨的“赈灾义卖活动”：他们在饭店外开辟橱窗，组织员工利用业余时间义务站柜台，以便宜的价格，出售饭店独有的特色小食品，让人们在奉献爱心的同时又能品尝到美味，吸引了众多人前来购买，并吸引了新闻界的广泛关注与报道，再一次把义卖活动推向高潮。仅两周时间，便收入11万元。很快，这浸透着香格里拉人对灾区人民深情厚谊的11万元人民币，通过国家旅游局转给“中国减灾基金会”，由它直接交付灾区人民。香格里拉饭店通过对公益事业的精心参与，树立了自身形象，赢得了社会赞誉。

### 鸽子事件

美国联合碳化钙公司一幢新建的高达52层的大楼竣工了，公司的领导要公共关系部将这一消息发布出去，扩大公司的知名度。恰在这时，一大群鸽子飞进了这幢新大楼，鸽子粪、羽毛把楼内搞得很脏。

公司公关人员认为这是一个绝好的扩大公司影响的机会。他们一方面打电话通知"动物保护委员会"，请他们迅速派人前来协助处理这件有关保护动物的"大事"；另一方面电告新闻机构，在联合碳化钙公司总部大楼将发生一件有趣又有意义的捕捉鸽子"事件"。动物保护委员会接到电话后马上派出有关人员带着大网前往大楼捕捉鸽子，电视台、报社等新闻机构纷纷派记者进行了现场采访和报道。从捕捉第一只鸽子起到最后一只鸽子落网，前后共花了3天时间，各新闻媒介对捕捉鸽子的行动也进行了连续3天的报道。结果，联合碳化钙公司名声远播，加深和扩大了公众对公司的了解，公司未花一分钱就宣传了自己。

**问题：**分析以上三则案例制造新闻的成功之处表现在哪些方面？上述案例对你有哪些启发？

11. 案例分析：

### 礼 物

据说在中国现代史上有这样一段轶闻：1936年12月12日，张学良、杨虎城发动了震惊中外的"西安事变"，"西安事变"最终和平解决了，但张学良却被蒋介石扣留，交军事法庭审判，判处十年徒刑。1945年8月，抗战胜利，张学良刑期已满十年，他便将自己戴了多年的英纳格手表，作为礼品馈赠给蒋介石，暗示蒋介石："时间已到，该放我出去了。"谁知蒋介石根本不认账，他又托人送给张学良两件礼物：一件是1936年的旧挂历，暗示张学良"我不会忘记1936年的耻辱，时间要从头开始"。另一件是送给张学良一双绣花鞋，暗示："就是要给你们二人小鞋穿，使你们一辈子不好受。"这里张学良、蒋介石都是利用物品来表示自己的内心想法的，由于特定的时空环境，所以双方见"物"后都心照不宣，明了于心。

**问题：**这个事例说明实物本身也是信息传递的载体。那么在公共关系传播中如何利用实物媒介呢？

12. 案例分析：

**小燕子的一封信**

日本奈良一家旅馆每到春天都会迎来大群可爱的小燕子在房檐下筑巢，但小燕子排泄粪便，留下斑斑污渍，服务人员不停地擦也无济于事，客人们怨声四起。于是，旅馆经理就以小燕子的名义给客人们写了一封道歉信：

女士们、先生们：

我们是刚从南方赶到这儿来过春天的小燕子，没有征得主人的同意，就在这儿安了家，还要生儿育女。我们的习惯不好，常常弄脏你们的玻璃和走廊，致使你们不愉快。我们很过意不去，请女士们、先生们多多谅解。

还有一事恳请女士们和先生们，请您千万不要埋怨服务员小姐，她们是经常打扫的，只是擦不胜擦，这完全是我们的过错。请你们稍等一会儿，她们就来了。

您的朋友：小燕子

客人们见到这封信，都给逗乐了，肚子里的怨气也烟消云散了，客人们总是带着美好的记忆，依依不舍地离开古都奈良，离开这逗人的旅馆。

**问题：**在公共关系中组织与公众沟通的方式很多，为什么这家奈良旅馆的工作人员单单采用“书信”这一沟通方式来消除顾客的怨气，他们的做法对你有哪些启示？

13. 案例分析：

**法国白兰地的精彩“亮相”**

1957 年某日，美国首都华盛顿。主要干道上竖立着巨型彩色标牌：“欢迎您，尊贵的法国客人！美法友谊令人心醉!”整洁的售报亭悬挂着一长列美法两国的小国旗，它们精致玲珑，在微风中轻柔地飘拂，传递着温馨的情意，报亭主人特意设计绘制的“今日各报”的广告牌上，最鲜艳夺目的是美国鹰和法国鸡干杯的画面和“总统华诞日贵宾莅临时”及“美国人醉了!”等大标题，它们吸引着络绎不绝的路人去光临。

马路上，许多轿车、摩托车、自行车涌向白宫……

白宫周围，已是人山人海。人们满面笑容，挥动法兰西小国旗，期待着贵宾的出场。

贵宾是谁呢?不是政府要员，不是社会名流，在美国总统艾森豪威尔诞辰日，光临华盛顿的法国特使却是两桶法国白兰地!

这是怎么回事？原来，这是法国公共关系专家精心策划的一幕公共关系杰作。

白兰地当时在法国国内已享盛誉，畅销不衰。厂商的目光开始瞄向美国市场。为此，他们邀集了几位公共关系专家，慎重研讨公共关系方案。

受聘请的专家们通过调查，搜集了有关美国的大量信息，并经仔细斟酌，提出了一项颇具新意的设计，其要点如下：

公共关系宣传的基点是法美人民的友谊，整个规划的主题是“礼轻情义重，酒少情意浓”。择定的宣传时机是美国总统艾森豪威尔67岁寿辰。要求公共关系活动尽可能广泛地利用法美两国的新闻媒介，赠送的是两桶窖藏长达67年的白兰地酒。贺礼由专机送往美国，酒桶特邀法国著名艺术家特别设计制作。然后于总统寿辰日，在白宫的花园里举行隆重的赠送仪式，由4名英俊的法国青年身穿法兰西传统的宫廷侍卫服装抬着这两桶白兰地正步前行，进入白宫。

这项公共关系规划立即得到公司最高决策者的批准，并且获得法国政府的赞赏和支持，外交渠道的绿灯也亮了。

这样，美国公众在总统寿辰一个月之前就分别从不同的传播媒介获得了上述信息。一时间，法国白兰地成了新闻报道、街谈巷议的热门话题，千百万人都翘首盼望着这两桶名贵的白兰地的光临。

于是，便出现了前面所述的万人空巷的盛况。当这两桶仪态不凡的美酒亮相时，群情沸腾，欢声四起，有些人甚至大声唱起了法国国歌《马赛曲》。此刻，美国公众似乎已经闻到了清醇芬芳的酒香，更由此而品尝到了友谊佳酿的美味。

从此，法国白兰地就昂首阔步地迈进了美国市场，国家宴会和家庭餐桌上几乎都少不了它的倩影!

**问题**:法国白兰地的精彩“亮相”得益于哪些方面？其成功的关键是什么？

14. 案例分析:

### 敦豪公司的起源故事

某年初，中外运——敦豪国际航空快件有限公司青岛分公司调查发现，青岛市民乃至新闻界几乎都不知道已建立两年的公司。于是便决定策划一起以“急人所急”为主题的公共关系活动。公司首先在中国青岛对外经贸洽谈会的专刊——新华社《外向经济导报》上做了整版广告。广告讲述了敦豪公司起源的一个小故事：26 年前，美国加利福尼亚州一个小伙子在一家海运公司等朋友。他偶然听一位管理人员说，一艘德国货轮停泊在夏威夷港，可货物提单却在旧金山，需要一个星期才能寄到夏威夷。这个小伙便主动提出他愿意乘飞机将提单送往夏威夷，那位管理人员发现此举可以节省昂贵的港口使用费和滞期费，于是他把提单交给了小伙子。小伙子完成任务归来，立即联络两位朋友，开创了一个崭新的领域——快运业务。这个小伙子就是 Daiscy，他的另外两个朋友是 Hillblom、Lyuu，他们名字的第一个字母便成了公司的名字——DHL（敦豪国际航空快件有限公司）。这个故事包含了这家公司最重要的经营理念——急人所急。青岛分公司还在这版广告上介绍了 DHL 公司 26 年来的奇迹般的成就，并在广告版面的左上角标出醒目的“3 月之谜”，其谜底就是这版广告。接着，他们又在电视台、报纸等媒体上发布了“3 月之谜”之谜面，内容是请市民找登载 DHL 故事的报纸，并用笔重述这个故事，设有金、银、铜奖，给踊跃参加者以奖励。

这次活动投入奖金仅 10 万余元，持续一个月，昔日默默无闻的青岛敦豪一举成为富有“急人所急”之经营理念的知名企业，出现了公司业务迅速增加的良好势头。

**问题**：敦豪公司的这次公共关系活动借助了怎样的策划“新闻点”？对我们有何启示？

15. 案例分析：

## 小题大做

塞尔维亚一座小镇附近有 7 个湖，农民投放鱼苗后，其中 6 个湖中的鱼渐渐长大了，唯有一个湖却一条鱼也没有。后经专家调查，确认湖中有一个重约 120～200 千克的大鲇鱼。当地农民决定请捕鱼手捕捉这条大鲇鱼。消息不胫而走，正为游客减少发愁的当地旅游部门如获至宝。他们先是在报纸报道“湖怪”出现的奇异现象及有关传说，引起社会公众的广泛注意。接着透出消息：湖中有一条特大鲇鱼，为捕捉这条鲇鱼特地从多瑙河请来五位捕鱼能手，届时将有一场鲇鱼与渔夫的精彩搏斗，以此激发起公众浓厚的兴趣。经过渲染，捕捉鲇鱼时，前来围观的游客，单是烤肉饼就吃掉了两万张，饮料喝了三万瓶。第一场搏斗，鲇鱼赢了，于是旅游部门再次大做文章，他们借助新闻媒体，一方面告诉公众不久将有鲇鱼和渔夫的第二场搏斗，一方面绘声绘色地描绘出第一场搏斗中扣人心弦的惊险场面。不久如愿以偿，第二场搏斗吸引来更多的游客，旅游部门获得了一笔可观的收入。捉鲇鱼并没有什么特殊的新闻价值，但是一经渲染，就赋予了事件以神秘色彩，形成了像西班牙斗牛那样的刺激性和诱惑力，从而实现了公共关系目标。

**问题：**捉鲇鱼是怎样具有特殊的新闻价值的？这次公共关系活动借助了怎样的策划“新闻点”？对我们有什么启示？

# 第四章　公共关系职能

公共关系是一种独特的管理职能。它帮助一个组织建立并维持与公众之间双向的交流、理解、认可与合作；它参与处理各种问题与事件；它帮助管理者及时了解公众舆论，并对之作出反应；它明确并强调管理部门为公众利益服务的责任；它作为社会变化趋势的监视系统，帮助管理者及时掌握并有效地利用社会变化，保持与社会变动同步；它运用健全的、正当的传播技能和研究方法作为主要的工具。

——［美］雷克斯·哈罗

公共关系的功能在于向大众解释管理当局，把大众态度解释给管理当局。

——［美］弗雷泽·西泰尔

现代公共关系具有管理职能。它不再是一种盲目的、随意性的活动，而是有意识的、有计划的行为，是一项集管理性、科学性、技术性、艺术性、社会性等于一体的新型事业。本章重点介绍公共关系对社会组织的作用和影响，即公共关系的主要职能。

## 第一节　采集信息

公共关系活动的本质，就是通过双向沟通有效地达成组织机构与公众之间的信息交流。采集信息已成为公共关系部门一项基本职能，任何关系到组织生存、发展的信息都是公共关系机构搜集的对象。公共关系部门被称为组织的信息情报部，发挥着组织“耳目”的作用。

## 一、采集信息的内容

所谓信息是指包含新知识、新内容并可以进行传递的消息。公共关系信息指的是为了塑造组织形象而采集、传播的各种消息。大到国家的方针、政策，小到一张名片、一个电话号码都可以看做是公共关系信息。具体地说，公共关系信息主要包括以下内容：

1. 政治信息

它主要包括政府的决策、政治体制改革、领导人的更换、对外交往政策及友好往来等。政治信息关系到组织的未来发展方向和目标，也是组织可以利用的重要信息源。

2. 立法信息

它包括政府颁布的各种法律、法规、条例、章程等。公共关系活动不能触犯或违反法律，否则，必然有损于组织形象。

3. 舆论信息

它包括新闻舆论和社会公众舆论。由于舆论具有导向功能，因此，公共关系部门通过对舆论信息的分析、加工、反馈或利用，了解公众对本组织的意见、建议，通过开展公共关系活动为组织制造良好的社会舆论。

4. 市场或消费者信息

它包括市场分布、市场现状、市场占有率、消费者需求、消费心理、消费趋势、消费观念等。组织的公共关系部门了解以上信息可为组织决策提供依据。

5. 同行业竞争者信息

它包括同行业的数量、规模、分布、产品质量、服务设施、技术水平等。了解同行业竞争者信息，一方面是为了向同行学习；另一方面也可以做到心中有数，以便有的放矢，在竞争中求生存、求发展。

6. 组织形象信息

它包括组织内部公众和外部公众对组织的评价，主要是对组织的产品形象、技术水平、服务态度、经营方针、领导者能力、综合实力等进行了解，以准确判断组织知名度和美誉度的高低。

## 二、采集信息的方法

1. 社会调查法

社会调查是公共关系人员运用科学的手段和方法，对有关社会现象进行有目的、有系统的考察，以此来搜集大量资料，并对这些资料进行定性、定量分析。社会调查方法根据涉及的范围、对象的不同，可分为普遍调查、典型调查、个案调查研究、抽样调查等。公共关系的大量信息是根据社会调查获得的，社会调查也是公共关系工作的起点。

2. 借助传媒法

大众传播媒介具有信息量大、覆盖面广、传播速度快等特点，因此，它是公共关系获取信息的一条捷径。大众传播媒介是社会大众意愿和要求的最主要的反映渠道，它是触及社会各个阶层的反映器。同时，它又是党和国家领导人的传声器，传达着政府的方针政策。从大众传播媒介中获取的信息，往往带有全面性和方向性，它能帮助组织决策者把握发展趋势。

网络使得公关资料的信息容量远远超过了传统传播方式下所能得到的资料。首先，组织可以密切监测公共论坛等场合中对公司的评论和态度，辨识顺意公众、逆意公众和中立公众，或者通过查询相关的新闻组、网络论坛来发现新的利益群体，研究失常态势，为组织提供有价值的信息。其次，公众可以在线直接查询企业数据库及相关信息，与该组织联系，了解该组织的有关情况，从而对该组织的整体印象做出自己的评价。因而，这就要求该组织的基本出发点是“为了满足顾客需求”，站点的设计特点之一就是便于顾客的使用，使顾客能够直接反馈信息。对于企业来说，这种顾客直接反馈系统可以激发工作人员的想法，提高工作质量。这样，供应商、零售商、顾客的重要参与形成了一个互动的系统。对于外部公众，组织要采取不同的信息搜集方式。如：对竞争者、政府、媒体、社区公众，就和对顾客群体的方式不同。应该通过研究不同的公众的特点及其在网上的活动方式，开展有针对性的信息搜集工作。同时，方便快捷的网上调查，将使组织以更经济的方式快速得到需要的资料和信息。调查，就是就公众对该组织形象的评价进行统计分析，用数据或文字的形式显示公众的整体意见，或者就某一具体公关活动条件进行实际考察。通过调查，可以使一个组织准确地了解其在社会公众中的形象地位，从而策划有效的公关活动方案，及时有效地把握公众舆论。

3. 专家预测法

每一个行业都有自己的专家，他们与政府部门联系密切，甚至直接参与制定和论证即将出台的政策，他们掌握的信息多且具有权威性，组织通过听取专家对经济趋势分析、市场动态预测、组织形象评估的意见，能取得大量信息。

4. 直接听取法

这是指组织直接听取公众的反映的一种方法，这种方法一般用于初步感知，范围较小的采集阶段。主要包括接待来访者和投诉者、现场面谈、专题采访、追踪调查、设意见箱等方法。这一方法的优点是速度较快，及时灵活，可以采集到有价值的信息。其缺点是采集信息的范围受到限制，对公共关系人员素质要求较高。但它们不失为采集信息的一个好方法。而且由于组织直接面对公众，还可在公众中树立一个善于听取公众意见的良好形象。

5. 参与活动法

组织可通过参与各种活动来搜集信息，如别的组织举办的新闻发布会、产品展览会、订货会、重大庆典、学术交流会、宴会等都是采集信息的好机会，这些活动可以吸引大量公众，所以采集的信息面广、量大。此外，参加外单位组织的会议和活动，成本较低，可以和组织的业务活动相结合。

6. 员工意见法

组织的内部员工是组织一个很大的信息源。公共关系部门对内部公众的各种反映也必须认真对待，因为管理者只有通过员工的行动才能实现自己组织的目标。组织要了解员工在想些什么，对领导层有什么看法，对本组织的前途是否有信心，组织的产品是否能满足顾客需要等，总之要广泛搜集员工的意见、建议、要求等信息。

## 三、处理信息

处理信息，是公共关系人员重要的日常业务之一。所谓处理信息，是指公共关系人员根据本组织公共关系的目的和要求对采集的初始信息进行加工的过程。其目的在于：把原始信息变换成便于观察、传输、分析和处理的形式；对原始信息进行去粗取精的筛选并加以分类整理、编辑、浓缩、提炼、分析以及做必要的统计计算；把某些信息集中并存储起来，作为事后的分析参考资料。

1. 信息处理的要求

信息处理要求及时、准确、适用和经济。及时，就是传递信息要快、适时。准确，就是信息反映的情况要真实可靠。适用，就是信息要适合实际需要。经济，就是要符合经济效益的要求。

2. 信息处理的程序

（1）搜集，即搜集原始信息。原始信息是零星分散的，将其及时地集中起来，是信息处理过程中一项十分关键的基础工作。全面可靠的原始信息，有助于信息处理质量的提高。

（2）加工，即整理信息的过程。加工的依据是某项任务的需要或组织长远发展的需要，是对信息进行选择、比较、分类、排序、计算等方面的工作。

（3）传输，即利用相应的装置和设备实现信息的流动。需要考虑到时间、距离、费用和效果等因素，还应注意信息传输的方向、顺序和路线。

（4）存储，即保存必要的信息。经过加工处理的信息，有的马上就用，有的待用，有的则可供日后参考。因此将有关信息放入相应的存储器中，妥善保留起来是十分必要的。

（5）检索，即查找信息。检索分手工检索和机器检索两种。手工检索主要是指在有关的文献和工具书中查找信息；机器检索则指在电子计算机（或其他存储器）中查找信息。迅速而准确地检索出信息，就会充分发挥信息的作用。

（6）输出，即将用户所需的信息及时传输提供的过程。输出的信息要根据要求将其编制成各种形式。

## 第二节 塑造形象

组织形象是社会进入工业文明时代以后提出的新课题。现代组织把树立良好形象作为发展战略的重要组成部分，因为良好的组织形象，对于一个组织来说是一笔无形的财富。它可以为组织的产品和服务创造出一种消费信心；可以为组织吸引人才、集中人才，创造优越的条件；同时，还有助于组织寻求可靠的合作者和原料、能源供应者，增加投资者信心，求得稳定而优惠的经销渠道，并增进周围社区对自己的了解，得到公众的赞美和支持。所以，塑造组织形象是公共关系的一项重要职能，组织公共关系的一个重要工作就是树立、维护和发展组织形象，从这个角度看，公共关系部门是组织形象的“设计师”。

### 一、组织形象的含义

大千世界，万物竞生，千姿百态，各有其形。比如：在自然界里，花有香，树有形，月有圆缺，日有阴晴。在人类社会中，人无论是男人、女人、婴儿、少年、中年和老年，还是高、矮、胖、瘦的人，也都有其可以识别的形象。同时，人们对某一事物的判断，即好与坏、美与丑、善与恶、对与错的认知，都会有自己的评价。因此，在浩瀚的大千世界里，人们面对千姿百态的客观事物，无不从不同的方面来描绘它们的形象。那么究竟什么是形象，什么是组织形象呢?

“形象”，为客观事物的形状相貌之义，又指能够引起人们的思想或感情活动的具体形状或姿态。从一般意义上说，形象这个词有三层意思：第一，形象是客观事物所有外部状态的反映，并且这种形象不是虚幻的、抽象的，而是直观的、具体的、可图像化的。一件物品的大小、宽窄、方圆等形状，都可以用语言描述出来。第二，形象是客观事物在人们头脑中的再现。由于人是形象的感受者，任何一种具体事物都可通过人们的感知反映出来，因而形象就成为人们对某种事物的总体印象。第三，形象对人们的思想和感情会产生深刻影响。尽管形象的本源是客观的，但人们感受它之后，就会对人们的思想和感情发生作用，成为其选择、采取这种或那种行为的依据。总起来说，形象是人们的主观世界对客观事物的认知和反映，是人们在获取客观事物的大量信息后所形成的综合印象。

同其他客观事物一样，每个组织，特别是企业也都有自己的形象。在当今市场经济时代，市场竞争犹如一场以市场为舞台、以消费者为评委的企业选美大赛。谁能赢得这场大赛，谁就能获得生存、发展与成功，否则将会被无情地淘汰。在这场比赛中，一个企业自我感觉良好，不一定会得到评委们的青睐；搔首弄姿，坑蒙拐骗，只会被驱逐出市场；自惭形秽，不求进取，也于事无补；只有厉兵秣马，遵循规则，强化训练，提高素质，敢于创新，充分展示实力，才能赢得胜利，获得生存和发展。在世界餐饮业的激烈竞争中，麦当劳以自己的独特形象占据鳌头：深红色的衬底托出金黄色的 M 形拱门，装饰一新、干净幽雅的饮食环境，着装一致、笑脸相迎的服务人员，标识一致、独具特色的饮料杯、薯条袋，品质、规格、口味一致的“汉堡包”等，给人们留下深刻的印象。这就是麦当劳在世界消费者心目中形成的美好的组织形象。

所谓“组织形象”，就是社会公众对组织综合评价后所形成的总体印象。这一含义说明：第一，组织是塑造自身形象的主体。以企业为例，企业的自身情况，包括它的精神面貌、价值观念、行为规范、道德准则、经营作风、管理水平、产品质量、服务水平、技术力量、人才阵容、资金实力、设备状况、厂区环境、广告宣传、公共关系、经济效益、福利待遇等要素，都是社会公众评价的客观基础。如果企业的每个要素都能调节到最佳状态，即企业的自身状况是令人满意的，那么它的形象就会获得人们的较好评价，经得起实践和时间的检验，获得较好的总体形象。企业自身状况不佳，是无法获得社会公众良好评价的。第二，社会公众是组织形象感受主体。离开社会公众这一感受对象，组织形象就无从得到反映。第三，组织形象是社会公众的总体印象。组织形象并不是某个人对组织一时一事的认识结果，而是社会公众经过对组织的长期观察、认识、了解之后所形成的综合印象。因此，塑造组织美好形象绝非一日之功，而要经过长期、全面、艰苦的努力。

可见，组织形象受组织自身、社会公众等多种因素的制约。一般说来，组织自身状况是其形象塑造的客观基础或原型，公众印象是对组织原型的反映；公众反映可能与组织原型不一致，这就要通过相互沟通与协调使两者一致起来。

## 二、组织形象的特征

概括起来，组织形象具有以下五大特征：

1. 整体性

组织形象是一个有机的整体。一方面，组织形象构成因素具有整体性。组织形象是由企业内部的诸多因素组成的，如企业历史、社会地位、经济效益、社会贡献等综合性因素，员工的思想、文化、技术素质及服务的态度、方式、质量等人员素质因素，产品质量、产品结构、经营方针、经营特色、基础管理、专业管理、综合管理等生产经营管理因素，以及技术因素、物质设施等因素。这些不同的因素形成不同的具体形象。但是，组织形象作为社会公众的整体形象，是各个形象要素所构成的具体形象的总和。企业的某一具体形象只是构成企业整体形象的基础,而完整的组织形象才是对企业具有决定意义的宝贵财富。另一方面，组织形象在表现上要有整体性。在组织形象表现上，往往是某一具体形象比较突出，可能掩盖其他因素所形成的形象。就社会公众来说，他们不能对企业的各种因素以及各个方面的情况都进行评价，总是根据其所了解的状况来认识和评价企业。所有这些都可能造成组织形象的不完整性。因此，要避免组织形象表现上的片面性或不完整性，就既要全方位地探讨组织形象的构成因素，进行科学的塑造和建树，还要采取必要的步骤和措施，使广大公众真实地感受组织形象，从而在公众心目中形成总体印象。

2. 客观性

组织形象既然是人们在获取客观事物的大量信息后所形成的综合印象，因而组织形象所赖以形成的物质载体即企业原型是客观的。形象是一种观念。观念是对客观事物的反映。组织形象是由企业存在决定的。就是说，组织形象作为现实企业各方面活动和所有外表等客观事物的映象，是不以人们的意志为转移的。虽然人们可以运用一定的手段策划一个企业的形象，但不能在虚幻的基础上构筑组织形象，此为其一。组织形象受一定社会环境的影响和制约，不可能脱离赖以存在和发展的社会和自然条件而独立存在，此为其二。组织形象是企业把自己的实态通过各种途径介绍给公众，使公众感知后形成一定的印象，因而使组织形象的形成过程是客观的，此为其三。组织形象的评价标准，即社会效益、公众信赖等标准，是不以企业经营者或策划者个人的主观意愿为转移的，此为其四。因此，塑造或改善组织形象，最关键的在于努力改善企业实态，在企业原型的塑造上下工夫。

3. 主观性

组织形象虽然是在企业实态的基础上形成，具有客观的现实基础，但是作为评价主体即社会公众来说，它是认识主体对企业客体的反映，因而社会公众对企业的认识、评价带有主观性。社会公众本身具有差异性，即他们的社会地位、价值观念、思维方式、认识能力、审美标准、经济利益、生活经历等各不相同，同时他们观察企业的时空条件、审视评价企业的角度、标准也有区别，这样社会公众对同一企业及其行为的认识和评价就必然有所不同。此外，在组织形象的塑造和传播活动过程中，必然要发挥企业员工的主观能动性，渗透着企业主体的思想、观念和心理色彩。这种组织形象的主观性离不开企业实体的客观性。因此，在塑造组织形象过程中，既要全面分析企业内部的各种影响因素，更要研究社会公众自身的因素，使主观和客观相统一。

4. 相对稳定性

当社会公众对企业产生一定的认识和看法以后，也即组织形象一旦形成，无论其好与坏、美与丑，一般不会轻易地改变或消失，而具有相对的稳定性。这是因为：企业及其形象因素会因条件限制而不会瞬息万变，即使企业性状及其行为可能发生这样或那样的变化，这种变化也不会马上改变企业已存在的形象模式；社会公众在经过反复获取企业信息和进行过滤分析后，由表象的感性认识发展为深入的理性认识，从而对企业产生比较固定的看法，即对企业的认识总是倾向于原有对企业的印象，并不会因企业性状及其行为的某些变化而改变对企业的评价。这种现象会产生两个方面的结果：一方面，具有良好形象的企业，可利用其形象稳定的特点，开展有成效的生产经营活动，保持独立风格，提高知名度和美誉度，激发强大的名厂、名店和名牌效应。另一方面，形象不良的企业，由于形象相对稳定而难以摆脱不良形象的阴影，势必要影响企业生产经营活动，甚至生存和发展。对此，企业就要保持清醒的头脑，敢于和善于揭露自身的问题，经过不懈努力，消除负面影响，挽回声誉，重塑形象。当然，组织形象的稳定性是相对而言的，它会随着企业内部因素、外部环境及公众因素的变化而发生变化。

5. 创新性

创新是企业的生命。组织形象形成的过程也是企业不断创新的过程。这不仅在于企业以其独特的个性展示自己的面貌，而且还在于社会公众特别是消费者的需求不断更新、市场环境不断变化，因而对组织形象塑造会提出新的要求。尤其是在激烈的市场竞争中，各个企业除在“硬件”方面展开竞争外，更在“软件”方面即组织形象上展开竞争。后者是一种更高层次的竞争。一个企业要想在竞争中制胜，就必须不断创新自己的形象，以其良好的新形象去赢得顾客、赢得市场。

## 三、塑造组织形象的方法

1. 完善管理形象

企业管理形象是企业形象的重要组成部分。超一流的企业无不得益于卓越的企业管理。卓越的管理不但能提高企业的产品和服务的质量、工作效率等，而且能使人产生良好印象，从而消除危机隐患。以北京“肯德基”快餐为例，为了预防与顾客发生矛盾和纠纷，他们严格执行三点铁的纪律：一是餐厅制作炸鸡严格按“七、十、七操作法”进行，即将一袋鸡放到鸡蛋液中浸七下，再放粉里滚十下，最后再按七下；二是鸡块炸出超过一个半小时就不能再卖，不管剩下多少都要扔掉，不准作廉价处理，不准给员工吃；三是运用科学手段保证炸鸡分量，在制作过程中，餐厅运用电脑控制机能选用肉鸡体重均达 1.13 ~ 1.23

千克之间，保足分量。这些做法无疑使“肯德基”强化了管理形象，为预防危机事件提供了有益的保证。

（1）加强现场管理。现场管理是用科学的管理制度和方法，对生产现场的各种生产要素，包括人、机、料、能等，通过计划、组织、协调、控制和激励等管理职能，使其达到合理配置的最优化组合，处于生产良好的状态，保证生产正常地运行，以实现优质、高效、低耗、均衡、安全和文明生产。现场的好坏直接关系到企业的形象，也是衡量一个企业管理水平高低的主要标志之一。现场管理是我国企业管理的薄弱环节之一，其滑坡比例高达53%。所以加强现场管理应成为目前加强企业管理的一个重点。加强现场管理，首先要制定标准，包括行业标准和企业标准，做到有章可循。其次要加强指导，督促检查。最后要适当投入，创造条件。目前，企业加强现场管理要达到的一般标准是：物流有序、信息准确、生产平衡、设备完好、纪律严明、环境整洁。在此基础上，再向更高的目标迈进。

（2）加强质量管理。产品质量是企业的生命，是影响企业形象的重要因素，是企业形象的“窗口”。针对我国企业质量损失惊人的状况，必须加强质量管理。加强质量管理必须健全质量保证体系，质量管理机构和人员解散了的要迅速恢复，没有的应尽快建立；从产品设计、工艺流程、加工装配到销售全过程，都要有严格的质量考核，并与经济责任制挂钩；要重点抓质量，逐步做到质量标准国际化，管理标准化，考核严格化，体系规范化；要大力推进质量管理与国际管理标准接轨，积极推行ISO9000系列标准。

（3）加强营销和供应管理。应该把加强产品营销和物资供应管理作为修复维护企业经济效益堤坝的一项基础工程来抓，这也是企业管理形象的重要方面。首先，要改革企业内部供应管理体制，完善约束机制，提倡把供销部门的供销职能与管理职能分离，形成相互制衡又相互促进的管理机制。其次，要严格把好“三关”，即产品销售和物资采购的定价关、销售货款回收关、物资进厂验收关。最后，要加强产销合同和物资供应的计划管理，避免盲目生产、销售和采购，以加速资金周转。

（4）加强基础管理。要健全技术、管理和工作标准体系、定额管理体系、原始记录和台账体系，力求先进合理、科学可靠。计量工作要准确、严格，必要的计量检测设备要齐全，企业的各项基础制度和专项制度要健全并认真加以贯彻执行。

2. 完善企业家形象

“形象”就其本义来讲是指形状相貌，这种形状相貌“能够引起人的思想或情感活动的具体形状或姿态”，从这一角度来说，形象突出的特征是它的具体化和感性化。企业家的形象当然也毫不例外地包含了这两方面的内容。

（1）良好的外在形象。企业家的良好外在形象是从仪容仪表和言谈举止两方面集中体现出来的。

日本松下公司的创始人松下幸之助，在日本被誉为“经营之神”，为了事业的缘故，他曾经整天忙碌，不修边幅，并且对此未感到有什么不妥。一次，在他理发的时候，理发师毫不客气地批评他，说他太不注意自己的外在形象：“你是公司的代表，却这样不重视衣冠，别人会怎么想，连人都这样邋遢，公司会好吗？”并且提出建议，为了整个公司利益，松下应该专程到东京理发，松下幸之助觉得这话很有道理，从此就开始重视起自己的仪表了。可见，适当的装束、良好的仪容，对于一个企业家来说并不是可有可无的。实际上，良好的仪容留给公众的不仅仅是一种外表，而且这些外在形象使公众感受到企业家的积极态度和进取精神，感受到他的自信心和自豪感，并联想到他所在的企业正处在兴旺发达的景况中，由此就会对企业的乐观情景充满信心。企业家作为法人代表，经常要代表企业出现在各类公众面前，他们个人的外在形象往往会影响公众对这个企业组织的看法。对生活在今天的现代人来说，适当得体的衣着是最显著的外在形象，企业家如果因为这方面的原因而使整个外在形象受到损害，是十分不值得的。

就企业家来说，注重衣着服饰与其追求豪华、高档、时髦，莫如更注重其合体、整洁，从创造一个诚实、可信、稳重的企业家形象来说，豪华、时髦的装束并无益处。美国一位颇有成就的企业家曾写过名为《成功的形象》的著作，专门谈到了生意场上、公众面前的企业家衣着问题，他认为对企业家来说，最保险的选择应该是那些在式样、色泽上都倾向于保守一点的服装。人们通常都愿意与那些具有诚实、可信形象的人交往，在商业活动中尤其如此。所以，企业家在塑造良好的外在形象时，要避免由于追求新潮、豪华，造成浮华不实的消极印象。

当然，只是仪表端庄、服饰得体，并不是企业家良好外部形象的全部，仅此还未必就是具有富于魅力的风度，从根本上说，风度是人的心灵的表象化，是人的精神世界的外部感性形式，风度不仅包括衣着服饰，更重要的是言谈、举止、作风等诸方面，所以最终还要从提高内在的知识水平、文化修养来完善外在形象。

语言文字的表达能力是我们认识了解一个人的重要途径，对于一个企业家来说，更是其力量和魅力的源泉之一，通过语言文字能力，公众可以了解到一个企业家的才华，同时，这种力量也是企业家与各种公众对象交流沟通的必要条件。美国汽车业的卓越企业家艾柯卡曾经指出：演讲是一个成功企业家必不可少的素质之一。当他刚刚被任命为福特公司卡车训练部经理时，非常害怕在众人面前讲话，畏畏缩缩，十分胆怯。后来，他到卡耐基的公开演讲班学习，掌握了公开演讲的基本技巧，甚至成为超级企业家后，他仍然对当年学习演讲的重要性深信不疑。在自传中他写道："作为一个经理，除了决策，还必须为会员群众和你手下的人沟通思想，最经常的办法是向他们集体讲话，被称为动员一大批人的最佳办法的公开演讲和个人谈话是完全不同的"，"一个人有才智而不将自己的想法告诉董事会或委员会，那也是一种耻辱"。

任何企业家要赢得公众的信赖、尊敬，就必须下决心提高自己操纵语言文字的能力，努力成为一个既能干也会说的现代企业家。

此外，企业家还要注意自己的举止，因为企业家的一举手、一投足，都是关系到企业形象的。在我国发生的"一口痰"吓跑外商的现象是值得我们警示的。

中国长江医疗厂准备引进"大输液管"生产线。美国客商约瑟对该厂的范厂长很佩服。范考虑问题缜密，通晓生产线行情，不仅对设备的技术要求高，而且把价格压得很低。约瑟在中国似乎还没遇到有这样实力的对手，他决定与范长期合作，双方决定第二天正式签订协议。由于天色尚早，范请约瑟到车间参观。车间秩序井然，约瑟赞许地点着头。范突然感到嗓子不适，本能地咳了一声，到车间的墙角吐了一口痰，然后连忙用鞋子擦去，油漆地面留下了一片痰迹。第二天一早，翻译送来了约瑟的一封信，信中写道："尊敬的范先生，本人十分佩服您的才智和精明，但是您在车间吐痰的一幕使我彻夜难眠。恕我直言，一个厂长的卫生习惯可以反映一个厂长的管理素质，况且，我们今后将生产的是治病的输液管。贵国的成语说得好：人命关天！请原谅我的不辞而别，否则，上帝会惩罚我的……"

由此典型实例不难看出，企业家的举止关系到自己的形象，也关系到企业的形象，所以企业家必须谙熟礼仪规范，注意举止才行。当然企业家真正的"能言善辩"和"举止得体"是以深厚的知识素养和广博的学识为基础的，此中道理企业家不可不察啊！

（2）优秀的内在素质。人的形象，内涵是极其丰富的，一个人的知识、修养、志向、心灵都是形象的组成部分，在某种意义上说，这后一方面是更重要的。对于企业家的形象而言，培养优秀的内在素质尤其重要，它比外在形象具有更长久、更深刻的影响力。企业家优秀的内在素质主要体现在如下几个方面：

第一是学识。在今天这个知识经济时代，仅凭苦干而缺乏谋略的经营者充其量不过是一个小业主。作为一个企业家，没有知识与智慧就很难成就大业，而能够使公众折服的必然是企业家的博学与智慧。在企业形象的塑造中，首先要有质量过硬的产品，才能赢得消费者；而一个企业家只有具备良好的素质才能使公众敬佩。学识是企业家素质中最重要的基础。否则，不学无术必然给公众利益和人民事业造成损害，同时也毁掉了企业家自己的声誉，企业也陷入了危机。古人云："不学无以广才。"今天的企业家面对着更复杂的市场环境、更复杂的决策因素，因此需要多方面的才能来胜任自己的职责，而学习是企业家获得成功的必要准备，是企业家增长才干的重要途径，是企业家树立良好形象的重要组成因素。在某种意义上说，学习是企业家所有投资中最重要的投资。中国有句古话叫作“如虎添翼”，如果说企业家是在市场经济的大潮中称雄的猛虎，那么“学识”就是企业家乘风扶摇而上的双翼。

第二是决策。决策是企业经营管理的重要步骤，是在企业的运营过程中具有战略意义的重要环节，而对于企业家，决策是他全部活动中最重要、最核心的工作内容；决策不仅是企业家素质的集中表现，同时也是企业家形象的组成部分。由于决策具有战略意义，一个成功的决策往往能够为企业挽狂澜于既倒，这样自然就确立了企业家在企业中的权威和中心地位，因此赢得下属的敬佩和信赖。

关于决策的具体行为，每个企业家有不同的做法，这是由他们的个性、习惯、经历以及企业性质、经营方式不同所决定的。通常来说，没有优劣长短之分，如有的企业家喜欢“快半拍决策”，而有的企业家喜欢“慢半拍决策”，不同的决策风格都有独到之处。

英国石油公司董事长彼得·沃尔特，因“快半拍决策”而获得成功。他曾讲过这样一件事，1967 年埃以战争爆发后，一位商船主打电话到英国石油公司总部，询问该公司是否租用他的商船，如果在两小时内得到肯定答复的话，他将出租全部商船，当时，彼得·沃尔特只是公司的副总裁，按照惯例无权给对方答复，但时值周末又找不到更高一层的决策人，所以沃尔特决定租用他的商船。此时由于埃以战争，油价又上涨了一倍。对此，沃尔特说：如果当时采用其他办法处理这个电话，今天我就不会是董事长了。

当然，运用“慢半拍决策”也有很成功的企业家，日本的松下幸之助就是这方面的行家。从创业一开始，松下就不以开创新技术取胜，直到今天，松下公司也很少首创新产品，而是采取“追随战略”。该公司拥有 23 个生产技术研究所，但松下要求他们完成的任务不是开发新产品，而是分析竞争者的产品，筹划怎样做得更好，以后发制人获得成功。例如，索尼公司开创了磁带录像技术，并且在磁带录像市场上，最初处于领先地位，松下公司通过市场调查了解到消费者需要比索尼生产的两小时录像带更长时间的产品，于是就设计生产出一种更加紧凑的磁带录像机，而且性能可靠，价格比索尼公司的产品低 10%～15%，很快，松下公司的录像机产量超过了索尼，扩大了市场占有率，实现了后来者居上。这就是“慢半拍决策”的效应。

不论采用哪种决策方式，事实上都是多种因素制约的结果，而保证决策成功的根本原则是企业家的学识、指挥、经验，一个决策很少失误的企业家必然会为自己树立起值得信赖、富有权威、见地卓越的良好形象。

第三是用人。古今中外卓越的领导人无不注重使用人才，善于用人是一切事业成功的秘诀之一。对于现代企业家来说，用人具有至关重要的意义，因为在市场竞争中取胜的最本质的实力其实是人才的实力。所以美国通用汽车公司前总经理斯隆说："把我的财产拿走，但要把公司的人才留下，5 年后我将使被拿走的一切失而复得。"可见用人之道与企业家的成功休戚相关。不仅如此，用人也是企业家内在素质的组成部分，有句经验之谈说：要了解一个人就看看他交的朋友，要评价一位领导就看看他任用的干部。这话用于企业家也同样是有道理的。从树立良好形象的角度看，用人往往是一个企业家是否心底无私、心胸博大、富有魄力的标志。正所谓"小智者善于治事，大智者善于治人"，治人是治事的前提，企业家的管理和决策无疑也包括对人才的管理和任用。

爱才不易，用才更为不易。特别是那些有缺点的人才，犯过错误的人才，能力超过自己的人才，与自己有过嫌隙的人才。人们总是把用人不计前嫌，不避宿敌看做是一个领导者人品高尚、胸襟宽阔的标志，可以说，"用人不避仇"是企业家最优秀的品质之一。当然，要真正做到"用人不避仇"是很难的，而唯有如此，一个真正做到这点的企业家，往往会赢得更多的尊重和敬仰。

第四是廉洁。廉洁是企业家获得良好公众评价的主要基石，特别在我国，公众对领导者的清廉品质比西方国家的公众看得更为重要。在中国老百姓的心目中，有能力而又清廉，就会被誉为功德无量、大贤大能的"好官"，将之传颂千古。而某些人虽然功勋卓著，但骄奢淫逸，营私舞弊，不仅不被公众恭维，反而为人所不齿。中国民众重视领导廉洁品质的传统价值观念，已经深深根植于中国文化之中，因此，企业家必须十分重视廉洁问题，以保证自己在公众中的良好形象。否则，即使因经营有方取得事业成功，也会由于掉入物欲的陷阱而毁灭自己。对此，唐代大诗人李商隐的诗句"历览前贤国与家，成由勤俭败由奢"，是颇有道理的。

廉洁永远是一个人立身处世的基石，也是一个企业家不可忽视的自我修养和良好品质，这是企业家们必须注意的。

3. 完善员工形象

对于一家公司来说，如果其员工个个精神焕发、衣着整洁、语言文质彬彬、待人落落大方、热情周到，那么每一位光临该公司的人都会有一种心情愉快的感觉，从而有很高的"回头率"，也更利于其业务活动的开展。相反，如果公司员工精神萎靡、衣冠不整、语言粗俗、态度冷淡，就会给人一种该公司毫无生命力的感觉，从而使该公司在顾客公众中的印象较差，以致无人愿意与之合作，公司最终将走向衰败。实践证明，员工形象好的企业与顾客发生纠纷少，一旦发生也极易解决，使企业远离危机。因此，良好的企业员工形象对于每一个现代企业来讲是必不可少的。

（1）职业道德。职业道德被认为是企业员工形象的一个基本要素，不容忽视。良好的职业道德相应地会引发优良的服务态度、积极的精神风貌、得体的装束仪表；而败坏的职业道德则与低劣的服务态度、消极的精神风貌、不得体的装束仪表紧密相连。职业道德可以分解为两个方面：一方面是对企业追求的目的及企业内外利益关系的认识。具备高尚职业道德的企业员工，不将利润作为企业追求的唯一目的，而是将比金钱更高的价值观作为企业追求的目的。他们在处理国家、集体、个人利益关系问题上，以国家和集体的利益为重，将二者统一起来认识。另一方面是企业员工的劳动态度。具备高尚的职业道德的企业员工热爱本职工作，以主人翁的姿态进行劳动，严格遵守劳动纪律，努力发挥主动性和创造性。对一个企业而言，如果高尚的职业道德已成为员工的共识，那么就等于为良好的员工形象的树立提供了强大的思想动力和坚实的行动基础。

（2）精神风貌。良好的企业员工形象的构成倚重于企业员工积极的精神风貌。一个企业的员工想在广大顾客心目中留下积极、团结、振奋、踏实、创新的良好形象，必须做到以下五点：企业员工必须具有当家作主的主人翁精神、脚踏实地的求实精神、锐意改革的探索精神、亲密无间的合作精神以及力争进步的进取精神。

当今世界上的一些著名企业无不重视对企业员工精神风貌的塑造，以期变精神为物质，为企业创造更大的财富。如日本著名的三大电器公司之一的日立制作所，自 1910 年创办至今一直深受第一任总经理小平先生提出并实施的“小平精神”影响。所谓“小平精神”，包括诚实、独创、积极进取与齐心协力、团结一致三个方面。在“小平精神”的熏陶下产生了一代代“日立人”，他们勇于认错，敢于自由发表意见，并且能够真诚相处、和睦工作。正是“小平精神”孕育了“日立人”，又正是“日立人”缔造了“日立的王国”，并且使之不断地发展和壮大。

由此可见，一个企业的员工如果拥有了这样一些精神，就等于为这个企业增添了一笔巨大的无形资源。对内，它能够鼓励企业出人才，出技术，出成果；对外，能给广大顾客留下深刻印象。这二者凝聚成一股巨大的合力，从而推动企业的进步和发展。

（3）装束仪表。装束仪表指的是企业员工的衣着服饰、外表风度等，它是构成员工形象的四大要素中最直观的一个要素。人们都知道，人际交往中“第一印象”很重要，而顾客等公众对企业员工形象的第一印象就来自于他（或她）对员工装束仪表的评价。一般来说，一个企业的员工，尤其是那些经常与顾客打交道的、最能代表企业员工的整体形象的职员，如公关人员、管理人员、服务人员、接待人员等，如果服饰整洁，举止大方，风度得体，则较易在顾客心目中留下良好的“第一印象”，从而为塑造企业员工整体形象产生积极的推动作用。

装束仪表作为企业员工形象的构成要素，主要表现在两大方面：一个是衣着服饰，另一个是仪表风度，二者交相辉映，必不可少。在这一方面企业员工要做到举止大方、彬彬有礼、言谈适度、精神饱满，才能给公众留下良好的印象。我们来看看日本已有近300年历史、拥有资产200亿日元的三越百货公司是如何做的。三越公司非常注重礼貌服务。每天开业时，公司各分店的员工都在门口站立两行，90° 鞠躬，向顾客行迎宾礼；顾客进到商店后，售货员做出迎客姿态，以示欢迎；顾客挑选商品时，售货员迎上去向顾客行礼说“欢迎您”，并主动介绍商品；顾客多的时候，售货员会对其他顾客打招呼“请您等一等”；顾客走的时候，售货员行礼并说“谢谢！欢迎您再来”。各分店员工从进店开始，就在等客、言行、衣着、仪容上时时留意，处处留心，直到离店。顾客在这样被尊重、受礼待的情境和气氛中，自然也乐于掏腰包。三越的员工终以他们的得体风度、礼貌举止赢得了顾客。

此外，员工还要具备熟练的工作技巧、庄重而热情的服务态度、严谨的工作作风、礼貌而令人愉快的语言。员工只有全方位地完善自身形象，才能使企业拥有全新的“自我”。

## 四、网络公关的塑造形象作用

公关的职能就是塑造组织、提高组织的知名度和美誉度。网络公关在这方面发挥着越来越重要的作用。例如，为了让全世界了解2008年中国奥运会的“人文奥运”精神，中国申奥委员会开设了“人文奥运”网站，把一个悠久、现代而又世界化的北京城，通过网络展现给全世界的人民，也把世界各地富有地域和民族特色的文化展现给世界人民，促使奥林匹克真正成为跨文化、跨民族、跨国际的体育大盛会和文化大盛会。这是奥林匹克“重在参与”精神的体现，也是人文奥运理念所追求的目标。网络公关让世界上每一个角落的人都了解到“人文奥运”这个口号，为宣传北京、宣传奥运作出巨大贡献。

塑造形象其主要目的是引起社会公众对组织的注意，激发社会公众的兴趣，争取社会公众的信赖与好感，取得社会公众的理解、支持与合作，并表现出自身对社会的贡献，扩大自身的影响力，增强组织的亲和力。组织树立自己良好的形象，可以通过互联网为自己在网络上建立一个网站。比如，政府可以在网上介绍自己的路线、方针、政策和机构设置，公布官员讲话和政府公告，提高政务的公开度和透明度。

企业可以进行多种形式的网络公关，广泛宣传、塑造本企业的服务宗旨、理念、企业文化等，以得到社会的广泛认可。如联想集团在争取2008年奥运会的赞助过程中，顺利取得了赞助权，这一方面是因为联想集团有着雄厚的资金做后盾，另一方面在很大程度上是由于其十分注重公关工作。联想集团除了拥有自己的网站，宣扬企业文化、经营理念、服务宗旨外，还在搜狐、雅虎等全球网站建立自己的广告站点，当受众打开网页时就会看到不时跳出的小广告，以此强化企业的公关形象。又如在美国Reebok公司的站点上提供了有关日益流行的多功能体育训练的丰富信息，吸引公众，使公众感受到这些都是为了他们精心准备的，站在他们的立场考虑的，体现“一切为公众利益”的原则。这种做法大受欢迎，使组织在公众心目中的地位大大提高，成功地塑造了组织形象。在2003年“非典”危机的处理中，杭州市政府利用网络塑造形象，做到了创新。2003年4月20日，杭州出现了中国的第一个“非典”隔离区“在水一方”，22日傍晚，杭州日报集团下属的杭州网为所有“非典”隔离区专设了一个BBS论坛“关爱‘在水一方’”，这也是当时华东地区唯一为“非典”隔离区开设的论坛。24日傍晚，一位名为“王国平”的人，在论坛上贴了一篇名为《致隔离区的全体市民们》的文章，其昵称为“杭州市委书记”。一位政府官员能以一个民众的身份在一个小小的论坛上发表这样的深情问候，自然在网上引起了很大反响，有网民写道：“作为杭州市民，我要感谢市政府的领导集体！感谢奋战在一线的医务工作者！还有无私奉献的所有人！”政府这种透明的态度，在人们遭受病毒威胁和心理脆弱的情形下能以一种关爱理解的方式处理政府、隔离人员、非隔离人员的关系，不但避免了政府工作被误解，而且还在隔离人员和非隔离人员之间建立起相互谅解的心灵之桥，同时网络的真正“一对一”的互动性也使政府改变了高高在上的形象，通过网络对信息进行有效的舆论导向，最终润滑了危机中多方的关系，起到了良好的全民动员作用。

## 第三节　咨询决策

当今组织，面对瞬息万变的经营环境，要想争取主动，那种单靠领导者“拍脑袋”、“冥思苦想”或是所谓“秀才不出门，能知天下事”来做决断，难免会出偏差。“智者千虑，必有一失”，一贯正确的人是不存在的。这就要求作为组织决策参谋和智囊的组织的公共关系部门，要根据组织的具体情况，运用公共关系专业知识和方法，向决策者和各部门提供解决纷繁复杂问题的有关信息资料和咨询建议，为决策提供科学的依据，参与组织决策的全过程，这是公共关系部的重要职能。组织的公共关系工作假如不能渗透到经营决策中去，就不会显示出它的生命力和存在价值。正因为如此，有人称公共关系专家为“20世纪的军师”，称公共关系部门为组织的“思想库”或“智囊团”。

### 一、提供咨询

公共关系人员在搜集大量信息的基础上，要向组织的决策层和各管理部门提供有关公共关系的情况和意见，这就是提供咨询。它主要有以下几方面内容：

1. 关于组织形象的咨询

由于组织和公众各自的立场、观点和利益的不同，组织在公众心目中的形象和组织期望的形象，或自己心目中的形象往往不是一致的。同时，一个组织的形象在不同的公众中反映和评价也是存在差异的。而且由于组织自身的变化和社会公众评价标准的变化，一个组织的形象随着时间的变化也发生变化，因此公共关系人员要全面搜集公众对组织形象认知的信息，加以慎重分析，及时向组织决策层提供改善和提高组织形象方面的建议和咨询。

如上海锦江饭店是一家闻名中外的高级宾馆，接待对象是“三高”，即级别高、层次高、规格高。但在一般公众心目中，“锦江”的形象是庄重有余，亲切不足，这对在新形势下扩大业务，提高经济效益不利。饭店公共关系部在调查研究的基础上，确定了“全方位公共关系”的方针，在发挥锦江饭店原有的高贵豪华的形象优势的同时，再赋予它亲切和宜人的情调色彩，树立起“锦江是属于公众的”这一形象。他们请决策层采取措施，打破森严壁垒，开门迎客，使锦江饭店内许多过去曾令市民望而却步的地方，成为门庭兴旺的场所。现在“锦江”已发展成为各种组织进行公共关系活动的媒介，甚至成了社会公共关系的枢纽，其形象日趋完美。如果没有公共关系部门的精心分析、论证、及时提供参谋决策意见，“锦江是属于公众的”这一声誉就难以成立。

2. 关于产品形象的咨询

产品形象是组织形象的核心和关键因素，组织是通过产品与广大顾客发生联系的。只有产品被接受、受欢迎，组织的存在价值才能得到社会认可。因此，公共关系人员要利用自己与公众之间的广泛联系，从不同渠道搜集有关产品的评价，进行综合分析，提供给组织有关部门参考。

例如，台湾的洗衣粉市场自 1968 年以后从引进介绍期进入成长期，销售量日增，整个市场呈现出一个蓬勃景象。其中最畅销的牌子是“汰渍”、“非肥皂”与“蓝宝”。台湾如意洗衣粉厂几经努力，但其产品的销售并不如意。该厂公共关系售货员经过调查，并请教了有关专家，总结了三条教训：一是包装不当，特大盒的“如意”与中盒的“汰渍”在外观上相差不多；二是价格难辨，特大盒的“如意”是 28 元，中盒的“汰渍”是 16 元，按百克计算，“如意”比“汰渍”少 4 元，但因缺乏明显标志，消费者反倒认为“如意”售价高；三是行销途径不当，洗衣粉是日用小商品，应放在消费者就近能买到的零售商店里，放在大百货店反而束之高阁了。公共关系人员据此提出咨询建议，使“如意”洗衣粉厂对症下药，不久，“如意”东山再起。

3. 关于公众心理的咨询

公众的行为是由公众的心理活动来决定的。在复杂的社会条件下，人们的心理活动也千变万化。因此正确地分析公众心理，抓住其实质性的需要和动机，对于正确决策十分重要。首先要对公众的心理需要进行咨询。公共关系人员必须对公众，尤其是消费者的习惯心理需要、从众心理需要、新奇心理需要、求异心理需要、偏好心理需要等方面进行了解，并在不断变化的客观环境中，研究和预测这些心理需要。对于这些心理特征的研究和咨询，可以导致组织针对不同的消费者公众制定出分类市场营销的策略。其次要分析和预测消费者公众的心理变化。由于社会环境不断变化，人们的心理状态、结构、趋向也在不断地变化。

因此，公共关系部门不能以静止的观点去看待人们的需要和兴趣，而要时刻观察其动向，掌握其变化趋势。决策部门只有在掌握这类信息的基础上才能做出适应时代潮流和领导时代潮流的战略决策，这就要求公共关系部门提供这方面的咨询和建议。

此外，公共关系部门还要向组织提供组织的方针、政策及其实施结果的评议和咨询。

## 二、参与决策

所谓决策，简单地说，就是对于组织未来行动的选择和决定。具体说来，它包括确立目标、搜集资料、拟订方案及评估选择等不同环节。在这些环节中，每一个具体步骤都渗透着公共关系的内容，离不开公共关系部门的参与和协助。

1. 帮助组织确定决策目标

所谓决策目标，就是组织通过努力所要达到的目的以及衡量成功与否的具体指标。由于现代组织决策的专门化，整体决策目标往往被分解为各个职能部门的专门决策目标，如生产决策目标、技术开发决策目标、财务决策目标、市场营销决策目标等。各职能部门的专家和管理人员往往将决策的焦点高度凝结于本部门的职能目标，难以从社会和全局的角度去考虑整体决策目标。因此，亟须公共关系部门充分发挥自己与公众联系密切的优势，站在社会和公众的立场上，通过对组织公众态度的调查、舆论的分析、民意的测验，综合评价职能部门的决策目标可能引起的社会问题，从公众利益的角度去观察组织的不足，敦促有关部门或决策当局，依据公众需要和社会价值，及时修正可能导致不良社会效果的决策目标，使组织决策目标既反映组织发展的要求，也反映社会公众的利益，使公共关系目标成为整体决策目标系统的重要因素。

2. 帮助组织获取决策信息

帮助组织决策搜集和整理信息既是公共关系部门的主要职能，也是公共关系部门参与组织经营决策活动的重要形式。

信息是决策的依据，组织的决策在确定目标后，就要尽可能全方位地搜集和整理影响决策目标实现的各种限定因素和数据资料，并在此基础上运用各种有效的科学分析方法，对其进行综合分析，制定出达到决策目标的各种决策方案，以供选择。只有获得大量的信息，才能制定出达到目标的可靠方案。公共关系对决策信息的获得具有不可忽视的作用。

从公共关系角度而言，组织决策方案制定的信息主要来自两个方面。一方面，公共关系部门利用它与外部各界的广泛联系，为决策开辟广泛的外源信息渠道，提供第一手的准确信息。如公共关系人员和消费者打交道，就能直接了解市场动态；参加类似“厂长联谊会”这样的活动就能够了解竞争对手的某些情况；与政府有关部门、投资部门、原料供应部门、新闻单位交往的过程中，公关人员也都能够得到各种有益的信息。这些信息往往对决策有重大影响。另一方面，公共关系部门利用它在组织内部的沟通渠道，为决策提供内源信息，促进决策科学化、民主化。如公共关系部门组织员工对本组织的实力和弱点进行综合性评价，发动员工参与决策的活动及健全合理化建议制度都是获取决策信息的有效途径。

3. 帮助组织拟定决策方案

决策方案是保证决策目标得以实现的各种措施的总和。决策方案的拟订包括两个环节：设计方案环节和选择方案环节。

设计方案环节是指公共关系部门根据影响决策目标实现的各种限定因素和数据资料，运用科学的方法和手段，寻找可供选择的各种实现决策目标的行动方案的环节。在设计方案这一环节中，公共关系部门要力求把公共关系目标在方案中得到落实，决策方案应包括能够实现公共关系目标的措施。不但在决策目标系统中要包含建立信誉、塑造形象等公共关系目标，并且相应地在决策方案中也要提出实施这些公共关系目标的具体措施，如建立信誉、塑造形象的具体步骤或方式等。同时，公共关系部门还应提醒设计者考虑各类公众情况的变化，制定灵活的应变措施，使决策者充分注意这种变化，把握变化的趋势，真正做到为明天而决策，为发展而决策。

选择方案环节是指组织决策者在有关组织未来发展战略众多备选方案中，通过对各种方案进行比较和评估，选择一种最终决策方案的环节。在选择方案这一环节中，公共关系部门应力求把公共关系原则放进方案选择的标准中，衡量所选方案是否符合社会的整体利益，是否满足公众需求，是否会给公众造成危害等。如果能自觉遵守这一方面的原则，就可以使组织圆满地达到目标；反之则可能导致失败。同时公共关系部门还必须把公众当作决策方案最权威的评议者，这样能使决策目标与公众更好地联系起来，对涉及公众利益和态度的因素做出客观的判断。

4. 帮助组织实施决策方案

决策实施是决策过程的终极阶段。在这个阶段，组织公共关系人员一方面要协助决策者向各执行部门传达和解释组织决策方案的目标、意义和内容，以及实施决策方案的基本步骤与要求；另一方面要注意搜集执行部门对决策方案的意见和态度，并对实施效果进行观察、分析、评价，发现新情况、新问题，并及时反馈给决策部门，以便决策者不断地调整和改变决策目标，使决策方案日臻完备，并为新的决策活动提供信息。

## 第四节　协调沟通

组织环境具有不确定性、可变性、复杂性等特点。社会组织时常与各种环境因素发生摩擦和矛盾，作为公共关系部门，其中一个重要职能就是要协调组织与公众之间的关系，解决各种矛盾和冲突，广结善缘、广交朋友、传播信息、双向沟通。这是公共关系的重要职能，社会组织的良好形象就是在协调沟通中建立起来的。

### 一、协调沟通的内容

公共关系协调沟通的内容包括两个方面：其一是组织内部的协调沟通；其二是组织外部的协调沟通。

1. 组织内部的协调沟通

在组织内部公共关系部门需要协调沟通三种关系：领导者与员工之间的关系、部门之间的关系、员工与员工之间的关系。公共关系在其中起着承上启下、传播信息、沟通反馈等作用。一方面，公共关系部门或人员应下情上呈，积极主动向领导反映员工的意见、建议和要求，并提出合理化建议，从而使领导及时把握员工的心态、要求，协调领导与员工之间的关系，化解矛盾。另一方面，公共关系部门或人员应上情下达，积极主动向员工宣传组织的方针、政策、价值观念、目标方向，传达领导的目标、意见等，使员工拥有方向感，及时了解组织的现状、目标、发展方向，从而使员工能积极配合领导工作。

组织是一个系统，要使这个系统由无序走向有序，各子系统就必须密切配合。要保持组织系统和谐有序的相互作用、共同发展，其调节机制就是公共关系部门的协调沟通。员工之间产生矛盾后，将影响到内部的团结稳定，影响组织的凝聚力、向心力和战斗力。因此，协调沟通员工间的关系也是公共关系的职能之一。

实现组织内部的协调沟通，就要建立协调机制，畅通传播沟通渠道，实行双向信息交流，统一思想，提高认识，增强组织的凝聚力和向心力。否则，组织内部信息不畅，员工没有方向感，必然产生麻木不仁、无所事事或焦虑烦闷、人心涣散等消极情绪和现象。

2. 组织外部的协调沟通

公共关系部门是组织的“外交部”，在对外交往方面具有独特的功能。公共关系在内求团结的基础上，外求和谐发展，广结善缘，为组织的生存和发展扫清障碍，减少阻力。

公共关系外部协调沟通应分清主次公众，确定公众类型。一般情况下，组织外部公众沟通的重点是消费者公众、政府公众、新闻媒介公众、社区公众等，任何组织的发展都离不开这些公众的配合与支持。同时，组织还必须注意协调沟通各种职能部门，如工商管理局、税务局、公检法机关、海关等部门的关系。此外，组织还要沟通与组织具有一般往来关系的其他公众关系，如社会名流关系、文艺界关系、体育界关系、教育界关系等，建立公共关系网络，广交朋友，妥善解决组织与公众间出现的矛盾和纠纷，化解冲突，以建立起相互信任、相互合作的友好融洽关系。

## 二、协调沟通的方式

组织与公众的关系错综复杂，协调和沟通的公众类型各种各样，因此，公共关系协调沟通的方式也多种多样。

组织通常采用的方式主要有以下几种：一是直接对话。组织就公众关心的问题邀请公众代表直接对话，协调组织与公众间的误解及矛盾，寻求共识。目前，这种方式已成为公众喜闻乐见的一种方式。有的组织与新闻媒介合作，采取现场直播的方式，开展对话活动，获得了令人满意的协调沟通效果。二是设立热线电话。有的组织成立民主管理委员会或其他专门机构，设立热线电话，由专人负责接听、受理公众提出的任何问题，赢得了公众的信任与支持。三是领导接待日制度。一些组织建立领导接待日制度，每周都有一天，由各位主要领导轮流值班，接待所有对组织有意见或建议的员工。这种方式满足了员工希望与组织领导直接见面的愿望，也缩短了领导与员工间的距离，密切了领导与员工间的关系。四是开展咨询服务。组织针对公众对国家政策、法律、法规及组织的有关规定缺乏认识，理解不深刻等情况，专门组织开展咨询服务，通过讲解、发放有关资料等方式协调沟通。五是谈判。组织与有共同利益的对方就有关问题举行谈判，协商解决，使各方互相谅解，达成共识，加强合作，共同发展。六是人际关系。组织利用人际关系的特殊作用，通过专访、游说、会谈等方式，利用组织公共关系人员或其他工作人员与交际对象间的私人关系，或利用业缘关系、地缘关系等进行人际协调沟通，为组织化解矛盾，结良缘、交朋友。

公共关系协调沟通的方式还有很多，比如利用新闻媒介进行宣传解释、举办开放日活动、会议交流、建立信访制度、礼节性互访等。采用何种协调沟通方式取决于组织所面临的环境因素、公众关系的复杂程度和实际需要。

同时，在网络公关中，还要注意与网络公众的协调与沟通。在传统公关中，对公众的刻画是粗线条的、群体式的，而网络使得组织有能力获得更详尽的资料，根据所得的较为详尽的个性化资料进行分众化的服务。需要注意的是，组织对公众的问题应该尽量快速详尽地予以答复。国外著名的 CISCO 公司的经验是：利用客户数据库，使一部分用户获得密码，允许他们接触公司某些重要的信息；而对另一部分用户则保密。这样，公司能灵活地按照不同类型的顾客创建内容和服务。同时，将用户的问题分层分类，分布回答各类问题的优先顺序，还公布各层问题的时间限制。如果出现的问题涉及某人的根本利益，公司就建议此人打电话。北京市政府创建的首都之窗网站，从 2001 年 8 月起日均访问达 4000 次以上。这种电子政务的方式也可以认为是一种个性化的公关手段，通过政务公开，办公便民，使北京市民对市政府的印象有了很大的改观。

总之，组织通过公共关系的协调沟通工作，可以使组织与相关公众产生耦合，化解矛盾和冲突，达成共识，保持正常的联系，建立友好和谐关系。

### 我的公关生涯

我毕业于上海外国语大学，曾在中华人民共和国外交部工作七年。1998 年 12 月，我终于决定离开外交部到跨国公司去工作。经朋友介绍，我前去奥美公关公司应聘，经过几番面试，进入奥美公司，开始了公共关系业务。

我是于 1999 年 3 月 15 日去奥美上的班。我努力把自己装扮成职业女性。我先是在负责消费品的那个组，服务的都是消费品客户。现在想想，在奥美的那段时间很快乐，也很幸运，那时的许多同事现在都成为朋友，这个公司的氛围不错。当时我做的是什么客户呢？让我想想，都忘了，反正挺多。第一件是帮消费品组做北京海洋馆的新闻发布会，这是我在公关业的头一件活动。在公司的头一周是了解奥美，看一些从前的案例，看看他们都是怎么做的，看看电脑里的文件，这给我帮助挺大的。海洋馆这个项目在我来前已准备好长时间了，我协助他们做一些事，看他们写的新闻稿，从最基本的了解起：主持人串场稿、讲话稿、媒体邀请、新闻夹的发放、媒体签到。当时我的感觉是蛮新奇的，以前我跟记者也打过交道，不过大多是外国记者。在使馆时，一些主要报纸也有驻外记者，跟他们也有联系，他们中有人参加使馆活动，但这与后来因商业活动与记者接触不一样。做完这次发布会，我觉得自己对公共关系有了多一点的了解。

我当时的职位是高级客户主任，公司并没给我太多培训，只是每月公司会有相关活动。其实，奥美的传统是从不招新人，不用培训，可以直接工作。可能我当时问的一些问题也挺傻的。经过一两个月，对公关业务入了门，独立做一些事应该没什么问题。我在他们眼里也不算新人，原来公司打算让我做公共事务，包括政府关系方面的事情。

后来，我转到做公司形象这个组，与我现在做的事是一样的。我到这个组后做的第一个活动就是中美史克新药上市新闻发布会，这件事做得还不错。还有几个活动，没等做完我就离职了，一个是财富500强，一个是IBM的新品全国发布，都是很大的活动。

我在奥美待了不到1年，8个月左右。我不敢说已很懂公关了，但毕竟积累了一些经验。为什么想离开奥美呢？奥美毕竟是一家公关公司，每天都在做不同的客户，你怎么做，完全要由客户指导，你对什么事的了解都不深入。如果能到一家大的公司当一名公共关系经理，主动去设计公关活动，付诸实施，这将是件有意思的事。

偶尔从一个熟人那里得知，美国联信公司正在招一名公关经理，我就传去简历，并抱着试一试的心理去了。我到了亮马大厦二座，公司在那里，对这次面试，我心想成不成也没关系，就权当做了解别的公司的公关业务吧。没想到一见面，对方当场决定要我，而且要得非常急，恨不得要我马上上班。我是在7月1日上的班，之前我正在奥美做最后一个客户，很大，而且这个客户也是我找来的。这就是迈威网，它的产品是机顶盒，叫“迈威宝”，它的广告曾在北京东三环最好的位置出现。

我生活中常不期而遇地出现几位朋友，传递出一些信息，而这也改变了我的道路。虽然奥美也很好，但眼前的机会更是可遇不可求的。听说我要走，公司也挽留我，我也犹豫，大家希望我再干一段，当时的业务正红红火火。像迈威网这个客户，是我和同事用3天时间为它筹划了一个新闻发布会，60家媒体参加，从准备计划书到具体实施，全部过程我都参加了。等我到了联信公司，感到了完全不同的气氛：公关公司每天都挺吵的，而且是跟广告公司一起办公，特自由的氛围，而联信公司里一片安静，没什么声音。

1999年7月1日，我到了联信，我的头衔是联信中国投资公司的公关经理，我向公司负责政府关系的副总裁和董事长汇报。到了1999年12月1日，联信公司正式与霍尼维尔公司合并，是前者收购后者。但是，根据协议，新公司称“霍尼维尔公司”，这是考虑到霍尼维尔在国际市场上的知名度，因为它有些民用产品，而联信公司完全是工业产品。现在公司的业务范围更广泛了，包括航空航天产品、化工原料、楼宇自动化控制、工业自动化控制，很多方面吧。

任何一家公司大概都希望通过公关经理的工作，将公司的形象加强。像霍尼维尔这样的公司，在业内有一定的知名度，但也会有许多竞争对手。如果能不断提升公司形象，它可以起到软广告的作用，能协助公司的产品销售。每年初，老板会给个目标，要将霍尼维尔作为世界上主要的工业公司的形象树立起来。霍尼维尔公司的结构比较复杂，在中国，大概只有 GE 与它是一样的。我主要做公司形象的公关工作。我们在中国有 20 多个合资独资企业，它们都是独立的公司，有自己独立的工作。它们的产品的公关或市场活动需要我们来协助，我们也通过一些活动帮助它们推广产品，但日常的公关活动是它们自己在做。我在这里负责的公共关系范围比较广，从政府关系、媒体关系到社区关系，还有产品的营销、沟通。社区关系源于霍尼维尔的价值观：在有业务关系的地方都要回馈社会，公司除了赚钱，还要支持当地公益事业。在中国，霍尼维尔做了两个项目：一个是在天津大学建了一个楼宇自动化学院，一次性投资 1000 多万元，每年用作奖学金，还在上海复旦大学、华东师大设立奖学金。另一个是在天津蓟县投资 100 万元建了希望小学。在做社区事业时有一个特点：不只是捐钱，还通过这些活动培养员工的爱心，增加公司的凝聚力。像希望小学这样的项目，除公司出一些钱之外，大部分钱是靠员工自己捐的。还组织希望小学的学生每年到北京参观游览，孩子们都特别高兴。

做公关自然要组织活动，印象比较深的是：在美国众议院表决对中国永久最惠国待遇议案之前，我们协助美国总部政府关系部门做了一些政府关系方面的工作，在中国方面也搜集了一些材料，因为我们的总裁是美中贸易全国委员会主席。霍尼维尔是由几十个公司组成的圆桌会议代表之一，一直做外交工作出来的人，能做这样的事情，感到特别高兴、自豪。我了解到一个情况：在美国众议院表决之前，好多众议员对中国不了解，有许多偏见。那时表决还差一些票。据公司做政府关系的同事讲，他们在与议员们接触时发现：议员们大都没来过中国。为此，我们策划了一个项目：请我们在中国的一些员工到美国与议员们见面，用他们在中国工作的亲身经历，去告诉这些议员中国真实的情况。这个项目完全是霍尼维尔（中国）公司自己出资的，共派了 4 名员工，选择的标准第一是在公司工作了 3 年以上、对公司比较了解、有亲身体会；第二是能讲流利的英语，没有语言障碍；第三是表现比较突出。这 4 名代表来自销售业务、人力资源、财务等不同部门。我们为员工准备了许多材料，因为他们尽管感受很多，但是未必知道如何表达，所以要为他们做好准备，把“永久性正常贸易关系”（PNTR）这件事的来龙去脉讲解清楚。又把公司总部在美国做政府关系的总监请到中国来，为这些员工做培训；把亚太区人力资源部门的负责人士也请来，还有蔡总和我，与这 4 名员工一起，做了一整天的介绍：从美国司法制度到“永久性正常贸易关系”（PNTR）的内容背景，到怎么样向听众介绍自己的经历、表述我们的观点。在准备过程中，我发现美国同事准备的一些资料大多是从美国人的角度来看问题，商业色彩较重。我觉得做这件事固然对公司有好处，对中国的意义更大。所以，我在组织材料时加进了更多的意见，把中国人的观点表达出来。事前还在上海做了一些采访活动请了一些媒体，在这4位员工担负重任出国前一天，与他们进行交流。后来，在美国众议院通过提案后，参议院也通过了，我们特别高兴。倒不是一定因为我们做了这件事有多大效果，而是想到在公共关系职位上能为这样的大事做点工作，真是高兴。

在大公司做公关经理往往要与公关服务企业交往，选择公关公司肯定不能靠人情。由于霍尼维尔的公司情况，我们不会每个月都请公关公司来，一些日常的事就由我来处理。但是，遇到一些大的活动，自己的人力资源有限，这时要请公关公司做项目。每到这种时候，我会跟几家公关公司联系，把我们要做的事大体告诉它们，请它们去帮我们想些创意计划书和预算报价来作出我们的决定。我们除按上面两条标准选择公司外，还会看一下它以前做的案例水平、业界内口碑如何。现在，如果是在具体实施项目这个环节上，国外大的公关公司与本地小公司差别已不大，但在业务创意上还有差距。小的公关公司在发挥专业顾问功能和英文水平方面还有差距。我曾经用过本地的某家公关公司，感到自己比较累，因为它所做的业务内容往往达不到你的要求，英文也要花很多时间去帮它改，但考虑到公司在预算上的限制，还是选了这样的公司。因为它便宜好多好多呀。找那些知名的大公司太贵了，我们只能从预算角度考虑，尽量在这个范围内找到好一些的公司。作为一名公关经理，我的业务预算属于什么水平呢？可以说，我有点不走运：原来在联信公司时，公关预算比较紧张。到了霍尼维尔后，本来上面给了不错的预算，可以做不少事，但由于后来经营上的变化，预算又缩减了，砍的幅度还不小。曾跟朋友开玩笑说：我今后要是找工作时，先不问自己的薪水，而需先问问有多少业务预算。

公关业务要跟媒体交往，中国媒体正处在特殊发展状态下。我个人感觉，与中国媒体合作的天地，要比在美国、新加坡那种环境大一些。记得请媒体朋友到苏州工业园采访，同行的新加坡的一位同事也在那边做亚太区公共关系，她感触比较多。她认为，比起那边媒体来，中国的媒体人情味要多些，这是它的可爱之处。

我刚到联信公司时，正逢公司一年一度的一项技术比赛开始，这项比赛名叫“精益求精”。它的竞赛顺序是：先在亚太区各城市选拔；亚太区的冠军产生后，再去美国总部比赛。这次正好轮到在中国举行，地点在大连。比赛早已策划好，要搞一个隆重的开幕式。虽然这是一个内部活动，但也想借此宣传一下公司文化。这项比赛是为了追求6个标准差，这是公司企业文化的一部分，是一种质量管理体系，可以提高生产效率。公司上下都重视这件事，亚太区总裁也来主持仪式，世界各地的高级执行人员也都要来。这时我刚到公司20多天，我们不但要请记者，还要请大连市领导来。可我们在大连没有业务，怎样请到当地官员很费周折，想了很多办法。通过高新技术产业开发区与市政府建立联系，最后一位副市长出席了活动，市长薄熙来先生会见了公司高级人士，结果还不错。我们事前准备了许多资料，目的是告诉当地官员们，联信是一家值得他们花些时间来认识的公司。霍尼维尔和联信是一个工业公司，不像摩托罗拉、IBM，一说人们都会知道，所以我们要多花一些时间向政府官员们介绍公司情况。现在，当我为公司人士和政府官员联系见面事宜时，都要花不少时间介绍公司，这更使我意识到公关工作的重要性。如果将来霍尼维尔的知名度更上一层，那么我的这种不断的解释工作就会少一点。我们在成都开技术研讨会，是关于航空航天产品的，这可是公司的重头产品。当时我们也希望请当地高层官员与会，可与大连的情况一样，公司在成都乃至四川都没有投资，只有几个驻厂代表而已。当地官员会买账吗？这又是一个难题，想了不少办法，后来还是通过一位代理商朋友介绍，请来了成都的一位副市长。这其中的周折外人是不知的，人们看到的只是宾主欢聚、举杯共庆的结果。

我在联信的公关业务与现在有些不同。联信的产品以航空航天为主，我更多的是参与到产品的推介活动中。联信的产品都属高科技，种类又多，在很短的时间内，要安排好会议、准备文字、邀请媒体，还要在会上为我们董事长担任翻译。在对航空航天产品和公司都不太了解的情况下做这些事，对我真是一个挑战。

与联信相比，霍尼维尔公司是老牌的生产型企业，挺讲究传统的，连它的奖励模式也跟其他老公司一样，设有总裁奖，针对销售人员的，还有一个终身成就奖。

我们的新闻稿有的是我写的，在向媒体发布前，要经总部批，流程是先写英文稿，送到亚太区批，然后送美国总部，经总部公关部门、有关业务部门、法律部、财务部，各部门都要把关。除非是只涉及产品的稿件，由产品部门批就行了。如果有公关公司的话，他们写第一稿，后面由我们再写。没有公关公司，第一稿由我写，我写得最多的还是讲话稿。写稿子在公司里还是排在最前面的事，因为事情不是经常发生的，要有活动才写。

一般说来，我们与外国驻华的媒体打交道不多，只是前不久霍尼维尔“我的工程网”新闻发布会，由奥美公司请了一些外国记者参加。奥美只是帮我们进行一次性的活动，想请它做长年公关代理，又感到价格太贵了。

一名公关女经理，对仪表举止、行为规范应有一个标准，这要归功于我以前的外交工作经历。那段日子我受到这方面的训练，外交礼节礼仪也正是我在礼宾司工作中要讲究的东西。这方面我认为是自己的特长。在礼宾司期间，从外交文书、会谈时座位安排到国旗挂法、宴会的方式等都有严格规定，例如：圆桌餐会，主人应坐在面对门的方向，第二主人应坐在他对面。中国外交习惯是右位为上，所以第一名客人应坐在主人的右手，翻译在左手。第二主人也是一样。在使馆工作时，对着装服饰没有太多要求，要求的是组织纪律性。为了安全，在国外环境中，出门肯定要请假，过去不允许一人外出，现在是可以的。一些活动要汇报，包括见什么人等，要写出报告。

一次在成都，召集各个下层公司的总经理和业务部门的负责人来，进行高级行政人员会。会上，各部门人员都要发言。那时我刚来，要求我上台对大家讲讲公共关系。事先我准备了材料，这些听众都是高级人士，他们都是总经理，你不能讲些没意思的话题，那样他们不会感兴趣。我收集了一些案例，针对公关工作中可能遇到的问题如危机作了解释。我向他们假设：突然有一天，一名员工受伤了，如果媒体来找，怎么处理。第一点要把事情了解清楚，自己要明白，员工内部要安抚好。如有媒体来，可与总部公关人员沟通，准备谈话要点。如这事很大，必要时可以做新闻发布会，主动与媒体接触。

做公关业务要与不同的人打交道，这是一种乐趣。不同的文化碰撞，要跟老板、总经理、市场部门、公关公司、媒体、政府打交道，每天都不停地忙碌着。在跨国公司做公关，是树立公司的形象，你展示给别人的都是公司美好的一面，用你的工作使公众接受正面形象，这就是专业公关的目的。我的老板讲：如果是公关经理对外界讲什么，我放心；如果是秘书对外讲什么，那就要担心了。只是这种专业色彩不会与人的个性混在一起，即使我再干上20年，也不会回到家里还用这种新闻发布会腔调说话。从本质上讲，我自认为是个好接触的人，外表温和，但性格其实挺急切的，看到不如意的事，喜欢张口去评价。我对为公司服务的公关公司要求挺高，但不会蛮不讲理。而我自己在公关公司时听说，有的客户对我同事的人格都不尊重。我与公关公司不会发生矛盾但要求不低，像它们写给我们的稿，一看不行就让它们重写，它们也只能接受，这是服务业的性质嘛。我们以前在公关公司也是这样，公关公司有时与客户在理解上有偏差，不很清楚客户要讲什么，所以这就是为什么既要有公关公司，但客户又要自己有一个公关人员的原因。从公关公司到客户的公关人员，从为人服务到被人服务，心理上会有一种状态：一是心想我终于换了个位置，有点出口气的意思；二是更体谅他们。我对后者肯定多一点。我和公关公司带媒体到苏州，从上海连夜到苏州市内已很晚了，第二天是新闻发布会。我老板突然要我给写一个讲稿，我原想老板本身很会讲，这稿不用让我们准备，但可能是他更相信我们的专业水准，不愿出任何偏差。这个稿本应由公关公司写，我完全可以交给公关公司做，但一想公关公司还要应付记者，结果是我自己连夜工作到12点，写了这篇稿子，第二天交给了老板。有的本地公关公司做出来的文字稿，英文水平不够好，甚至写得乱七八糟，小地方错不断，我自己不但要给它们改，还要告诉它们如何重写，追求完美经常把自己弄得很累。在选择公关公司时，坦白地说，私人的因素肯定有，但这并不仅仅指我与对方相识，更在于了解多些，知道对方的能力，某个人领导的团队能做出什么事情，私人因素是在这个方面。公关公司是在帮我工作，我不希望找来我认识的人，但工作被做得一塌糊涂，这对我也没什么好处。现在公关公司多，竞争激烈，对没用过的公关公司真不知它的专业水准怎么样，如果贸然合作，是要担风险的，万一事做砸了，难以交代。

够档次的企业公关部门该有几个标准：首先是比较敏感。其次是所做的事情较为重大，能与一些重要的事情有所关联。像霍尼维尔公司，它的公关活动与美中“永久性正常贸易关系”等相关，显示出大公司的风范，这就形成企业公关品牌。最后是公关人员的素质，包括教育水平、待人接物的方式。仅仅是受过好的教育还不行，有人受过好的教育，但气质仍然不够，学历挺高，在公众场合却土头土脑。一流的公关人员要有组织能力、协助能力，不惹人讨厌，不断追求新东西是原动力。原动力中有财富，更要有快乐。比如，我现在兼做公司新成立的网络公司的公关业务，对个人讲没什么合理的地方，两份工作并不是工资两倍呀。这是我自己要求做的，IT 业发展这么迅速，我想知道 IT 业的传播、营销是怎么做的，怎么样能把它做好。通过过去一段工作，我做过公司形象传播，不敢说做得很好，但知道怎么做了。但是对于新技术，对于 DOT COM 领域，我知道得很少，希望多些经验。在 IT 业做营销和传播，有许多新工具、新技巧，整合营销传播是新课程。我选择这项工作并不是想多拿一点工资，这也是不可能的。大公司不会这样，它是要看百分比的。我将自己弄得这么忙，每天要晚 8 点才回家，因为两边都有事情。霍尼维尔在公司形象上，下半年又有计划，“我的工程网”这边也马上要在上海、香港启动。事情太多，表面上看我的事不过是发发新闻稿、开开新闻发布会，可这背后的准备工作有多少呀。比如：我们的媒体准备的新闻夹，虽然有公关公司在做，可每一页都要我们来确认批准，夹里放些什么、怎么定位都要小心审视。10 月 11 日在上海开了个新闻发布会，新闻夹里的新闻稿要写中文和英文的，还要给内部的人写讲话稿，要传达给媒体和公众统一的形象，不能各讲各的。主持人怎么讲、怎么应付问答，要帮助公司内部的高级行政人员不要回答错问题，要了解记者们会关心什么样的问题，我都要做基本的预测。有一次我们开发布会，请一家公关公司帮我们做提问预测，有些问题就没做到。因为该公司对行业了解不多。当然，公司的总裁们都知道如何对媒体讲，但仍需要公关业务部门做出准备。我们在公司内部做公关主要是起桥梁作用。老板要管许多事，如何对外发布新闻，他要听你的意见。你要对他负责，要确保公关公司做出来的东西符合要求。我们要定下每年度对公众讲些什么。公关公司再跟我们一块儿讨论，去做事务性工作。

资料来源：王从军．告诉你：我成功的秘密——著名跨国女公关经理口述实录．中华工商联合出版社，2002．

## 台州公安局“警民恳谈”活动

随着社会转型和经济转轨，社会矛盾凸显、利益冲突加剧，台州市公安工作和警民关系都受到了严峻考验，特别是受“温岭张畏黑社会案件”等负面影响，当地公安机关形象进一步受损，警民关系疏远，部分地方干群关系紧张，群众满意率一度不超过50%，加上部分新闻媒体的过度炒作，公安机关的形象受到严重冲击。如何在现有的管理体制下同群众增进了解、促进沟通，有效地扼制犯罪率的上升并提高群众对公安服务的满意度，改善警民沟通、提升警察形象成为一个当地公安机关的重要课题。

为扭转工作的被动局面，台州市公安局经过多方调研和论证，创造性推出了 “警民恳谈”活动，从2006年9月6日起，规定每月6日，全市10个县市区公安局所辖派出所以社区、村居为单位，以张贴海报、广播播放等形式邀请群众参与恳谈活动，以期帮助缓解警民矛盾，增加沟通，改善警民关系。

**1．项目分析**

（1）优势。

1）本地地方各级党委和政府非常重视、关心和支持公安工作。

2）公安工作涉及各行各业，社会接触面广且深，社区民警更是要与社会最基层的形形色色的人物打交道，与人民群众的生产生活密切相关。

（2）弱势。

1）基层民警做群众工作的能力近年来有所弱化，特别是大批新录用的民警对如何做好群众工作知之甚少。

2）群众提出的涉及城管、卫生、环保等非公安类问题，虽反映强烈，但由于公安机关职权所限一时难以解决，影响群众参加恳谈的积极性。

3）受打击处理的人员容易借此机会挑剔、指责公安工作，不法分子亦会借机诽谤、诋毁公安机关，制造尴尬局面，形成不良影响。

（3）机会。

1）群众民主法制意识正在不断增强，参政议政意识不断提高，对公安工作十分关注。

2）通过零距离、面对面方式了解群众诉求，可以随时查找公安工作的薄弱环节。

（4）挑战。

1）如何让群众自愿参加恳谈活动，并使之长久有一定难度。

2）群众反映的问题多为生活琐事，在大量各类案件亟待处理的情况下，民警的精力能否到位，能否妥善解决，对超出公安机关权限的群众诉求如何应对……凡此种种，都是这个活动要面临的挑战。

**2．项目策划**

（1）项目目标。进一步拓宽警民沟通渠道，了解群众诉求，提高民警做群众工作的能力，树立公安机关良好形象，有效构建和谐警民关系，化解社会矛盾，促进和谐社会建设。

（2）目标公众。内部受众——政府部门、全市公安机关民警；外部受众——社会各界群众、媒体。

（3）实施策略。

1）恳谈时间全市统一。为了便于安排、检查，突出规范，强势推进，市局规定每月6日为全市“警民恳谈日”（节假日顺延）。通过张贴海报等，告知民众恳谈活动时间、地点等事项，动员群众积极参与。

2）恳谈模式全开放。一是恳谈对象不受限，真正将交流恳谈的触角延伸到广大群众中；二是恳谈内容不受限，活动在内容上更多地强调开放、包容，让群众真切感受公安机关虚心听取意见和建议的态度；三是恳谈形式不受限，前来恳谈的群众表达方式不拘一格、畅所欲言。

3）恳谈结果及时反馈。为确保群众诉求得到落实，统一印发“警民恳谈记录本”和“群众意见反馈单”，要求民警将恳谈内容详细记录在案，对不能当场答复的，处理完结后要将“群众意见反馈单”送达本人。

4）建立长效机制。一是定期督察，台州市公安局每期组织人员进行现场督察，定期对恳谈的组织开展及解决问题等情况进行检查；二是限期报送信息，活动结束后，及时报送活动录像、图片资料；三是加强考核奖惩，将警民恳谈纳入县级公安机关和民警绩效考核。

5）引入媒体沟通机制。邀请媒体参与现场活动，通过媒体的声音扩大活动影响，吸引更多的老百姓参与到恳谈中来。

（4）传播策略。

1）外部。分阶段实施。

第一阶段：前三期以报道动态新闻为主，在本地媒体报道全市各级公安机关开展“警民恳谈”活动的有关做法和特点，以告知为主要目的，吸引更多的群众参与活动。

第二阶段：以恳谈活动的深度报道为主，就某一地点的恳谈、某一主题的恳谈，通过专版、专题的形式进行深度报道。

第三阶段：以总结性和成果性报道为主，在“警民恳谈”活动开展半年和一周年之际，进行总结提炼，主要报道该活动所取得的成效。

2）内部：实时控制。

①召开系统内民警动员大会，统一思想，高度重视。说明恳谈的意义和方法，明确目标、责任到人。

②根据恳谈进展，适时总结，发现问题，提出改进意见。

③建立媒体沟通机制，由专人负责与媒体定期沟通。做到信息准确、计划清晰、结果可测；建立和完善问与答（Q&A），对媒体可能问到的相关问题进行标准答案的准备。

④建立奖惩机制，将恳谈成绩作为民警绩效考核的重要指标；对活动中涌现的好人好事及时进行通报表扬。

（5）媒介计划。

1）邀请浙江省台州市县市两级的报纸、电视台、电台、网络，在活动前期介入，帮助推广恳谈项目，消除百姓的戒备心理，吸引更多人参与进来。

2）浙江省级的报纸、电视台、电台、网络，在活动中前期介入，把活动推向高潮，引起社会各界的广泛关注，形成社会热点话题，提升民警的荣誉感和使命感。

3）国家级的报纸、电视台、电台、网络，在活动中后期介入，对活动进行归纳和总结，特别是典型案例的跟踪报道，展现公安民警良好的工作风貌和创新思维，促进警民关系的和谐发展。

**3．项目实施**

（1）活动管理。

1）活动地点。前期一般都选择居委会办公室或其他人群易集散的公共场所，后期都尽量安排在室外，便于吸引更多的人参加恳谈活动。

2）恳谈民警。前期担心年轻民警对恳谈活动掌控能力不强，所以都安排所领导或老民警组织开展，年轻民警参加旁听。随着活动的深入发展，安排年轻民警组织恳谈活动，提高年轻民警做群众工作的能力。

3）恳谈群众。因恳谈活动是新事物，缺乏群众基础，前期活动一般由社区、村居干部出面邀请，或由派出所出面邀请本地人大代表、政协委员和退休干部参加，活跃气氛；后期活动具有一定知名度后，群众主动参加活动。

4）调整群众心理预期。随着恳谈活动的不断深入和宣传工作的不断加强，群众对“警民恳谈”活动的参与度和期望值不断提高，而群众反映的非公安类问题得不到有效解决，可能会影响“警民恳谈”活动的声誉，因此活动尽量将恳谈话题引导到有关公安的话题，并提醒群众，许多问题还是要通过其他途径解决的。

5）确保活动生命力。恳谈活动的生命力在于能否帮助群众解决实际问题和困难。为此，市局统一印发了“群众意见反馈单”，要求民警做到“一事一单”，不管能否解决问题，都要限期将结果反馈给群众，确保群众诉求件件有回音，事事有落实。

6）建立监督制约机制。每月6日前，台州市公安局要求各地上报“警民恳谈”活动组织情况，同时组织政工、纪委、督察、治安等部门人员，分组对全市各地的活动情况进行暗访督察。

7）建立考核机制。公安工作综合考评是各地公安机关最重视的工作之一。为使恳谈活动正常化，市局将恳谈的组织开展、形式内容、解决问题等情况进行标准量化，纳入综合考评。

8）拓展恳谈内涵和外延。恳谈从刚开始的警民简单沟通与交流，发展到村官进警营，人大代表、政协委员体察警情；公安重大决策、政策事先通过恳谈征求群众意见。

（2）传播管理。

第一阶段：以台州市级和县级媒体为主。开展“警民恳谈”活动的前三个月，市县两级公安机关分别组织本地媒体深入一线采访报道。每期活动第二天，本地媒体都刊播了相关稿件，使活动影响逐渐加大，参与人员逐渐增多。

第二阶段：以中央级媒体和浙江省级媒体为主。2006年12月，台州市公安局邀请了《人民日报》、新华社、《法制日报》和中央电视台等中央十大最具影响力媒体，到台州采访“警民恳谈”活动有关情况。各大媒体连续报道台州警民恳谈，其中中央电视台CCTV-1的“新闻联播”栏目在第一时间报道；“今日说法”作了专题报道；新华社的《国内动态清样》和《内参选编》予以刊登。

第三阶段：以中央、省、市主流媒体为主进行提炼性报道。在警民恳谈开展一周年之际，市局组织力量，撰写警民恳谈工作通讯稿，分别在中央、省、市主流媒体上刊登，取得良好的效果。

在整个项目进行中，台州市公安局还特别注意运用新媒体与群众进行更深入、广泛的沟通，密切关注恳谈项目在当地网络上的议论和反响，适时进行有益的引导。同时，还主动针对恳谈项目推出了“公安局长在线”等基于网络的传播沟通手段，增加和群众的亲密接触，回答网民问题。

**4．项目评估**

截至2008年2月，台州市公安机关共举办警民恳谈活动5212场次，参与恳谈的民警19950人次，社会各界群众达182200余人，收集群众意见建议25500条，其中当场解决16507条。2006～2007年度，台州市公安局在市委市政府组织的民意测评中从最后三名跃升至第一名，连续两年在台州市“万人评选满意机关”活动中获得第一名。

2008年3月，台州市公安局面向全市广大市民和公安民警发放1500多份调查问卷。据调查统计，52％的民警认为“警民关系有所改善”，21.3％的民警认为“警民关系明显改善，很融洽”；参加完活动后，36%的群众对5~30人提及过警民恳谈这件事，并且有59%的人都积极建议周围的人参与这项活动；60%的人认为警察形象好，68%的人认为警察办事效率高，82%的人表示愿意参加警民恳谈活动。

台州“警民恳谈”引起各级领导的高度关注和肯定。2006年10月16日，台州市委办、市政府办联合转发了台州市公安局关于开展“警民恳谈”活动情况的通知，在全市范围内推广市公安局的做法。浙江省公安厅在全省公安机关中开展“警民恳谈，问计于民”活动，并将该项工作纳入市级公安机关年度综合考评。

原公安部长，现任中共中央政治局常委、中央政法委书记周永康同志专门作出重要批示，要求总结经验并在全国推广。2007年2月，公安部在总结台州做法的基础上，在全国公安机关中开展“民警相约警务室”活动。全国各地公安机关也纷至沓来，考察学习台州的“警民恳谈”活动。

资料来源：浙江省台州市公安局．台州公安局“警民恳谈”活动．国际公关，2009（1）．

**讨论题：**

1. 台州公安局的“警民恳谈”活动体现了哪些公共关系职能？
2. 本案例对你有哪些启示？

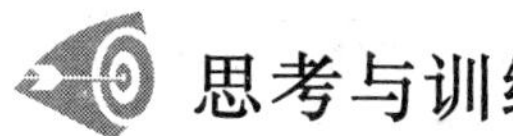

## 思考与训练

1. 公共关系采集信息的方法有哪些？选择其中一个方法进行举例说明。
2. 在《我的公关生涯》中，这位外资企业公共关系人员进行了大量的公共关系工作，这反映了公共关系的哪些职能？
3. 什么是企业形象？企业形象的特征是什么？
4. 如何完善企业的管理形象？
5. 企业员工应具备怎样的个人形象？
6. 为什么企业领导者要塑造良好的形象？应怎样才能塑造一个良好的领导者形象？
7. 为什么称公共关系部门是组织的思想库和智囊团？
8. 如何与组织的内外部公众协调沟通？
9. 案例分析：

### 让放电影的人上银幕

一年年末，上海国泰电影院的领导（经理）把员工包括离退休人员及其

家属都请到电影院来参加一个茶话会，专门制作了有关这些离退休员工和在职职工生活工作的录像片，会上放给大家看，每个人尤其是离退休职工非常感动。原因很简单，这些人一辈子干的活就是放电影给别人看，从未感受到自己上银幕是什么滋味，今天他们有机会在电影院里，在给人家放了一辈子电影的电影院里，看自己也上了银幕，感到国泰影院没有忘记自己这辈子的辛劳，他们能不激动吗？他们很自然地就产生并加深了对自己单位的情感，同时也使在职职工感到振奋，团体凝聚力大增。

国泰影院的做法也赢得了新闻单位的广泛报道，其知名度和美誉度大增，获得了很好的经济和社会效益。

**问题：**上海国泰影院为什么能取得如此大的公关效应？这一案例体现和反映了公共关系哪些职能？请分析评论。

# 第五章　公关工作程序

每一个公关计划或解决方案都应从调研开始。但遗憾的是，多数的方案都没能做到这一点。

——［美］弗雷泽·西泰尔

公关计划主要指明的是“需要做什么”以及“应该怎么做”，这些对于实现公关目标当然是很关键的。

——［美］弗雷泽·西泰尔

一旦问题被确定并且提出解决的方案以后，则下面的步骤就是行动和传播。

再没有什么主题能像项目评估——整个流程的最后一步——这样在实践操作中起着那么大的主导作用了。

——斯各特·卡特里普

公共关系活动的全过程大体分为调查研究、策划方案、组织实施、评估效果四个阶段，又称为公共关系的“四步工作法”。

## 第一节　公共关系调查

有一家宾馆新设了一个公共关系部。开始，该部配备了豪华的办公室、漂亮迷人的公关小姐、现代化的通信设备等，但该部部长却不知下一步要做些什么了。后来，这位部长请来了一位公共关系顾问，向他请教“怎么办”。于是，这位顾问一连问了以下几个问题：“本地共有多少宾馆？总的铺位有多少？旅游旺季时，来本地的外国游客每月有多少？港澳台游客有多少？国内的游客有多

少？贵宾馆最大的竞争对手是谁？去年一年中，有哪些因服务不周而引起房客不满的事件？服务不周的症结在哪里？”这样一些极为普通而又极为重要的问题，使那位公关部长无以对答。于是，那位被请来的顾问说：“先搞清这些问题，然后开始你们的公共关系工作。”

这个事例昭示我们：要开展公共关系活动，必须从调查研究开始。调查研究作为组织开展公关活动的先导，是整个公关活动的“轴心”。正如西蒙所说：不论人们如何表达公共关系活动的流程，调查研究都是举足轻重的。因此，作为一个组织，应充分认识开展公关调查研究的重要性，将调查研究视为正确、妥善地解决问题和纠纷的基本前提。

## 一、公共关系调查的内容

公共关系调查的内容及范围主要涉及组织的基本状况、组织形象、公众评价和组织开展公关活动条件调查等。

1. 组织情况调查

组织的基本情况是公众评价的首要对象。要正确地评价公众的意见，公关人员必须对组织的基本情况了如指掌。关于组织基本情况调查，主要有两方面的内容。

（1）组织的经营发展情况，包括组织创建的时间、组织经营发展的目标（包括近期、中期、远期的目标）；组织发展过程的重大事件及在社会上、舆论界的反响；组织对社会的贡献；企业组织的市场分布、市场占有状况以及市场竞争状况；企业组织的产品、服务及价格特点；组织的管理特点；企业组织的外观、厂名及商标特点等。

（2）组织成员的基本情况，包括组织成员人数的变化、组织成员的精神面貌、一般成员的状况以及对组织发展做出过重大贡献的成员的情况和组织领导者的总体情况。员工的一般状况，包括年龄、文化程度、专业特长、兴趣爱好、家庭生活等；为组织做出重大贡献的员工、劳模的成就与经历；组织主要负责人的一般情况。

2. 组织形象调查

组织是通过评价和衡量组织形象的两个指标——知名度和美誉度来完成组织形象调查的。

（1）知名度。知名度表示有多少公众知道和了解组织及其知道和了解的程度，包括机构的名称、标记、经营内容、历史、规模、产品、服务等。组织的知名度在一定意义上决定着组织获得公众理解与支持的范围，所以该项调查的公众范围一般比较广泛，可以是对组织诸多因素的综合考察，也可以是对其中的单项因素进行调查。通过知名度调查，能明确显示组织在公众心目中排名榜上的地位,而且可以详细了解组织的诸多构成因素对其知名度形成的具体作用。同时，也能为其他项目的调研工作提供基础资料。

（2）美誉度。美誉度表示有多少公众信任和赞赏组织及其信任和赞赏的程度，包括对机构名称、标记、经营方式、产品或服务是否喜欢、信任等。组织美誉度的高低，基本上反映了组织的信誉与社会形象。该项调查一般是在组织知名度调查基础上进行的更深层次的调查工作。通过美誉度调查，在一定程度上能为组织指明努力的方向。一个组织可能会为自己的高知名度而沾沾自喜，然而如果美誉度调查显示出反向结果的话，则表明这是一种臭名远扬。组织要及时追根寻源，努力修正不良影响，以免后患无穷。

表 5－1 和表 5－2 是组织知名度、美誉度的调查表，可供组织在公关调查实践中参考。

**表 5－1　知名度调查问卷设计**

| 项　目 | 1 | 2 | 3 | 4 | 5 | 6 | 汇总 |
|---|---|---|---|---|---|---|---|
| 机构名称 | | | | | | | |
| 地　点 | | | | | | | |
| 标　记 | | | | | | | |
| 代表色 | | | | | | | |
| 历　史 | | | | | | | |
| 规　模 | | | | | | | |
| 经营内容 | | | | | | | |
| 产品 A | | | | | | | |
| 产品 B | | | | | | | |
| 服　务 | | | | | | | |

（低）　　　　　　　　　　　　（高）

注：请被调查者对准项目在空格中画“√”，根据总分及各项得分，综合评价机构知名度。表中 1~6 分别表示不知道、好像知道、知道、有些了解、了解、非常了解。

**表 5－2　美誉度调查问卷设计**

| 项　目 | 1 | 2 | 3 | 4 | 5 | 6 | 汇总 |
|---|---|---|---|---|---|---|---|
| 产品 A | | | | | | | |
| 产品 B | | | | | | | |
| 售前服务 | | | | | | | |
| 售中服务 | | | | | | | |
| 售后服务 | | | | | | | |

（低）　　　　　　　　　　　　（高）

注：请被调查者对准项目在空格中画“√”，根据总分及各项得分，综合评价机构美誉度。表中 1~6 分别表示非常怀疑、怀疑、一般、比较信任、信任、非常信任。

3. 公众评价调查

所谓“公众评价调查”，就是通过评估公众的意见和公关活动的效果，了解社会公众对组织相关行为的具体反应和建议。

（1）公众意见。公众意见表示社会公众对组织有关问题的反应以及形成反应的具体原因，包括组织的产品、服务、价格、管理、人员素质等问题。

公众意见调查要探明组织在目标公众心目中的形象以及他们所以会有如此评价的形成原因。该项调查一般可以对相关公众进行广泛的了解，也可以聘请一些熟悉业务、具有经验和综合分析能力的专家，运用座谈、信函的形式，请他们对组织面临的问题进行诊断并提出解决问题的建议。

公众意见调查不仅需要针对不同公众的知识水平、理解能力等多方面多层次进行有的放矢的调查，而且对各方面意见的汇总、整理也需要花费比较多的精力。例如：某个企业在消费者心目中形象不佳，那这种不信任究竟源于何处呢？是产品质量不过关，还是推销方式不适宜？是不相信企业的经营水平，还是对企业存有偏见？只有追根寻源，才能找到解决问题的关键。

（2）活动效果。活动效果是了解社会公众对组织实施的公共关系专门活动的评价。正确评价公共关系活动的真实效果并不简单。作为一种长期为组织树立良好形象、为组织获取最大经济效益创造条件的公共关系活动，相当多的情况下是无法要求它直接创造利润的，所以，对组织实施的公共关系活动，往往不能用数量式的硬性指标来衡量，必须考虑到它所产生的滞后效应。

然而，通过公关调查，可以在一定范围内，用定量分析的方式，了解组织的公共关系活动是否达到以最少的投入使信息传递到最大空间的目标。

$$\text{接触率} = \frac{\text{目标公众接触媒体人数}}{\text{目标公众人数}} \times 100\%$$

$$\text{单位宣传费用} = \frac{\text{宣传费用}}{\text{受众人数}}$$

$$\text{单位宣传费用效果} = \frac{\text{宣传后销售实绩} - \text{宣传前销售实绩}}{\text{宣传费用}}$$

4. 公关活动条件调查

所谓“公关活动条件调查”，是指在开展公关活动之前，组织对开展活动的主客观条件进行调查研究。为了避免闭门造车，给组织带来不必要的损失，组织的公关人员在开展公关活动之前或是在公关活动策划时，对支持公关活动的具体条件要进行调研工作。其内容主要包括以下三个方面：

（1）公关活动主体的人力分析。组织要使公关活动达到预期的目的，应该考虑由哪些人员参加，人力是从组织内部挑选还是由外部公关公司承担，人员具备哪些特长、工作能力、经验和业绩如何、能否胜任工作等。

（2）公关活动主体的财力分析。从某种意义上讲，这是一种投入—产出比分析。针对公关活动来说，就是组织所能投入的资金和活动所产生的效益是否成比例，资金的使用是否合理等。

（3）公关活动的客观环境调研。客观环境分为宏观调研和微观调研两部分。宏观调研是对组织的经济环境、政治法律环境和社会文化环境的认识。组织在开展公关活动之前，应对社会、政治、经济形势进行冷静分析，对市场和公众的社会心理进行认真研究。在市场活跃或疲软的不同环境下，公关活动的内容和效果是不大一样的。微观调研是对开展公关活动的具体条件进行调研，对活动的场地、设备以及各类有关规定等进行调研。公关活动的场地分为室内和露天。事先要调查场地面积、人员交际、食宿场所和流动的通道等。公共活动设备的调研一方面要调查清楚活动所需家具（桌椅、餐具、茶具）的数量、质量和档次；另一方面要调查清楚电子设备（电话、电视、音响、扩音器、投影仪、照明设备、话筒等）的数量及使用效果。

## 二、公共关系调查的程序

公共关系调查研究是一门艺术，既有科学性，又有技巧性。掌握公共关系调查的科学程序，是提高调查艺术、强化调查效用的基础。

### 1. 确定公共关系调查的选题

确立公共关系调查选题，实际上就是确定调查的方向。对于公共关系人员而言，需要调查的情况十分繁杂。但是，在一次具体的调查活动中，由于时间、人力以及调查容量自身的限制，不可能也没有必要进行全方位、大规模的调查，通常只能开展有针对性的、专题性的、围绕某一个方面内容的调查活动。

（1）确定公共关系调查选题的原则。公共关系调查选题的确立，是一项科学性与艺术性很强的工作，需要遵循以下几个原则：

第一，需要性原则。所谓“需要性原则”，即根据社会组织的需要来选择和确定调查选题。根据社会组织的发展战略与规划，优先选择的调查选题应当是公众问题、市场问题、内部自身问题和环境问题。公共关系调查具有很强的功利性和服务性，应当针对社会组织当前迫切要解决的问题进行调查。例如：在开发新产品时，企业亟待了解的是公众的需求、对老产品的意见、经济承受能力等，故多以公众愿望、经济生活情况为调查选题。在处理经营危机时，社会组织亟待了解的是造成危机的原因、危机事件的动态情况、公众受损害的情况、危机事件的影响范围等，以便制定消除危机事件不良影响的对策，故此时多以危机事件本身作为调查选题。

第二，创新性原则。对于公共关系调查而言，创新不仅可以提高公共关系调查成果的社会价值，而且可以提高公众参与调查、回答问题的积极性。这就要求我们在选择公共关系调查课题时，善于运用新理论、新思维、新方法，从新的角度提出有别于以前的调查选题和有别于竞争对手的新选题，确保公共关系调查活动的顺利开展。当前，公共关系调查有自己的独特性，不同于一般的公共关系宣传活动，“创新求异”有自己的“度”，不能一味地求新求异，而应以社会组织需求为前提。也就是说，在公共关系调查选题确立过程中，需要性原则与创新性原则相比，需要性原则是第一位的。

第三，可行性原则。所谓“可行性原则”，即社会组织所选择的公共关系调查课题在规模上、深度上要符合社会组织现有的调查工作的能力水平。如果公共关系调查选题规模过大，社会组织没有相应的人力、物力、财力条件就不可能达到预期的调查目的。如果公共关系调查选题既深又难，而社会组织没有具备相应知识和文化素养的调研者，同样也不可能完成公共关系调查的任务。

第四，科学性原则。任何事物都有其内在的科学规律性。在确定公共关系调查选题过程中，要进行科学分析和科学假设，运用相关学科、专业知识判断公共关系现象之间的内在联系，提出源于科学判断的课题，以保证公共关系调查活动的科学性。

（2）确定公共关系调查选题的过程。公共关系调查选题的确定不是一蹴而就的，它需要经过筛选、判断、分析的过程。该过程由一系列环节构成：

第一步，根据社会组织需要尤其是公共关系决策的需要，明确公共关系调查选题的基本概念与内涵，指出公共关系调查的方向和必须达到的目标。

第二步，运用文献调查方法和直觉判断方法，明确公共关系调查选题的中心内容。公共关系人员在明确了选题概念以后，可以运用文献调查方法，了解以往相关的调查研究成果，为确定本次公共关系调查选题的中心和重点内容提供参照体系，以便找出本次公共关系调查选题的关键所在。

第三步，运用相关的学科理论和方法，形成公共关系调查选题的假设命题。在收集了与公共关系调查选题概念相关的文献资料的基础上，公共关系人员即可根据相关的学科理论，进行推理分析，在科学理论指导下，围绕选题概念，撰写本次调查选题的假设命题。

第四步，运用比较、判断方法，对调查选题的假设命题进行综合评估。评估的标准有实用性、创新性、可行性、科学性等。如果判断结果表明假设命题对社会组织亟待解决的问题具有实用性，与以往课题相比具有新颖性，同社会组织人力、物力、财力等条件又相符，用学科理论来衡量又具有科学性，那么选题就有价值，应当及时据此撰写调查问题，开展调查活动。反之，就说明选题工作有问题，需要重新设定标准，重新选择公共关系调查的重点，重新设定调查选题。

2. 制定公共关系调查方案

为了使公共关系调查工作能够顺利、系统并且有针对性地进行，拟订调查计划方案是必不可少的。它是公共关系调查的总体方案，是进行实际工作的行动纲领。

（1）确定公共关系调查的目的。公关调查的目的是了解社情民意，通过征询公众意见，分析社会趋势，研究公众的社会需要，寻找建立信誉、协调经济效益和社会服务效益的途径。调查的任务是：寻求解决问题的具体办法，了解公众有哪些具体看法、具体要求和具体建议、希望解决问题的实际内容，达到解决问题的目的。例如，确定了产品换代问题是企业组织中的长期的最大的问题，就应围绕这一问题搞清以下情况：①企业所面临的经济、政治、技术、社会等因素的变化趋势。②企业应采取哪些行动影响公众在产品换代问题上取得成效，并适应环境变化。③社会公众对产品换代问题的关心程度、紧迫感和提出问题所考虑的因素。

（2）确定公共关系调查的对象。对象是调查的客体。明确了公共关系调查的目的后，就应该确认调查的对象。调查对象首先是“公众”。这些个人或团体具有一些共同的特征，受相同关系或问题的影响。例如，面对相似的问题，对该问题有各自的看法、态度、主张，试图处理解决这一问题，确定了调查对象后，还要注意以下两点：一是对目标“公众”进行分类，借以确定调查对象的类别及其组合。二是考虑到目标“公众”数量的大小、分布集中与分散程度各不相同，“公众”的背景、对问题的知晓程度和参与的积极程度也各不相同，应该考虑决定公共关系调查对象的具体构成，包括调查对象的总量、分布地区、涉及的“公众”类型、涉及的社会领域、对象的知晓度和积极性。

（3）确定公共关系调查的项目。项目是调查内容的具体化。按照一定的逻辑顺序在调查项目下面注明需要调查的具体问题。公关调查主要有四项内容，即组织情况调查、组织形象调查、公众评价调查、公关活动条件调查。

（4）确定公共关系调查的方法。公关调查的方法是公关调查所采取的手段。确定公关调查方法的根据是：①有利于定量与定性分析。②能达到公关调查的目的。③考虑现有条件。公关调查多以统计、社会测量、抽样和民间测验为主，这就要设计好统计表和问卷。

3. 实施公共关系调查方案

实施公共关系调查方案，实际上就是调查者根据调查方案的既定计划，在既定的范围和时间内，利用既定的调查方式、方法，向既定的公众收集信息资料。这是整个公共关系调查过程中最重要的环节。公共关系调查实施过程中的主要工作有以下几项：

（1）组织公共关系调查对象群体。公众是分散的，而且数量庞大。公共关系人员要根据公共关系调查工作计划中的抽样方案，选择调查样本，把符合调查样本要求、具有代表性的公众挑选出来，作为本次公共关系调查活动的调查对象。

（2）积极协调各种公共关系。公共关系人员根据抽样方案选择的调查对象，一般与企业没有任何直接的关系；即使存在一定的关系，多半也是顾客关系，公共关系人员对他们没有任何行政约束力。因此，在调查工作中，公共关系人员是否积极主动地协调好各种公共关系，取得公众组织、群众网络、公众代表的配合与支持，就成为整个调查工作成败的关键。

（3）发放问卷，引导调查对象回答问题。为了提高问卷资料的可信度，在公众填写问卷前，公共关系人员应做好动员、教育工作，使调查对象理解本次调查活动的价值以及他们填写问卷的注意事项，提高他们填写问卷的主动性和规范性。

（4）回收、清理问卷。调查对象填写完问卷后，公共关系人员应及时回收问卷，并进行初步的问卷整理，把不符合要求的问卷作为无效问卷清理出来，归档另外收藏。一般出现以下情形的问卷都应列为无效的问卷：①常规项目填写明显失误的问卷。②只对少数问题作出回答而对大多数问题没有作出回答的问卷。③问卷回答带有明显不认真标志的问卷，如整张问卷中所有问题都填写一个答案序号。这说明调查对象是未加思考、随意填写，虽有答案，但并未反映出调查对象的真实状况。

（5）观察、记录公众的言行。在公共关系调查中，调查者要认真观察公众的言行，收集公众在言谈举止中流露出的真实信息资料，并及时做好记录。利用这种方式收集到的资料，比用问卷收集到的资料更加真实、典型，因而更加具有公共关系价值。

4. 整理公共关系调查资料

资料收集任务完成后，即可转入资料整理阶段。资料整理不仅有利于分析、研究资料，而且有助于调查工作的后期总结。

（1）公关调查资料的整理环节。公共关系调查资料的整理，在操作上有以下几个环节：①问卷核实与清理。公共关系人员根据本次调查活动的特点，定出核实问卷的标准和要求，分拣出无效问卷。②建立分类体系和分类标准，对资料进行归类。③资料主题小结。对于一些文字类资料，如问卷调查中的开放题答案、调查人员的观察记录材料等，相对说来比较凌乱，公共关系人员应列出主题项目，对各种资料按主题项目进行小结、归纳，制作出“主题项目资料登记文摘卡”。④资料统计。对于问卷调查中的封闭答案资料，公共关系人员可以借助计算机进行统计，计算出公众在每个问题上的意见分布数值。⑤进行数据处理，建立数据库。根据问卷的问题设置，分项目编制表格，把统计的数据结果填入相应的表格项目中建立起本次调查结果的数据库。

（2）公关调查资料的类型。公共关系调查资料经过整理后，主要有两大类型，即文字类资料和数据类资料。文字类资料，就是把公众在发放题中所写的意见、在交谈过程中所表达的观点、调查者在观察中所记录的资料等经过归类以后所形成的公众意见信息资料记录下来。数据类资料，一般是指公共关系调查资料数据库和数据表。

5. 总结公共关系调查工作

总结是公共关系调查工作的最后一个环节。在这个阶段，涉及的工作主要有两个方面的内容：

（1）撰写调查报告。调查报告是调查者根据公共关系调查活动获得的信息资料和据此形成的分析结论所拟写的一种应用文。公共关系调查报告有其基本文体格式、写作内容方面的要求，但在具体写作过程中仍应针对具体情况灵活安排其写作结构。表5－3是作为一般意义上设置的公共关系调查文体格式与写作要求。

**表5－3 公共关系调研报告文体格式与写作要求**

| 文体格式 | | 常用形式 | 基本内容 | 写作要求 |
|---|---|---|---|---|
| 标题 | | 公文式标题<br>新闻式标题 | | 醒目<br>精练<br>新颖 |
| 正文 | 导言 | 叙述式<br>提问式<br>总结式 | 介绍调查工作概况（如调查时间、范围、方式、内容、目的等） | 点明主题<br>高度概括<br>精练简短 |
| | 主体 | 逻辑分叙式<br>表格说明式<br>条文列举式 | 现状资料分项目汇总叙述<br>分析造成该现状的内外原因和影响因素<br>提出建议和措施 | 主题明确<br>中心突出<br>材料典型<br>逻辑性强<br>条理清晰 |
| | 结尾 | 归纳式<br>警告式<br>口号式 | 全文小结 | 渲染全文<br>加深印象 |
| 署名 | | 标题之下<br>或全文之后 | 调查单位<br>写作时间 | 简单明确 |
| 附件 | | 原件<br>资料卡<br>表格等 | 调查表<br>典型材料<br>数据库 | 为正文服务 |

（2）撰写调查工作总结报告。调查工作结束时，应及时进行工作总结，找出经验教训，并撰写公共关系调查工作总结报告，为以后开展调查活动提供参照系。公共关系调查工作总结报告是一个总回顾。在写作格式上，一般包括标题、正文和署名三个部分。标题可以用公文式的写法，也可以只有内容概括。正文的内容主要有调查工作基本情况概述、成绩、经验、缺点、问题、经验教训以及认识体会，对今后工作的建议等。最后是署名和写作日期。

## 三、公共关系调查的方法

公共关系调查的顺利开展必须借助于行之有效的科学调查方法。公共关系调查所运用的主要方法有访谈调查法、问卷调查法、抽样调查法等。

1. 公共关系访谈调查法

公共关系访谈调查法指访问者通过口头交谈等方式向被访问者了解公众情况的方法。它表现为公共关系调查人员根据设计要求，围绕某个主题，通过与被调查者谈话，以讨论有关问题及了解人们的行为特征和动机，达到搜集材料的目的。

（1）公共关系访谈调查法的特点。了解公共关系访谈调查法的特点，运用时扬长避短，对公共关系调查人员来说，无疑是重要的。访谈调查法具有如下特点：①具有灵活性。它既可提高被调查者的兴趣，达到很高的回复率，也可限定某一特定的人回答，增加回答问题的针对性。调查人员可根据访谈时的具体情况而调整访谈的方式、内容及时空。②调查的范围比较广泛。它不仅可以了解当时、当地正在发生的各种现象，还可以询问过去和外地发生过的现象。③适用于各种调查对象。它不仅能适用于有一定文化程度的人，也可以适用于文化程度较低的人。④受到调查者与被调查者两方面的限制。调查者个人的访问技巧、人品气质、性格特征等都会直接影响调查的结果；被调查者的合作态度和回答问题能力的差异使其所提供的材料的质量也不一样。⑤有些问题不宜当面询问。如涉及个人隐私或较敏感的问题，即使被调查者作了回答，也常常是不真实的。⑥需要的人力、物力、财力和时间较多。所以一般应用于那些对准确性要求较高的问题研究上，或应用于探索性研究。

（2）公共关系访谈调查法的类型。公共关系访谈调查法的类型指根据不同的标准划分出的访谈类别。主要有以下三种：①结构访谈和无结构访谈。结构访谈是按照预先制订的计划和既定的程度进行的，其特点是把问题标准化，然后由被调查者回答或选择；无结构访谈是公共关系调查人员只对所要询问的问题有基本上的要求，以开放式问题为主，答案不受限制。②个别访谈和集体访谈。个别访谈是由调查者同被调查者逐一进行面对面的谈话，将回答记录下来；集体访谈是由调查者同若干被调查者进行的座谈，它要求把握好主题，创造民主、自由的气氛。③一次性访谈和追踪访谈。一次性访谈是就某一时段或时期内人们的态度、行为等情况进行的调查，它通常是对某一特定的问题或某事件的调查；追踪访谈是对人们的态度、行为等情况进行的连续的、长期的调查，它通过多次访谈，调查了解人们的动态信息。

（3）公共关系访谈调查法的实施。公共关系访谈调查的具体实施步骤是：①访谈准备。制订访谈计划，草拟谈话提纲，了解被调查者情况，选择适宜访谈的时间和地点，预备必要的访谈工具如调查表格、记录笔纸、录音机及本人证明等。②创造良好的访谈环境。见面伊始，要大方有礼，友好寒暄，同对方建立起相互信任的关系；说明来意，使对方了解调查的目的和内容；说明调查对被调查者的意义，被调查者知晓调查对自己有益，可能会更主动地配合；谈话要尽量自然和轻松愉快，并且态度要保持中立，不宜对回答做肯定或否定性评价。③建立共同的意识范围。应做到双方对同一问题的理解一致，避免答非所问的情况；最好从被调查者感兴趣的问题入手，逐渐深入到调查的核心问题；如果对方对某些问题不愿回答或不便回答，应体谅对方的难处，不要急躁或施加压力，采取耐心温和的态度，成功的可能更大。④做好记录。记录要客观真实，不能把调查者自己的意见、态度掺进去；访谈中记录可能较乱，之后要立即核实整理。

2. 公共关系问卷调查法

公共关系问卷调查法指根据调查目标设计调查表并通过公众填写调查表而进行调查的方法。它简单易行，是目前国内外社会调查中使用较为广泛的一种方法。按问卷投递的不同，可将公共关系问卷调查方式分为：报刊问卷、邮政问卷、送发问卷和访问问卷等。

（1）公共关系问卷调查法的使用条件：①调查范围较广，不宜当面访谈，应采用问卷法。②被调查者文化水平太低，对问卷看不懂，则不宜采用问卷法。③如果所要取得的材料是常识性的事实、行为或态度，回答者不会因顾虑而拒绝回答，可采用问卷法。④一般情况下，问卷的回收率不高，65%以上为较好。因此，如果要求较高的回收率，最好采用与访谈法相结合的方式来进行调查。

（2）公共关系问卷的分类。问卷的类型主要有三种：①开放型问卷。这种问卷的问题虽然对每一被问者是同一的，但被问者可以根据自己情况自由作答。比如：你对本公司有何评价？②封闭型问卷。这种问卷不仅问题是相同的，而且每一个问题事先都列出了答案，供被问者从中选择自己认为最恰当的答案。比如：你对本公司满意吗？（很满意____、满意____、无所谓____、不满意____、很不满意____）③半开放型问卷。这种问卷是前两种问卷的混合型，既有供选择的答案，又有供发挥的问题。

不论哪一种问卷，都应根据公共关系调查的需要，根据问卷的类型来设计，便于提出问题，便于整理资料。

（3）公共关系问卷的技术设计。问卷法的主要优点在于标准化和成本低，问卷的设计要求规范化并可计量。①题目的设计。题目是调查的主题，其设计要求，第一，题目本身要与调查目的相符；第二，题目要使被调查者在感情上易于接受。有时，为了使被调查者易于合作，设计者会故意把题目设计得不十分明确。②说明信的设计。说明信也就是指导语，它对被调查者回答问题的态度影响较大。说明信一般由这样几部分组成：称谓；调查的出发点和目的；调查与被调查者自身利益的关系；回答问题的原则、具体要求以及两方的责任；对有关问题的解释等。最后注明联系人、联系地址和电话号码。说明信要诚挚、热情、恳切，用语简练，表达明确。③问卷具体内容设计。一般来说，较为完整的问卷包括两类问题，一是事实问题，二是态度问题。

事实问题指那些曾经发生过的、现在的事件以及一些实际的行为。它又可分为静态资料和实际行为类问题两部分。静态资料包括性别、年龄、文化程度和职业等，这些一般项目是对获得的资料进行整理和分析的最基本的条件。实际行为类问题，旨在了解实际行为发生的情况。比如，您对下列饮料的饮用情况，见情况调查表 5－4。

**表 5－4　情况调查表**

| 类别 | 经常饮用 | 偶尔饮用 | 不饮用 |
| --- | --- | --- | --- |
| 啤酒 | | | |
| 汽水 | | | |
| 可乐 | | | |
| 茶 | | | |
| 咖啡 | | | |

态度问题包括意见、情感、动机、观点、人格等。它又可分为意见问题和态度问题。意见问题通常属于表面和暂时性的看法，它往往是一次性的，时过境迁也许就变了。对这类问题，可对每个问题单独分析，了解趋势。比如：

你对实施公平竞争法的看法是：

非常赞成______，赞成______，无所谓______，不赞成______，非常不赞成______。

态度问题属于比较持久和稳定的认识。这类问题不能单独分析，要把整个部分或分组分数与其他变量求相关度或作因素分析。一种态度不能通过一两个问题就加以确定，往往要通过一组题目测定，这样才能使得稳定的态度体现出来。比如，对组织形象的态度，用一两个问题是很难测定的。

设计问卷须注意：一张问卷上问题不宜过多（30～40 分钟答完）；问题的措辞应该简洁、准确、易懂，不带倾向性、引导性和强迫性；问题的顺序应按问题的类型、逻辑关系、对象心理合理安排。

3. 公共关系抽样调查法

以上调查法都涉及一个调查对象的问题，由于调查者不可能对所有的用户进行访谈，不可能找许多的人开座谈会，也不可能发成千上万张问卷。因此，调查周期短、调查资料准确可靠、节省经费的抽样调查法在公共关系调查中被广泛应用。

抽样调查法是一种科学地从调查总体中选取样本的方法。抽样要遵守随机性原则，即在抽选调查对象时，必须要保证总体中的每一个抽选对象抽中的机会均等。

（1）公共关系调查中的抽样方法。①简单随机抽样。它的做法是采用抽签的方法，即将总体中的每个单位按调查的编号分别填写一张卡片，然后从中随意抽出一个编号，直到达到样本数为止。②等距抽样。把总体的所有个体按照一定的顺序排列，然后按相等的间隔，抽取组成样本。抽样距离 K 是以总体 N 除以样本个体数 n。③分层抽样。把总体按其属性特征分为若干层，然后在各层中随机抽取样本。比如，可按职业、性别、年龄、文化程度等分层。④整群抽样。在总体中成组地抽取调查个体，然后对其进行全部调查。比如，对组织内部公众进行调查，只随机抽取若干个车间或班组，然后对这些车间或班组中的每一个人进行调查。⑤多级抽样。它把抽样过程分成两个或多个阶段来进行，即先以总体中进行分层抽样或整群抽样，然后再从抽得的层群中随机抽取若干调查对象组成样本。

（2）公共关系调查中样本数的确定。①对精确程度要求越高，样本的数目要越多，当其他条件不变时，要求推断的把握程度越高，样本数目也要越多。②受调查时间、人力、财力等的限制，常无法抽取最理想的样本，只能在有限的范围内抽取最佳样本。③调查的项目少，内容较简单，则样本数较少；反之，样本数则多。统计分析中，相关分析所涉及的变量多，要求的样本数就多，否则在进行交互分类计算时，有些项目的数据就会显得过少。

## 第二节　公共关系策划

公共关系策划是公共关系工作程序的第二步，是指在公共关系调查的基础上进行运筹、制订方案，为公共关系计划的实施与公共关系评估提供依据。从某种意义上说，公共关系的竞争就是公共关系策划的竞争。因此，公共关系策划不仅处于公共关系工作程序的核心地位，而且是整个公共关系工作成败优劣的关键。

## 一、公共关系策划的概念

要明确什么是公共关系策划，首先必须弄清楚以下几个概念的关系，即策划与计划、策划与决策、策划与公共关系。

1. 策划与计划

这是两个既有联系又有区别的概念。策划，主要指谋略、筹划、计划、打算之意。美国哈佛企业管理丛书认为，策划是一种程序，在本质上策划是一种运用脑力的理性行为，衡量未来可采取之途径。策划是预先决定做什么、何时做、如何做、谁来做等。计划，是对未来事物所做的周密的思考和具体的安排。计划往往比较详细，它通常是微观思考的结晶。

策划与计划虽然都是关于未来事物所进行的一种运用脑力的理性行为，但是，二者还是可以界定的。从公共关系角度审视，策划可谓宏观上的谋略设计，而计划则是微观上的具体的意图安排或排列。计划是比较实际的、可操作的意图，它也是一次构思、谋划的过程。

2. 策划与决策

这也是两个既有区别又有联系的概念。策划是人们对未来事物所进行的谋略设计和构思的过程，其结果可能有多种方案选择。决策是人们为了实现既定目标，在几种可能实现目标的方案中选择最优化方案的过程。中国策划思想的发展由“谋”、“断”一体化趋向“谋”与“断”科学分离，即先“谋”后“断”。从过程来看，策划与决策是连续的、不可分割的。从概念来看，策划的过程有决策的因素，因为每次策划都要进行科学论证。决策也有策划的内容，因为策划是决策过程中的一个不可缺少的阶段，可以说，没有策划就没有决策。

3. 公共关系策划

公共关系主要是研究组织如何处理与公众的关系，研究如何为本组织塑造良好的社会形象。组织形象的塑造受到各种各样因素的制约，组织必须制定形象战略，并通过连续不断的公共关系活动去具体实现既定目标。因而，策划是公共关系工作中难度最大、层次最高、最引人注目的一项工作。所谓公共关系策划，就是指公共关系人员为实现组织形象战略目标，在公共关系理论的科学指导之下，对各类公共关系活动所进行的谋略、构思、设计和计划的过程。

## 二、公共关系策划的基本原则

公共关系策划是企业公共关系工作的中心环节。一个企业形象能否良好地树立，能否很好地传播，在很大程度上取决于公共关系活动开展得好坏。公共关系活动开展得好坏又取决于公共关系策划的优劣。因此，公共关系策划人员应该遵循一系列基本原则，确保公共关系策划的成功。

1. 实事求是原则

实事求是是公共关系策划的一条最基本的原则。这一原则的含义是指：公共关系策划必须建立在对事实真实把握的基础上，向组织如实传递有关组织公众的信息，并根据事实的变化不断调整公共关系策划的策略和时机等内容。一位优秀的公共关系工作人员首先考虑的不是技巧，而是对事实的准确把握。他必须通过种种办法收集关于公众情况的资料，收集关于组织与环境的情况的资料，收集双方可能存在的不平衡、不协调的种种事实。只有掌握了足够的事实，他才能策划公共关系的行动计划。

公共关系策划人员在策划过程中，要平心静气，摒弃自己头脑中主观感觉的东西，认真调查，尊重事实，不要以自己的猜想、判断作为策划的依据。要用科学的方法去做相应的市场调查，要让数据证实自己的设想，换言之，要把自己的设想建立在数据和事实的基础上。具体而言，就是要做到：

（1）深入客观现实，认真调查实际。在进行一项公共关系策划工作之前，策划人员要对策划对象的现状进行深入、全面的调查，把自己头脑中的东西暂时埋藏起来，多竖耳朵少张嘴，尽量不带偏见地听听别人怎么想、怎么说，尽可能全面、准确、客观地了解策划对象，使自己掌握的资料尽量与实际情况相符合。

（2）排除主观偏见，保证据实策划。策划中缺少了客观性，也就没有了科学性，策划也就不会成功。因此，要有坚定的决心和足够的勇气排除各种干扰、阻力甚至压力，保证据实策划。一是以科学的精神排除虚假因素的影响，把握问题实质。二是以对公众、对社会、对事业负责的精神，排除各种阻力和干扰，把握现实，据实进行策划和实施策划方案。

2. 公众优先原则

公众优先原则，即公众利益优先原则，是公共关系工作的重要原则，更是公共关系策划的重要原则。

作为公共关系策划主体的组织（尤其是企业），以公众认可为其生存的前提，以公众信任为其发展的条件。企业的发展有赖于公众对企业的认同和支持，有赖于公众对企业行为的参与回应。企业在其行动之前应该清楚地了解公众的利益倾向，企业所能做的事情就是顺应公众利益倾向，将自己行动的目的融在其中，在满足公众利益的同时达到企业自己的目的。公共关系策划者必须明确认识到：公众参与某些公共关系活动不是为了记住企业形象，也不是为了企业获取更多的利润，而是为了自己的利益才参与某项活动，企业的“获利”只能来自公众认为不重要的或公众察觉不到的方面，因此，在进行策划之前，一定要深入分析目标公众的利益所在，不要被表面现象所迷惑，不要以自己的心态去推测公众的心态。

一个好的公共关系策划方案不在于它能改变公众、强制公众，而在于它能很准确地满足目标公众的利益点，从而吸引公众参与某项公众关系活动，并在这项活动中传递公众关系主体的信息，让公众在不知不觉中接受策划主体发出的信息。

3. 系统规划原则

公共关系的系统性表现在：

（1）公共关系活动相对于整个组织活动是一个子系统，因而公共关系策划是组织活动策划的一个子系统。

（2）完成公共关系活动的各个环节又是公共关系活动的子系统，因而这些子系统的策划是公共关系策划的不可分割的组成部分。

（3）公共关系活动的每个子系统又是由众多因素组成的，公共关系策划必须使这些因素相互协调。

（4）组织活动总策划处在社会经济的系统中，又只是一个子系统。

系统原则应用到公共关系策划中去，就是要如实地把公共关系策划作为一个有机整体来考虑，从系统的整体与部分之间相互依存、相互制约的关系中提示系统的特征及运动规律，实现整体最优。其基本思想有三点：首先，对系统统筹安排，确定最优目标，实行系统最优。因为系统具有不同于各组成部分的新功能，系统最优的核心要求是处理好局部优化和全局优化的关系，为使公共关系活动系统处于优化结构，协调稳步前进，必须建立公共关系系统工程，实行系统运筹，通盘安排系统中的子系统及组成要素，使它们相互制约、互相促进，并且与外部环境协调起来。其次，协调公共关系活动要素与环境的关系，讲究整体的最佳组合的效应。公共关系的各子系统各自具有不同的特征与目标，各自又处在特定的环境中，在时间和空间上又是相互分离的。这就需要做好协调工作，在注意系统全局的同时，还要把握各个局部，使之同步、匹配地进行活动。最后，考虑到公共关系策划的有序性，要使公共关系策划中的各项工作有步骤地进行。这是系统有序性的要求。

4. 切实可行原则

公共关系策划者在策划活动之前，一定要做可行性分析，以确保公共关系活动目标的实现。可行性分析贯穿于策划的全过程，即在进行每一项策划时都应充分考虑所形成的策划方案的可行性。策划方案形成后，必须进行可行性分析，以便选出最优方案做最后的选择。进行可行性分析主要从四个方面进行：

（1）利害性分析。分析策划方案可能产生的利益、效果、危害情况和风险程度，综合考虑、全面衡量利害得失。

（2）经济性分析。考虑策划方案是否符合以最低的代价取得最优效果的标准，力求以最小的经济投入实现策划目标。

（3）科学性分析。它包含两方面的意思：首先看策划方案是否是在科学理论指导下，在进行了实际调查、研究、预测的基础上严格按照策划程序进行创造性思维和科学想象而形成的。其次分析策划方案实施后各方面的关系是否能够和谐统一，是否能够高效率地实施策划方案。

（4）合法性分析。考虑策划方案是否符合法律法规要求：一方面，策划方案要经过一定的合法程序和审批手续；另一方面，策划方案的内容及实施结果要符合现行法律法规的规定和政策要求。

5. 谨慎周全原则

“老谋深算”在一定意义上反映了策划者设计、策划总是力求疏而不漏，周全稳妥。世界上本无十全十美之事，因为策划者所掌握的客观情况受到种种主观因素的制约，策划者的知识、胆略、思维方法等又各有长短，因此凡策划只能在慎重之中求周全。但是，周全是相对的，不周全是绝对的，于万变之中求不变，于不周全中求周全，才能立于不败之地。

怎样做到谨慎周全呢？一个公共关系策划方案的完成，首先要听取各方人士之高见，然后整理成文。此文还需交专家论证，在目标公众中测验，在小范围内试验，经过反复修改后才能定稿。作为公共关系策划人员，我们无法通过这样的程序化运作使某项公共关系策划方案达到最优，但我们可以通过这种方法避免产生最劣的策划方案。

6. 独特新奇原则

独特新奇原则，寓意奇正相生，以奇制胜。核心在“奇”。老子中有“以奇用兵”之语。《孙子兵法》中说：“凡战者，以正合，以奇胜。”对于奇正的概念，战国时的《尉缭子》中解释说：“正兵贵先，奇兵贵后。”曹操说：“正者为敌，奇兵从旁，击之不备也。”这些无疑把奇正的概念具体化了。

策贵用奇。“出奇制胜”是人们常常引用的一句成语，策划者无不十分推崇这一思想。奇在不意，用奇旨在“出其不意，攻其不备”，达成突然性，这也是策划的出发点和立足点。众人意料之中的计谋，也就不成其为策划。意外可以说是策划中最精彩也是最危险的领域。奇由正出，奇修于正。“修法而生法”正说明了这一点。先学法，后生奇。武术中的基本功，如同策划中说的“正”。“正”功练到家，临阵交战，才能运用自如，灵活多变，急中生智。用奇，在很大程度上是对“正”的应变。应变而奇，多变出奇，善变使敌不意。变法出自常法，“不知用正焉知用奇”。

唐代军事家李靖说得好：“善用兵者，无不正，无不奇，使敌莫测。故正也胜，奇亦胜。”这是说善于策划的人，没有不用“正”的，也没有不用“奇”的，或奇或正，使对方无以揣测，所以用正也胜，用奇也胜。讲奇正变化，就是讲策划的辩证法，使奇正互为对立、互为变化、互为统一。

需要补充说明的是：作为公共关系策划人员，要正确掌握奇的分寸，要明白“奇由正出”的含义，先学会别人都在做的事，再去想那些别人没有做的事情。

## 三、公共关系策划的程序

1. 策划动因的形成阶段

策划动因的形成大体有两种情况：

（1）主观上的动因，即组织不满足于现在的组织形象状况，主动出击，通过公共关系策划，重塑组织新形象。

（2）客观上的原因，即组织在生存和发展过程中，意外遇到新情况、新问题，使组织处于被动地位，组织不得不通过公共关系策划去解决，以扭转不利局面。

总之，策划动因很多，有的是直接动因，有的是间接动因。这些动因的形成，是引发组织公共关系策划的动力。没有这些策划动因，就不可能产生一系列的策划行为和过程。

2. 调查研究阶段

策划动因形成之后，组织就要开展调查研究。调查研究的内容包括两个方面：

（1）调查研究组织已有社会形象与自我期望形象之间的差距，主要调查组织的知名度和美誉度的高低。其主要项目有组织的服务方针、办事效率、服务态度、业务能力、管理能力、综合实力等。调查方法可采用普遍调查、典型调查和抽样调查。调查方式可采用问卷式、走访式、民意测验和新闻反馈等形式进行。

（2）调查研究策划对象（公众）的意愿导向。公共关系策划活动的对象是公众。通过对组织形象的调查，找到组织已有社会形象与自我期望形象之间的差距之后，还必须进一步研究问题出在哪些公众以及这些公众居住何方、意愿是什么、有什么要求、对哪些传播媒介感兴趣等。

3. 确定策划目标阶段

确定公共关系策划目标是调查研究的继续和深化，并为制订策划方案指明了方向，为评估检测策划方案提供了依据。一般说来，策划者应注意以下几个方面的问题：

（1）策划目标的确立一定要与组织总目标相一致。任何游离于组织总目标之外的公共关系活动都只能是画蛇添足。

（2）策划目标一定要明确具体。含糊抽象的策划目标往往会使人感到无所适从。

（3）策划目标一定要讲究实效。空洞、华而不实的目标只能使公共关系活动表层化、简单化，无法实现最终目标。

（4）策划目标一定要注意兼顾社会利益、组织利益和公众利益。互惠互利是一切公共关系活动的基本原则。

（5）策划目标应具有弹性。策划目标不能过高，也不能过于具体，应留有回旋的余地。

4. 设计、策划方案阶段

公共关系策划方案是策划者根据策划目标设计的公共关系活动流程、具体的项目安排与计划。

公共关系策划方案的设计应当采取总体设计、局部设计两个步骤。总体设计是指在确认问题、确立目标的基础上对公共关系策划未来的实施在技巧上、风格上进行全面详尽的安排，制定出公共关系策划项目的研究计划书。局部设计是以总体设计为基础进行的局部加工，它以项目研究计划书为大纲，进一步探索细节，深化研究并进行反复修改。

公共关系策划方案具体内容包括策划方案的主导思想、活动的主要项目、实施的手段及方法、具体的时间安排、经费预算、人员组成及分工等等。

5. 实施公共关系策划方案阶段

公共关系策划方案经有关部门及领导审批确定后，策划者还要和策划主体的有关人员一道组织实施策划方案。实施方案主要根据已经定型的策划方案逐步进行。组织实施方案并非轻而易举。在实际工作中，由于时间、地点、条件等诸因素不断发生变化，加之方案的设计不可能包罗万象、滴水不漏，其中难免出现这样或那样的矛盾或问题，因此策划者及实施者应根据实际情况及时应变，创造性地开展工作。

6. 策划活动效果的检测评估阶段

公共关系工作是个连续的复杂的系统工程。每一次公共关系活动的结束并非代表公共关系工作的完结，因为公共关系活动的实施或多或少地都会对组织形象产生一定的影响。作为活动的策划者，一定要了解这种影响是积极的还是消极的、影响范围多大、有哪些不足之处、怎样引以为戒等等。由上可见，公共关系策划活动的评估检测工作是必不可少的。

评估检测的内容包括策划目标的确立是否准确、目标是否实现、差距是否缩小、策划方案的实施方法是否有效、公共关系人员是否真正地按方案进行实施、领导者是否通力合作、公众的需求是否得以满足、公众是否支持与合作、经费预算是否合理、实施效果如何、还有哪些亟待解决的问题等。

## 四、公共关系策划的基本要素

进行公共关系策划时，应该重点把握以下基本要素和环节：

1. 目标确立

公共关系策划是一种大脑的思维活动，是一个积极寻求完美答案的思维过程。因而，公共关系策划应掌握一整套谋划的科学思路，或者说应当事前将公共关系策划的基本要素加以组合，在头脑里搭造一个严谨周密的思维构架，以避免凭经验和直觉办事的随意性和盲目性。

为此，我们在策划中应当首先关注的事项是：就实现组织的总体目标看，组织在公共关系方面是否存在什么问题。

所谓问题，就是组织公共关系现状距离公共关系工作准则呈现出的偏差。所谓发现问题，就是根据公共关系工作准则比较组织公共关系实际而确定出差距的过程。在公共关系发展的历史中，任何一个成功的策划，都是肇端于发现和提出问题。

对组织外部环境的调查和内部资源的审定,实际就是对主客观条件的了解。通过这个了解，去发现组织的公共关系问题所在，并由此提出组织的公共关系目标，就是公共关系策划要素组合的第一步。在确立组织公共关系活动的目标时，我们应注意以下几点：

（1）目标必须是具体的。目标不应是一个抽象的概念或空洞的口号，如"良好形象"或"真诚的奉献"。它应当是组织在内外环境条件下必须达到的实际结果，如"在某区域提升组织美誉度 5 个百分点"，"与内部公众的和谐度提高 3 个百分点"等。

（2）目标必须是可测量的。公共关系的知名度、美誉度这两大目标，均是可以测量的，因此，目标不应是模糊含混的。比如"使员工的参与意识得到极大提高"中，"极大"一词便是难以准确把握的，应是可以通过计算得到明确数据的结果，比如"使 80%的员工参与到本组织的这次活动中来"。

（3）目标应当是能够达到的。在确立目标时，必须考虑在组织现有条件下，能否解决问题、实现目标，能在多大程度上解决问题、实现目标。目标过高，必然导致失望和沮丧；不考虑自身条件的盲目蛮干，也只会以失败告终。

（4）目标必须要有时间限制。组织公共关系活动要实现的目标，必须是在规定的时间里应当达到的结果，既非远不可及，也不应遥遥无期。

确立公共关系策划目标的思路，大约是这样一个过程：通过调查研究获得组织内外环境与资源的大量材料，以材料去推断组织的优势与劣势、机会与风险、资源与条件；通过对这些推断的分析，找出组织的公共关系问题所在；再根据问题的轻重缓急，排出解决问题的先后次序，并提出和界定首要的问题；

然后通过对这一最重要问题产生原因的探索，寻出问题的症结，根据组织的特质和组织的需要，最后确立组织公共关系策划的目标。

2. 主题提炼

主题，指公共关系活动中联结所有项目、统率整个活动的思想纽带和思想核心。提炼公共关系活动的主题，是公共关系策划过程中一个极其重要的环节，它好比确定一部大型交响乐曲的主旋律。我们听过《命运交响曲》、钢琴协奏曲《黄河》、小提琴协奏曲《梁祝》，它们或气势恢弘，或奔腾激越，或哀婉凄绝，我们之所以能在脑海里留下深刻难忘的印象，就在于它们有风格各异、色彩鲜明的主旋律。能否提炼出鲜明突出的公共关系活动主题，主题能否吸引公众、抓住人心，可以说是公共关系策划成败的一个重要标志。为此而反复揣摩、推敲、提炼，"语不惊人死不休"，对于公共关系策划者来说，都是必要和值得的。

提炼主题，需要创意，但不能为提炼而提炼，故弄玄虚，故作高深。提炼和确定主题应当注意：

（1）目标的一致性。提炼主题，是为了更好地凸显公共关系目标，主题必须与公共关系活动的目标保持一致，主题必须服务于目标。偏离目标的主题，会给公众造成错觉，从而起到误导的作用，策划者不可不慎。

（2）主题的实效性。好的主题，不在于辞藻华丽、技巧娴熟，而在于产生的实效。主题的实效一是表现在是否合乎公共关系活动的客观实际，不能话说得好听实际却做不到；二是能真正打动公众心扉，切中公众心愿；三是要考虑社会效果，一味哗众取宠、迎合低级趣味的主题是要不得的。

（3）主题的稳定性。主题一经确定，就应贯穿公共关系活动始终，不得半途而废、中途改换，以免造成公众感知的混乱。

（4）主题的单一性。一次公共关系活动，只应有一个主题，一般不得出现多个主题。对于大型的综合性活动，虽然也可设计一些次主题，但不能喧宾夺主，造成主题的杂乱无序。这犹如交响乐曲一样，无论主题如何变化：对比、发展、再现，所有的手法都是为了烘托和突出主题，而不是削弱和破坏主题。

（5）主题的客观性。公共关系活动的主题，要展示公共关系精神、体现时代气息，不可商业化十足，也不宜宣传口号味太重。一句话，主观性不要太强，以免招来公众的反感。

3. 认定公众

组织公共关系活动目标的差异性，决定了公共关系活动对象的区别性。在公共关系策划过程中，我们必须要在组织的广大公众群中，根据实现目标的需要，去认定哪些是该项公共关系活动必须关注、交流和影响的目标公众。认定目标公众的方法一般为：

（1）以活动目标划定公众范围。例如，学校为宣传自己的办学成果而组织的人才交流会，其公众主要是应届毕业生、用工单位、新闻单位、毕业生家长、人才交流部门及部分教职工，非毕业班学生和他们的家长、政府机关、实习基地等则不是该次活动的目标公众。

（2）以组织实力划定目标公众。在公共关系实践活动中，有时组织需要面对的公众面极广，面面俱到则深感人力有限、经费不足，应付不过来。这时就应将有关公众按与组织关系的密切程度、影响的大小程度、相关事情的急缓程度等因素进行排队，选出最为重要的“部分”作为目标公众。这种划分主要强调的是重要性。

（3）以组织需要决定目标公众。例如，当组织出现形象危机时，目标公众应当首指组织的逆意公众和行动公众，以防危机的扩散和加剧。这种划分主要强调的是影响度。

其实，不同组织每次公共关系活动确定谁为目标公众，很难有统一的标准，基本的原则便是考虑组织目标、需要和实力三个方面的因素，由各组织灵活去决定。

4. 项目设计

所谓项目，即指围绕公共关系目标而确定的在不同时期进行的各种形式的活动。要实现公共关系目标，只有通过一个个公共关系项目的实施，去逐步接近，直至完成。没有公共关系具体活动的开展与公共关系项目完成，组织的公共关系目标就永无实现之日。

5. 时空选择

我国自古以来就有“机不可失，时不再来”、“机事之事，间不容发”的名言。“机”的含义很广，从普遍意义上看，凡牵涉事情成败的关键因素，都可以称作“机”。就公共关系策划看，也需要刻意去捕捉“天时”、“地利”，去充分地选择运用时间和空间。

（1）时机的捕捉。时机，简而言之，就是时间变化所带来的机会。从传播学角度说，是策划水准最为重要的衡量标志之一。时机的选择或捕捉，有两层意思：第一是捕捉时机要准确；第二是把握时机要及时。前者指的是：对那些可以预先选定的时机，一定要选准其“时间区间”；后者指的是：对那些预先不可选定、稍纵即逝的时机，要及时抓住，不可犹豫。一般说来，组织可预先选定利用的时机有以下几种：①组织创办或开业之时；②组织更名或与其他组织合作、兼并、资产重组之时；③组织周年庆典或周期性纪念活动之时；④组织内部改组、转型、品牌延伸之时；⑤组织迁址之时；⑥组织推出新产品、新技术、新服务之时；⑦组织新股票上市之时；⑧国际国内各种节日和纪念日之时；等等。组织需及时捕捉、稍纵即逝的时机主要有：①重大的社会活动和社会事件出现之时；②组织形象出现危机之时；③组织或社会突发性灾害爆发之时；

④国家或地方政府新政策出台或新领导人上台之时；⑤公众观念和需求发生转变之时；⑥组织经营出现困难之时；⑦国际国内政治经济大环境大气候转变之时；⑧组织内部资源条件发生变化之时；等等。时机具有不可逆转性，“难得者时，易失者机”，公共关系策划必须抓住不可复得的机会，迅速果断地采取对策。时机又具有机会的均等性，它公平地赐予每一个组织和公共关系策划者，就看你能否抓住它。谁先抓住它，谁就将在竞争中获得先机，谁就可能获得成功。那么，我们应当怎样去选择和捕捉时机呢？选择时机时，我们要注意：①尽量选择那些能够引起目标公众关注又具有新闻“苗头”的时机。②要善于利用节日，去做可借节日传播组织信息的项目；但又要学会避开节日，和节日毫无关系的活动项目不仅不能借节日之势，而且会被节日气氛冲淡效果。③尽量避开国内外重大事件。因为这时公众关注的焦点、热点是这些重大事件，组织的活动项目弄不好会毫不起眼。但国内外大事发生之时，又是组织借势之机，关键看你是否能借题发挥。④重大的公共关系活动不要同时开展两项以上，以免分散人们注意力，削弱或抵消应有的效果。⑤选择时机时，要考虑公众，尤其是目标公众参与的可能性，避开那些目标公众难以参与的时日。⑥选择时机时，要考虑媒介，尤其是大众传媒使用的可能性，避开那些因其他重要新闻而使组织信息上不了媒体的时日。⑦选择时机时，要考虑当时当地的民情风俗，尽量使组织的活动项目与这里的风土人情相吻合。我国是一个多民族国家，面对不同民族、地区的不同风俗习惯和宗教信仰，时机选择尤应慎重。

（2）空间的选择。公共关系策划，对于空间场景的利用非常必要。一方面应尽可能地考虑如何充分利用环境的有利条件，回避不利条件。比如对当地资源土特产利用、对地理和人文构成的旅游资源的利用、对特殊民俗风情的利用以及对恶劣气候条件的避开等。另一方面是尽量去选择便于公共关系活动实施的场所，具体应顾及以下几个方面：①空间大小：空间大小以活动参与者与活动所需物资的多少大小为转移。场地过大既是浪费也无美感，会使活动气氛显得冷清；过小则显得拥挤、混乱，也易造成事故。②空间位置：活动空间的地理位置很重要，选择位置要与活动内容相吻合，大型活动还要考虑与机场、港口、车站的距离。③空间环境：主要指公共关系活动场地周围的建筑环境、交通环境、生态环境等。④空间条件：主要指组织活动场所应当具有的基本设施和基本条件。比如通信设施、医疗急救条件、卫生条件、治安条件、文化娱乐条件、购物条件以及食宿条件等。⑤备用空间：主要指为防止各种因素或条件的偶然变化，策划时应对空间作一些应急和临时性变动的考虑。⑥空间审美：指的是公共关系活动地点场所给人的感官审美印象。它包括建筑的造型、布局和结构；场地设施布置与环境装潢；实物摆设与商品柜台设计；橱窗展示、展品陈列以及活动宣传现场广告的张贴、悬挂、放置等。

6. 选择媒介

组织公关工作可供选择的媒介很多，但要选择恰当才能事半功倍，取得良好的传播效果。选择传播媒介的基本原则是：

（1）根据组织公关目标选择传播媒介。各种媒介都有其特定的功能，能为组织形象塑造的某一目标服务。选择媒介首先应着眼于企业目标和要求。如果企业的目标是提高知名度，则可以选择大众传播媒介；如果企业的目标是缓和内部紧张关系，则可以通过人际传播与群体传播，采用会谈、对话等方式加以解决。

（2）根据不同对象选择传播媒介。不同的对象适用于不同的传播媒介，要想使信息有效地传送到目标公众，就必须考虑到目标公众的经济状况、教育程度、职业习惯、生活方式及他们通常接受信息的习惯等。比如，对经常加班加点的出租汽车司机最好采用广播；要引起儿童的注意和兴趣，制作电视节目和卡通片效果最好；对文化较落后又没有电视的山区农民则采用有线广播和人际传播；对喜欢阅读思考的知识分子，应多采用报纸、杂志等传播媒介。

（3）根据传播媒介特点和传播内容选择传播媒介。传播媒介的各种形式都有鲜明的特点和一定的适用范围，在选择媒体时必须首先了解各种媒体的优缺点。组织形象塑造过程中，应将信息内容和传播媒介的特点结合起来综合考虑。比如，内容较简单的快讯可以选择广播；对较复杂、需要反复思索才能明白的内容，最好选择印刷媒介，可以使人从容研读，慢慢品味；对开张仪式、大型活动的盛况，采用电视方式则生动、逼真，能产生非常诱人的效果。还需要注意的是，只对本地区有意义的信息就不要选用全国性的传播媒介；只对一小部分特定公众有意义的消息，就没必要采用大众传播媒介；而对个别的消费者投诉，则只需要面约商谈或通信往来。

（4）根据企业经济条件来选择传播媒介。俗话说："看菜吃饭，量体裁衣。"企业的经费一般有限，而越是现代化的传播媒介，费用越高，所以，成功的形象塑造策划，应该是选择适当的媒介和方式，以较少的开支争取最好的传播效果。

7. 经费预算

经费预算既是公共关系策划的"目标"，也是对实施经费开支的控制。策划中的精打细算，既可给实施带来事前心中有数的方便，也使决策者认可策划方案成为可能。美国内布拉斯加大学著名传播学教授罗伯特·罗雷在《管理公共关系学——理论与实践》一书中指出："公共关系活动往往由于以下原因归于失败：第一，由于没有足够的经费，难以为继，关键时刻不得不下马；第二，因经费不足，只得削足适履，大幅度修改原计划；第三，活动耗资过大，得不偿失。"这是我们策划时必须引以为戒的。公共关系活动的经费开支主要包括四大内容：

（1）日常行政经费。例如房租、水电费、电话费、办公室文具用品费、保

险费、报刊订阅费、交通费、差旅费、交际费以及其他通信费（如特快专递费等）、资料购置费和复印费等。

（2）器材设施费。如购置、租借或维修各种视听器材、通信器材、摄影（像）器材、交通工具、工艺美术器材，以及制作各种纪念品、印刷品、音像制品和各种传播行为所需的实物及用品。

（3）劳务报酬经费。包括组织内部公共关系人员的薪金或工资、奖金及其他各种福利费，组织外聘专家顾问的工时报酬（策划费用的高低，一般根据公共关系策划者名望水平、公共关系活动要求、规模和难易程度事先谈定）。

（4）具体公共关系活动项目开支经费。这笔费用的开支主要根据公共关系项目大小来确定。它包括宣传广告费、调查活动费、人员培训费、场地租用费、各种名目的赞助费以及办公、布展、接待参观的费用。与此同时，策划人员还应考虑活动的机动费用（一般占总费用的20%），以防意外突发事变。

公共关系经费预算是一件非常琐细而复杂的事，为了达到组织预期的公共关系目标，本着勤俭节约、精打细算的原则，要开列出详细的开支预算清单，要保证所有开支项目都是必要的、可检测的。在制作经费预算时，最好同时制定经费开支的办法和超支规定，以便在公共关系活动的实施中及时核对、控制开支并考查绩效。

8. 人员分配

再好的公共关系策划，最终是靠人去实施和完成的。因此，在策划时，就应对将来的实施人员作一个考虑和安排。对人员分配的策划，一般要考虑以下几个步骤：

（1）人员挑选。根据组织公共关系活动规模的大小、内容的繁简、层次的高低、经费的多少等因素，为达到活动开展的效果，首先要对活动实施的人员进行量和质的挑选。

（2）人员培训。对于选出的人，为保证策划方案的有效实施，在策划时便需要考虑如何对其进行培训，就策划目的、宗旨、方法技巧、应急措施等方面准备一套行之有效的培训计划。

（3）人员分工。策划中对于将来活动中的各个岗位，事先要对现有人才或培训人才作一个量才施用的考虑，尽量根据其过去的表现和经验，使人员分工能做到人尽其才，既能发挥特长，又能完成任务。

## 五、公共关系策划会

为了制订出富有创意的公共关系策划方案，组织经常要组织公共关系策划会。成功地组织好策划会是公共关系人员的一项重要工作。为此，要明确策划会的议程和组织策划会的技巧。

策划会也是一种会议形式。许多专家学者都在潜心研究如何提高会议的效率。日本人在这方面颇有心得，他们列出了一个会议成本公式：

会议成本 = 2A × B × C

其中，A 为平均小时工资的三倍；B 为参加会议的人数；C 为开会的时间。

这个公式告诉人们：会议成本是昂贵的，必须注意会议的效率。公共关系活动策划会需研究的问题一般比较多，而且较复杂，要求更具效率。

1. 群体组合策划模式

现代策划已经发展到必须综合多学科的阶段，策划已经从经验决策转向科学决策，从个体劳动转向集体智慧。如今，我们正处于知识密集的时代，任何一个人都难以掌握所有的知识，只有单方面或若干方面的知识是难以胜任一些大型策划的。比如要进行一项产品投资策略的策划活动，进行市场调查时，则需要专业的市场调查人士；拟订产品组合策略时，则需要工程技术人员和设计师、平面设计人员一同工作；进行市场推广的时候，则需要营销人员和公关、广告人员协同作业。所以说，群体策划是现代策划的一个重要特征。

群体策划是一种人才组合的集体策划形式，具体形式是：组成一个专门策划小组，然后由策划小组共同完成策划任务。策划小组的最佳形式是由多学科的成员组成，而且应该有经验丰富的第一线员工参与，这样才有利于知识、信息的互补，有利于思维的激荡。

策划小组的工作步骤可以归纳为 5 句话 20 个字：分头调研，共享信息，独立思考，小组讨论，专人提炼。策划小组的成员首先是分头搜集、整理、研究基本的调查资料；然后将个人搜集、整理、研究的初步成果向策划小组成员互相通报，形成第一次信息冲撞效应；每个人独立构思至一定程度，由项目召集人召开策划小组讨论会；最后由指定的专人将策划小组研究的成果整理在案，或者由不同的个人撰写不同的方案，形成多个方案。

策划小组的讨论会是脑力激荡的过程，会议上大家互相启发，十分有利于产生创造性的意见。有时一次会议未必就能产生期望的结果，就应重复前面的程序，然后再择日召开会议，直至有一个基本的结论为止。这是运用群体智慧的策划方式，其最大优点是知识互补和可以产生冲击思维的力量。在这种组合中，并未削弱个人智慧的作用：第一、三、五环节都充分发挥了个人智慧的作用；第二、四环节则形成了个人智慧与群体智慧的紧密结合。需要较高个人智慧的是策划小组的召集人，他同时也是策划项目的带头人。策划小组的成员，要有较高的素质，尤其是要具有专业知识，熟悉情况，有较好的逻辑概括能力、策划能力、表达能力和创新意识。

2. 策划会的会前准备

会议的准备工作是会议成功的最关键因素。要确立好会议的目标及议题，尤其是议题必须清晰。作为会议的组织者要印发议程，拟定出席人选，提前发出会议通知。策划会议一般以 5 ~ 7 人为宜，组织者要为与会者提供必要的参考资料。与会者要认真阅读有关资料，并认真思考，带着意见与会。会场布置以圆桌会议形式为好，方桌也可以。场内设置板书工具，恰当选择好会议直观材料，必要时应准备幻灯、投影、录像等设备。要进行的会前准备工作大体上有如下四项：

（1）拟定会议主题。会议的主题，即会议的指导思想。会议的形式、内容、任务、议程、期限、出席人员等，只有在会议的主题确定下来之后，才可以据以一一加以确定。

（2）拟发会议通知。拟发会议通知应包括以下各项：标题，重点交代会议名称；主题与内容，对会议宗旨进行介绍；会期，应明确会议的起止时间；报到的时间与地点，要特别交代清楚交通路线；会议的出席对象，如对象可选派，则应规定具体条件；会议要求，指的是与会者所需材料的准备与生活用品的准备以及有关差旅费报销和其他费用的处理问题。

（3）起草会议文件。会议所用的各项文件材料，均应于会前准备完成。其中的主要材料，还应做到与会者人手一份。最主要的会议文件材料——开幕词、闭幕词和主题报告需要认真准备。

（4）其他准备工作。要安排好与会者的招待工作。对于交通、饮食、住宿、医疗、保卫等方面的具体工作，应精心、妥当地做好准备。

要布置好会场。不应使其过大，以至于显得空旷无人；也不可使之过小，以至于拥挤不堪。对必用的音响、照明、空调、投影、摄像设备，事先要认真调试。会议所需的文具、饮料，亦应准备齐全。

要安排好座次。主席台上的座次，我国目前的排列习惯是：前排高于后排，中央高于两侧，左座高于右座。凡属重要会议，在主席台上每位就座者面前的桌子上，应事先摆放好写有其本人姓名的桌牌。听众席的座次，目前主要有两种排列方法：一是按指定区域统一就座，二是自由就座。

在会议进行阶段，会议的组织者要做的主要工作是进行例行服务。在会场之外，应安排专人迎接、引导、陪同与会人员。对与会的年老体弱者，还需进行重点照顾。此外，必要时还应为与会者安排一定的文体娱乐活动。在会场之内，则应当对与会者有求必应，闻过则改，尽可能地满足其一切正当要求。

精心编写会议简报，举行会期较长的大中型会议，依例应编写会议简报。首先，必须认真做好会议记录。凡重要会议，不论是全体大会，还是分组讨论，都要进行必要的记录。会议记录是由专人记录会议内容的一种书面材料。会议名称、时间、地点、人员、主持者等均记录在内。

3. 策划会的主要环节

（1）会议气氛。策划会议应力求营造活跃、平等的气氛。活跃的气氛有利于活跃思维和脑力激荡；平等的气氛有利于与会成员的发散性思维。必要时可以设置会议饮品，有利于活跃气氛。会议气氛的形式，一方面是布置会议室时刻意营造的，另一方面是主持人凭借主持技巧营造的。

（2）会议秩序。对于会议组织者而言，无不希望有良好的会议秩序。小型会议特别是企业内部会议的秩序基本不用控制，但大型会议，秩序的控制就显得很重要。大型会议可以采用代表证或者入场券方式控制。如果需要保密，代表证可以特制，可加上代表的数码身份照片。此外，还可在会场入口处安排保安人员。

（3）茶歇。茶歇对于一般的大型会议而言可能不需要，中、小型会议，特别是公司或者组织的高层会议，会间茶歇是很重要的。茶歇就是为会间休息兼气氛调节而设置的小型简易茶话会，当然提供的饮品可能不限于中国茶，点心也不限于是中国点心。通常，茶歇的准备包括对于点心、饮品、摆饰、服务及茶歇开放时间的要求等，一般不同时段可以更换不同的饮品、点心组合。茶歇大致上的分类是中式与西式。中式的饮品包括矿泉水、开水、绿茶、花茶、红茶、奶茶、果茶、罐装饮料、微量酒精饮料，点心一般是各类糕点、饼干、袋装食品、时令水果、花式果盘等。西式饮品一般包括各式咖啡、矿泉水、低度酒精饮料、罐装饮料、红茶、果茶、牛奶、果汁等，点心有各类甜品、糕点、水果、花式果盘，有的还有中式糕点。

（4）摄影、摄像安排。根据会议的级别和要求，需要安排专业的摄影、摄像人员对会议进行全程拍摄，拍摄以后还需要考虑是否将资料制作成光盘分发给各位与会代表。

（5）主持技巧。主持人是策划会取得成功的一个关键因素，主持人应是策划项目的领头人。主持人在会议进行中要简洁明了地告知会议目的及要解决的问题，阐明会议的原则，营造并保持活跃的气氛。他一定要时刻把握会议的进展，尤其要把握会议的主题，保证会议议题不会走偏，并能够及时鼓励、引导与会者发言，及时捕捉一些好的构想，及时引导与会者相互利用议题激发出新的构想。主持人要安排专人做好记录，各种构想由记录员予以编号并写在白板上，让与会者可以一目了然。记录员会后要整理好各人的构想，既作为档案备份，又可为今后的策划提供参考。会议结束时，主持人应该有一个小结，确认会议最后的研究结果。会议主持人在主持中还要明确以下事项：

①会议主持人务必做的事项。会议主持人要严格遵守会议的开始时间，不迁就迟到者；要在开头就议题的要点做简要的说明；要把议题的进行顺序与时间的分配方案预先告知与会者；要引导大家在规定时间内作出结论；必须延长

会议时间时，要取得大家的同意并明确延长的时间；要把整理出来的结论交由全体人员表决确认；要把决议付诸实施的程序整理成文，并加以确认。

②会议进行中会议主持人须密切注意的几个问题。发言内容是否偏离了议题？发言者的观点是否出于个人对利害关系的考虑？全体人员是否都在专心聆听发言？发言是否过于集中于少部分人？是否有从头到尾都没发过言的人？某个人的发言是否过于冗长？发言的内容是否正在朝着清晰、明确的方向推进？以上问题主持人须加以密切注意。

③会议主持人的十大禁忌。具体是：在发言时不可长篇大论，滔滔不绝（一般应以 3 分钟为限）；不可从头到尾保持沉默；不要谈到抽象论或观念论；不可对发言人吹毛求疵；不要漫无边际，离题万里；一般不打断他人的发言；不可不懂装懂，胡乱发言；不引用不确切的资料；不谈期待性的预测；不要中途离席。

（6）对与会人员的要求。一般而言，与会人员在出席会议时应当严格遵守会议纪律，主要有以下内容：规范着装；严守时间；维护秩序；专心听讲。

（7）会议规则。会议效率不但取决于主持者，还取决于与会者，因此，与会者要遵循一定的规则：准备好记录卡片或记录纸，以便及时将构想记录下来，散会后交给记录员；想到的构想要立即提出来，即使其本身没有什么价值，有时也可以启发他人提出有价值的构想；发言要简单明了，一般只提出主要构想即可，无须论证，切忌长篇大论地进行论证；各人独自自由畅想，不要私下交谈，否则会降低会议效率；不要私下评议别人的构想；发言要一个接一个，不要冷场，最好形成按顺（逆）时针顺序发言的习惯，以形成压力。轮到的发言人实在没有构想，可暂时跳过，轮完一圈再来一圈，如此反复，直至问题有了初步结论。会议一般分为两个阶段：第一阶段为发散性思维阶段，与会者自由畅想，发表意见；第二阶段以一个基本认定的构想为前提，可以集中精力有针对性地进行思考后再充分发表意见。

（8）对最后提案进行评价。对策划会最后形成的提案，要有一个评价的过程，一方面是尽可能完善既定的提案；另一方面是尽可能运用系统的、科学的分析方法进行缜密的评估。基本的评价方法是：从社会制约因素的角度加以审核，排除法律上、道德上不允许的因素；对其中涉及的主要概念进行充分论证；效果评价；可行性评价；以一定的逻辑概念审视整个构想的排序。

## 六、公共关系策划方案的撰写

公共关系策划方案，指以书面文字形式确定下来的策划者头脑里的构思和创意。整个策划的思维过程，最终是以策划方案的形式加以条理化和系统化。所有的灵感和创意，都将在策划方案中被具体细化为可供施行的方法和步骤。就连公共关系活动的最后结果，也将预先在策划方案中进行展示。

1. 公共关系策划方案的构成要素

公共关系策划方案当无定式，策划者一般根据实际的需要和自己的文笔风格来撰写。但无论方案形式、内容有着如何的差别，理应包容的基本要素都不可或缺。

一份完整的策划方案应当具备 5W、2H、1E：

What（什么）——策划的目的、内容。

Who（谁）——策划组织者、策划者、策划所涉及的公众。

Where（何处）——策划实施地点。

When（何时）——策划实施时机。

Why（为什么）——策划的缘由。

How（如何）——策划的方法和实施形式。

How much（多少）——策划的预算。

Effect（效果）——策划结果的预测。

上述八个要素组合即一份完整的公共关系策划文案应当具备的基本要素。针对不同组织的不同内容与形式的公共关系策划方案，应当围绕着这八个要素，根据自己的需要去进行丰富完善和组合搭配，公共关系策划方案的创意与个性风格，就存在于对要素的丰富完善和组合搭配的差异之中。

2. 公共关系策划方案的基本格式

公共关系策划方案的基本格式，大致包括下列五项：

（1）封面。策划方案的封面不必如书籍装帧那样去考虑其设计的精美，但文字书写及排列应大小协调、布局合理，纸张只要略比正文厚些即可。封面内容一般包括：①题目。题目必须具体清楚，让人一目了然。②策划者单位或个人名称。方案如系群体或组织完成，可署名“某某公共关系公司”、“某某专家策划团”或“某公司公共关系部”，对其中起主要作用的个人也可在单位名称之后署名，如“总策划某某某”、“策划总监某某某”等。方案如系个人完成则直接署名：策划人某某某。③策划方案完成日期。写明年月日甚至时。④编号。比如根据策划方案顺序的编号，根据方案的重要性或保密程度的编号或根据方案管理的分类编号等。⑤在需要的情况下，可考虑在封面上简洁地加上说明文字或内容提要。⑥如策划方案尚属草稿或初稿，还应在标题下括号注明，写上“草稿”、“送审稿”、“讨论稿”、“征求意见稿”等字样。如果前有“草稿”，决策拍板后的策划方案就应注明“修订稿”、“实施稿”、“执行稿”等字样。

（2）序文。并非所有策划方案都需加序，除非方案内容较多、较复杂，才有必要以简洁的文字作为一个引导或提举。

（3）目录。这也如序文一样，除非方案头绪较多、较复杂，才有做目录的必要。目录是标题的细化和明确化，要做到让读者通过看标题和目录后，便知整个方案的概貌。

（4）正文。正文即是对前述八个要素的表述和演绎。其主要内容有：①活动背景分析；②活动主题；③活动宗旨与目标；④基本活动程序；⑤传播与沟通方案；⑥经费概算；⑦效果预测。正文的写作需要周到，但应以纲目式为好，不必过分详尽地去加以描述渲染，也不要给人以头绪繁多杂乱或干涩枯燥的感觉。

（5）附件。重要的附件通常有：①活动筹备工作日程推进表。②有关人员职责分配表。③经费开支明细预算表。④活动所需物品一览表。⑤场地使用安排表。⑥相关资料。这主要是提供决策者参考的辅助性材料，不一定每份方案都需要，例如完整的或专项的调查报告、新闻文稿范本、演讲词草稿、相关法规文件、平面广告设计草图、电视片脚本、纪念品设计图等。⑦注意事项。即将策划方案实施过程中应当注意的事项作重点集中的提示。比如完成活动需事前促成的其他条件、活动实施指挥者应当拥有的临时特殊权限、需决策者出面对各部门的协调、遇到特殊情况时的应变措施等。

## 第三节　公共关系实施

公共关系实施是指社会组织为了实现既定公共关系目标，充分依据和利用实施条件，对公共关系创意策划进行实施策略、手段、方法设计并进行实际操作与管理的过程。

公共关系实施是解决公共关系问题和实现公共关系目标的重点环节。只有通过扎实、有效的实施工作，才能直接地、实际地、具体地解决问题。即使是完美无瑕的公共关系策划，如果不经过实施，而是束之高阁，也只能是毫无意义的“纸上谈兵”。

公共关系实施决定了公共关系策划创意能否实现，以及实现的程度和范围。有效的公共关系实施，不仅能执行策划创意，而且能创造性地修改和弥补策划的不足。这时的实施活动，表现为实施人员能够选择最有效的实施途径和手段、方法和技巧。失败的公共关系实施，不仅不能实现策划创意，有时还可能使策划方案中想要解决的问题更加恶化，甚至完全与目标背道而驰。从这个意义上说，实施这个环节不仅决定了策划创意能否实施，而且也决定了策划创意实现的效果。

公共关系实施的结果是后续公共关系策划的重要依据与起点。任何一项公共关系策划的实施过程不论成功与否，它都会在社会上造成一定的影响和后果，进行新一轮的公共关系策划必须要以此为基础，针对新出现的问题策划新的方案，这是公共关系策划的继承性和可持续性规律的客观要求。

## 一、公共关系实施的特点

1. 艺术性

公共关系实施的艺术性包括两层含义：其一是公共关系实施要勇于创新。同一公共关系策划方案的实施策略、手段、方法很多，要突破常规，别具一格，标新立异，以奇制胜，设计出竞争对手意想不到的、传播效果最好的操作手段和方法。其二是公共关系实施在于攻心。目标公众具有不同的心理，比如性别心理、年龄心理、职业心理、专业心理、地域心理、血型心理、民族心理、宗教心理、情感心理等，要针对目标公众的特定心理来设计与操作实施策略、手段和方法。因此，公共关系实施的过程是创新与攻心的过程。

2. 文化性

公共关系实施的策略、手段、方法具有鲜明的、浓郁的文化色彩。许多传统文化和现代文化成为公共关系实施可利用的重要资源。随着社会进步和人们物质消费水平的不断提高，特别是随着知识经济时代的到来，物质文化化、消费文化化、生活文化化和经济文化化成为现代社会生活的一大趋势。从某种角度来说，现代物质消费就是文化消费，现代生活就是文化生活，因此，公共关系实施手段、方法要体现一种文化品位，迎合公众的文化追求，用文化的力量去感染公众。没有文化品位的操作方法和手段是低层次的公共关系实施行为。

3. 情感性

公共关系实施的过程常常表现为一种感情交流的过程，感情手段成为公共关系实施中基本的、常用的手段。要注意研究和利用公众的感情心理和感情倾向，重视感情投资，以情感人、以情动人、以情服人。让公共关系实施行为充满感情，这是公众的客观需要，也是公共关系的生命根基。

4. 形象性

公共关系实施的策略、手段与方法必须具有良好的公众形象和社会形象，以此赢得公众和社会的信任与喜爱。这是由公共关系注重塑造良好形象属性所决定的。

5. 关系性

公共关系实施以建立和协调组织与公众的良好关系为基础，一切有利于建立良好公共关系的协调手段、交际手段和游说方法均是现代公共关系实施手段与方法的重要内容。要建立、巩固与发展广泛的关系网，遵循“养兵千日，用兵一时”的关系网运作原则，使关系网成为公共关系实施的重要路径。要正确应用交际方法和交际手段，善于与公众打交道，以便顺利完成公共关系任务，实现公共关系工作目标。

6. 传播性

公共关系实施的过程就是组织与公众之间的双向信息沟通过程。各种传播媒介都是公共关系信息传播载体，各种传播方法都是公共关系实施的方法。要把人际传播媒介、组织传播媒介、大众传播媒介以及各种综合性传播媒介有机结合使用，熟练掌握其使用技法，以实现公共关系整合传播的最佳双向沟通效果。

## 二、公共关系实施的原则

公共关系实施是一个复杂而科学的过程，客观上需要有一套科学的实施原则作指导。公共关系实施原则是公共关系实施的工作准则，是公共关系管理者（领导者）和操作者在错综复杂的实施环境中，排除各种实施困难，完成公共关系实施各项工作，实现公共关系目标的成功法则。

1. 准备充分原则

在正式实施公共关系策划方案之前，必须做好各种实施准备。实施准备是公共关系实施成功的基础和前提条件。准备越充分，公共关系实施就越顺利，失误就越小。绝对不能打无准备之仗。在正式实施策划方案之前，要用足够的时间做好各种准备工作。公共关系实施的管理者和操作者要严格、准确地检查每一项准备工作。要建立“准备工作责任制”，把各项准备工作落实到具体的人，负责到底。

2. 策划导向原则

所谓策划导向原则，就是公共关系人员必须严格按照既定的策划方案进行工作。包括目标导向、策略导向和实施方案导向。

目标导向要求公共关系人员在公共关系方案实施过程中，不断将实施结果与目标要求相对照，发现差距，及时努力，务必实现目标。策略导向要求公共关系人员必须按既定策略思路去执行实施方案。策略指导实施行为，是实施行为的主题思想。实施方案导向要求公共关系人员严格按照实施方案开展实施工作。各项具体工作内容的实施方法是公共关系策略和公共关系目标的实现目标，应当熟练掌握与应用，并在应用中创造更有效的实施方法。

3. 控制进度原则

控制进度原则就是必须按照公共关系实施方案中各项工作内容实施时间进度的要求，随时检查各项工作内容的完成进度，及时发现滞后（或超前）的情况，搞好协调与调度，使各项工作内容按计划协调、平衡地发展，并确保按时完成。

控制进度原则要求做好预测和及时发现各种可能影响实施工作进度的因素的工作，针对关键原因采取有效的预防和应急措施。

4. 整体协调原则

这是指在公共关系实施过程中，要使各项工作内容之间达到和谐、合理、配合、互补和统一的状态。公共关系实施是一项系统工程，各项工作只有相互有机配合才会达到整体最佳。各自为政，相互矛盾，只能增加内耗，严重时必然导致公共关系实施的失败。总和行动的一致，保证实施活动的同步与和谐，做到统一意志、统一指挥、统一行动，提高工作效率与效果。

5. 反馈调整原则

反馈调整原则是指通过监督控制及时发现公共关系实施中的方法偏差甚至错误，并及时进行调整与纠正。由于各种因素干扰，或由于实施人员的素质问题，不按照既定工作方法实施的情况时有发生。由于策划设计错误，或由于实施环境突然发生变化，原来设计的实施方法无法操作，这些都是实施中的严重问题。要建立一种灵敏的监督反馈机制，快速发现问题征兆，并立即采取有效措施调整实施方法。

## 三、公共关系实施的方案设计

公共关系策划的主要成果是产生了一个（或一组）公共关系策略和点子，即公共关系创意，确定了主要的公共关系工作手段与策略（例如形象塑造手段与策略、传播沟通手段与策略、关系协调手段与策略），并进行了总体预算，但是没有公共关系策略、点子及其所选手段与策略的详细操作方案，而这正是公共关系实施方案要解决的问题。公共关系实施方案又称公共关系技术方案或公共关系策划的实施方案。其核心内容是公共关系策略、点子的具体操作方法。同样的策略、点子，不同的操作方法可能产生不同的效果。因此，公共关系策略、点子的具体操作方法也需要进行精心策划与设计。

1. 设计实施内容

一种公共关系策略（或一个公共关系点子）的实施，往往要做多方面的工作。我们把“一个方面的工作”叫做一个工作项目，这是一级工作项目。一级工作项目又可分解为若干个二级工作项目（即更小的工作项目），二级工作项目同样可分解为若干个三级工作项目，直到不能再分解为止。我们把不能再分解的最后一级工作项目称为工作内容。

2. 设计实施方法

公共关系实施工作要求是指各项公共关系实施工作内容的操作目标、原则和注意事项，它对具体工作方法设计和实际工作过程具有重要的指导作用。因此，在公共关系实施工作内容设计完成后，就要对每项工作内容提出要求，根据这一要求设计具体工作方法。对工作项目只存在分解方法（分解为更小、更细的工作项目的方法），而不存在操作方法。公共关系实施工作方法的策划设计要符合以下原则：

（1）工作方法的设计要具体、仔细、实在，工作量要小，尽量简单，具有

较强的可操作性。

（2）工作方法的形象要好，成本要低。

（3）完成工作任务（内容）和实现策略（点子）的可靠性要高，防止“实现功能不足”。

（4）必要时进行多种方法组合，有利于增加完成工作任务和实现策略（点子）的把握度，但要防止“实现功能过剩”，以免造成实施成本增加。

（5）要为有风险的操作方法设计备用方法，确保万无一失。

（6）工作方法要符合目标公众心理，符合政策法律和各种社会风俗习惯、伦理道德。

从理论上讲，完成一项工作内容的具体方法很多，但实践中可寻找的方法却是有限的。要深入调查分析组织自身和实施环境所提供的各种实施条件和产生的实施制约，针对目标公众的公共关系心理，寻找和策划出多种工作方法，反复比较论证，从而确定出能圆满完成工作任务（工作内容）、达到甚至超过工作目标的相对最佳的工作方法。

3. 选择实施时机

这是指能够使公共关系实施获得最佳效果的开始工作时间和结束工作时间。在现代社会，时间就是金钱，时间就是生命，时间就是效率。不善于利用时机，事后即使投入更大的力气，也无法收到好的公共关系实施效果。

公共关系实施的最佳时机，有时表现为一刻、一时、一日，有时也表现为一个较长的时间段，如几日、几周甚至几个月等。这些时机，有的是日常性的，有的是固定的，而有的则具偶然性。一项公共关系创意的实施，往往有若干项工作内容，其中，与公众发生关系的工作内容的实施开始与结束时间特别重要，必须准确把握，科学决策。

4. 确定实施进度

这是在确定公共关系实施时机后，对各项公共关系实施工作内容所需的时间规定并进行时间进度安排。必须保证在所确定的最佳开始时间启动有关工作，在最佳结束时间完成操作。实施时间进度安排，要充分估计各种因素的干扰，要留有余地。最直观的时间进度安排方法是拟出时间进度表。

5. 确立实施流程

公共关系实施各项工作内容之间存在着一种客观的分工与协调关系。只有合理分工、有机协调，才能保证各项工作的顺利完成。我们把公共关系实施各项工作内容之间的衔接、协调和配合关系及其有机组合的过程称为公共关系实施流程。它反映了各项公共关系工作内容之间的一种内在的联系规律，是公共关系实施作为一项系统工程的体现。

公共关系实施流程中的时间衔接、分工协调和有机组合关系通过流程图来表示，并配以文字说明。

流程图的文字说明，主要是对各项工作之间的协作关系、责任关系进行规定，必要时形成一种制度。一定要防止彼此责任不清、相互扯皮、“踢皮球”等情况发生。否则，将严重影响实施工作进度和质量。

6. 进行实施预算

在公共关系策划工作中，已对所选择的传播媒介操作等活动经费做出了总体预算，这是进行公共关系实施工作预算分配的依据。将公共关系策划的总体预算经费合理分配到公共关系实施的各项工作内容中去，以保证各项工作开支需要，这就叫公共关系实施预算分配。

一般说来，公共关系策划工作中的经费预算只做到一级工作项目预算，也只能做到这一级预算。因为，这时的详细工作内容及其工作方法尚未策划设计出来，所以不可能做到具体预算。

公共关系实施工作预算分配的结果应表述于公共关系实施时间进度表右侧，这样一目了然，便于了解与管理。

需要提醒的是公共关系策划中的一级工作项目经费预算（或总体经费预算）是留有余地的，目的是防止意外工作增加或策划不周遗漏工作而造成经费不足。留有余地仍然是具体工作内容预算分配的原则，这主要表现于不要把一级工作项目预算的经费分配完，一般需要留下5%～10%的经费备用。

7. 安排工作机构人员

组织的公共关系实施主体有三种：组织内部公共关系部（或相关机构）、公共关系公司和公共关系社团。不管是哪种操作主体，都必须建立项目公共关系实施机构，配备得力的实施人员（包括实施领导和操作人员）。实施人员的素质与能力十分重要，优秀的实施人员不仅能顺利完成工作任务，而且能修改完善实施方法，弥补实施方案的不足。

所谓公共关系实施机构，是指为完成某一项公共关系任务、实现公共关系目标而建立的专门组织。规模较大的公共关系活动实施，其机构具有多层级特点，从低级层次到高级层次，人数依次减少，权力依次增大，形成“金字塔”式的稳定结构。应按照精简、统一、节约、效能的要求来构建公共关系实施机构。一般应以领导中心机构为核心，下设智囊机构、执行机构、监督反馈机构。其中，领导中心机构是决策角色，人员要少而精，办事效率要高；智囊机构作为领导决策的参谋部门，其组成人员应具有科学分析问题的能力以及较宽的视野和战略眼光；执行机构作为实施方案的具体操作部门，其组成人员应具有较强的指挥、协调、组织、交际和操作能力；监督反馈机构作为保证和检查实施的部门，其组成人员要有敏锐的洞察力、实事求是的科学态度和强烈的责任观念。公共关系实施机构设置的程序是：①明确指导思想，确定组建机构的目的和任务。②制定编制方案。根据领导机构的任务和工作量，确定部门、职务和人数，规定每个岗位的职责。③确定领导体系。明确纵向隶属关系和横向协作关系。④报批机构编制方案。⑤任命领导人和安排工作人员。

一定要将每一项工作内容落实到具体人员。一项工作内容安排两个以上人员操作时，要确定一个负责人，并进行相对分工。一个人负责多项工作时，要考虑工作之间的依存关系，使其运作起来高效、方便。每一项工作内容的实施人员姓名表述于公共关系实施时间进度表右侧。

8. 建立规章制度

要依据公共关系职业准则和组织中有关规章制度，以及公共关系实施的具体情况，制定出各项公共关系实施的工作进度。

组织的公共关系部（或公共关系公司、公共关系社团）都建立有具有共性的公共关系人员行为准则和公共关系实施制度，这是任何一次公共关系活动都必须遵守的工作制度。但就某一项公共关系活动来讲，其实施具有特殊性，应根据这种特殊性，制定出特殊的工作制度作为补充。这些工作制度涉及如下内容：①职业道德；②信息保密；③经济关系；④行政关系；⑤分工协调；⑥交际形象与礼仪规范；⑦请客送礼；⑧奖罚机制；⑨危机处理（紧急处理）；⑩差旅出勤。

9. 实施人员培训

在公共关系方案实施之前，对实施人员进行一定的培训是很有必要的。这种培训的主要内容是实施工作制度教育和操作方法学习与研讨。

公共关系方案实施工作制度的教育，除了让大家明白各种规定及其意义外，特别要对特殊规定、容易违反的规定进行重点说明与强调。配合制度教育，反复灌输组织文化与理念，提高实施人员的思想与道德素质，增强其抵御腐蚀的能力。

要组织实施人员认真学习研讨公共关系方案实施工作内容的操作方法，反复体会，彻底弄懂，决不含糊。很重要的方法，可通过讲解、讨论、答辩、模拟训练来促使实施人员正确掌握。有使用风险的方法要反复做模拟演习，切实提高操作的把握度，把失误率降至最低限。很重要的工作内容的实施，除了第一工作方法外，还配有第二工作方法甚至第三工作方法作为第一工作方法失败时的备用方法。备用方法的启用规定及其操作技能必须重点掌握。重要工作内容的第一工作方法如果是两种以上方法组合，其相互配合关系也是学习研讨的重点。

## 四、公共关系实施的障碍分析

尽管公共关系计划实施方案是经过认真论证（可行性论证）的方案，但由于实施主体、客体和实施环境存在着许多意想不到的实施障碍因素，由于同一种实施方案要在多种实施环境（如不同区域市场、不同时间市场、不同社会条件等）同时或先后实施，公共关系计划实施常常会遇到意想不到的困难，严重时会使公共关系计划实施夭折。因此，较为重要、涉及范围大、影响大的公共关系计划实施，有必要对实施方案的实施障碍因素进行调查，并通过方案的局部（小范围）试验，进一步了解、认识实施障碍因素，寻找和设计排除障碍因素的途径与方法，取得成功实施的经验，以利于全面推广。影响公共关系实施的因素是众多而复杂的，一般说来有三种类型：实施主体障碍、实施沟通障碍、实施环境障碍。

1. 实施主体障碍

这是来自于实施主体自身的影响因素。产生这种障碍的主要原因是组织的人员素质、管理水平、策划与论证存在问题与失误。

（1）实施人员障碍。主要有：公共关系计划实施人员违反实施制度，工作不认真负责，没有积极性，职业道德素质和工作能力欠佳；实施人员心情不愉快，身体健康状况差（甚至突然生病）；实施人员之间关系紧张，工作不协调。排除来自于实施人员的障碍，关键是选择优秀的实施人员并进行严格培训，建立一套有效的激励机制和约束机制。

（2）公共关系策划的目标障碍。主要有：目标不明确，不具体；目标过高或过低；目标的实现条件不具备；目标不符合目标公众和社会利益；公共关系目标之间相互矛盾；公共关系目标没有服从于组织总体目标；公共关系目标与组织内部其他工作目标矛盾；近期目标与长远目标矛盾。在做公共关系目标策划时，一定要征求各方面的意见，要形成目标共识；要对目标进行可行性论证（甚至进行不可行性论证），切实确立出正确、明确和具体的公共关系目标。

（3）公共关系策划的创意障碍。主要有：公共关系策略、点子不符合公众心理需要和行为规律；策略、点子的传播力、感染力、冲击力和吸引力不够，难以打动公众之心；目标公众和竞争对手不明确；策略、点子的针对性不强；各种策略、点子之间难以耦合（存在矛盾或相互关系不密切）；策略、点子的可操作性差，实施风险大。减少创意障碍，提高公共关系策略、点子的质量，关键在于提高策划素质，充分利用组织内外策划专家，集思广益，应用创造技法。特别需要注意，如果公共关系调查工作失误，依据错误的调查结论来做公共关系创意，这样的策略、点子必然也是错误的。

（4）公共关系策划的预算障碍。主要表现为经费预算不足，造成公共关系实施经费短缺。要了解开支标准，反复测算，并留有充分余地。尽管如此，有时也会出现超过"余地"的经费开支，只要是实事求是的，又是必要的，追加经费也是应该的。

（5）公共关系计划实施方案障碍。主要有：工作内容实施方法不正确；各种工作内容之间配合不好；公共关系计划实施时机决策失误；工作进度安排不科学；预算分配不合理；公共关系计划实施组织不健全，人员配备不合理；公共关系计划实施制度不完善、不具体。公共关系计划实施方案要由具有实施经验、实施能力强、管理能力强、责任心强、忠诚的公共关系人员来设计，要多征求各方面意见，力求实施方案科学、适用、有效、节约。

2. *实施沟通障碍*

公共关系沟通指在组织与公众之间展开的某种程度的交流。它通过语言、文字或其他方式的相互作用，引起公众思想或观点的变化。但公共关系实施过程中的沟通并不是一帆风顺的，常常会出现各种不利因素使沟通受阻，从而形成沟通障碍。常见的沟通障碍大致有以下几种：

（1）语言文字障碍。语言文字与思维不可分离，是人类特有的表达方式。人们只有借助语言文字才能完整地表达情感、交流思想、协调关系，它是人类最重要的沟通工具。然而，语言文字又是一种极其复杂的工具，掌握和运用它也绝非易事。由语言文字所引起的沟通障碍随处可见。比如，一位非洲朋友来到一家中国民航的宾馆，他用法语表示他要求住一个单间，并说“我是部长”。由于服务员只懂几句常用的法语，对“部长”这一关键性词语不熟悉，因而闹得很不愉快。这种语言上的差异，造成了沟通中的障碍。同样，语义上的差异也会造成这样的障碍。

同时，由于沟通者和沟通对象受教育程度的不同，在语言文字使用范围或表达上也会造成障碍。比如，在面向广大农民的产品使用说明书中，如果“之乎者也”地来一通，效果就会很差。

（2）习俗障碍。习俗是在一定文化历史背景下形成的具有固定特点的调整人际关系的社会因素，包括道德、礼仪和审美等等。习俗虽不像法律那样具有强制力，但它往往迫使着人们要入乡随俗。因忽视习俗因素而导致沟通失败的事例也屡见不鲜。比如，你为西方来宾安排门牌号为 13 的房间，便会使其不满，因为 13 在西方人看来是不吉利的数字。又如，德国一位工程师到日本磋商合作问题，当他提出自己意见时，日本对手微笑频频点头。他回德后满怀期待地等了 3 周，却得到了意料之外的回声——他的意见遭到否定。他实在不知，日本人的点头微笑是礼貌的表示，绝非同意的表示。

（3）心理障碍。当沟通对象对沟通者轻视、不信任或者紧张、恐惧时，就会拒绝接受或曲解所传递的信息内容，从而影响沟通。比如，在谈判中，如果双方感情用事，为了各自的利益而争吵不休，就会使谈判破裂。又如，某地生产假酒曝光后，人们甚至对该地所在省的其他白酒也产生了怀疑，进而一度拒绝购买酒类产品。

（4）年龄障碍。不同年龄的人有不同的内心世界、不同的价值观、审美观和不同的要求，从而对事物形成不同的看法。年轻人愿意接受新事物、赶时髦，因此他们愿意接受有关新事物、新问题的信息；老年人对有关传统的事情、方法、手段的信息更乐于接受。从而形成了一种倾向，即人们乐于接受与其原有认识或态度相一致的信息，而回避或拒绝与其原有认识或态度相矛盾的信息。比如，年轻人喜欢具有现代感的组织形象，而老年人则喜欢“百年老店”。

（5）观念障碍。观念由一定的经验和知识积淀而成，是一定社会条件下人们接受、信奉并用以指导自己行动的理论和观点。观念本身是沟通的内容之一，同时又对沟通有巨大作用。有的观念能促进沟通，有的观念则会阻碍沟通。比如，封闭观念就排斥沟通，因其观念源于小农经济，缺乏社会性。“酒香不怕巷子深”就是典型的一种。

3. 实施环境障碍

公共关系方案是在一种复杂多变的社会环境、市场环境中实施的，因此环境中各种因素会从正面（促进）和反面（制约）影响实施工作。公共关系实施环境障碍是指来自于实施环境的各种制约因素、对抗因素、干扰因素。这些障碍因素有如下类型：

（1）政治环境制约因素。政府的有关政策、法规的管制，以及政治形势、政策变化的影响。

（2）经济环境制约因素。经济体制、经济政策与经济形势的影响。

（3）社会文化环境制约因素。传统的民族文化、区域文化、宗教文化以及各种现代文化的影响。

（4）科技环境制约因素。各种新知识、新技术、新工具、新材料、新产品、新能源等的影响。

（5）竞争环境对抗与干扰因素。竞争对手的认识度、美誉度、占有率以及开展的各种公共关系宣传活动等的影响。

（6）自然环境制约因素。比如地理条件、气候、自然资源、生态等的影响。

（7）国际政治、经济环境制约因素。比如国际形势、外交关系、战争、国际市场与金融形势等的影响。

总之，在公共关系实施过程中要努力排除各种公共关系障碍，保证公共关系工作的顺利实施。

## 第四节　公共关系评估

公共关系效果评估是公共关系活动的最后步骤，即根据特定的标准，对公共关系活动结果进行总结、衡量和评价。它的主要功能有：运用多种方法考察

和评价公共关系活动的效果，以总结经验教训，为今后的工作提供借鉴；向决策部门报告公共关系工作的完成情况；利用公共关系工作的成果，对组织内部成员进行激励。

## 一、公共关系评估的意义和目的

所谓“公共关系评估”，就是根据特定的标准，对公关计划、实施及效果进行检查和评价，以判断其优劣的过程。它在整个公关计划实施过程中都具有重要作用。评估控制着公关实践每个活动及环节。

1. 公共关系评估的意义

公共关系评估的意义重大，主要表现在以下四个方面。

（1）改进公关工作。公关评估是改进公共关系工作的重要环节。它对一个社会组织的公关工作具有“效果导向”的作用。任何一项公关计划在实施后都面临着成功或失败两种结局。无论成功还是失败，其经验与教训都将成为下一个公关活动或环节改进的基础。评估就是我们通常所说的“总结经验，吸取教训”。

（2）开展后续公关。评估是开展后续公关工作的必要前提。没有这种对原有公关工作的评估，就不可能制订新的公关计划。这是公关工作连续性的一种表现。

（3）鼓舞员工士气。评估可以鼓舞士气。一般说来，内部员工很难对本组织与其公关活动有全面的、深刻的了解和认识。评估使他们能认清本组织的利益和实现途径，以便将实现本组织的战略目标与自己的本职工作紧密地联系在一起，并变为一种自觉的行动。

（4）引起领导重视。评估的另一重要意义还在于使组织的领导人看到开展公关工作的明显效果，从而使他们能更加自觉地重视公关工作，真正起到鼓舞士气、激励内部公众的作用。

此外，在现实生活中，评估还决定着公关公司是否该承接该项工作，客户是否满意、是否付款、能否获得某项荣誉、形成无形资产等等。

2. 公共关系评估的目的

公关评估的主要目的是提供关于既定公关工作的各种信息，包括：计划制订得是否正确合理；计划实现的程度、范围、效果怎样；计划实施方法、程序是否需要调整或修正；计划所需要资金是否恰当；为了成功达到战略目标，在既定的成本条件下，哪些实施方法最为有效；计划实施的关键是什么；哪些计划与实施中的要素密切结合能得到最高效益；实施对哪些公众产生了什么样的影响；哪些方法和技术可以有效地排除沟通中各种不同的障碍……总之，公关评估的目的就是取得关于公关工作过程、工作效益信息，作为决定开展、改进公关工作和制订公关计划的依据。

## 二、公共关系评估的基本内容

根据公共关系活动内容的要求，公共关系效果评估确定为不同的形式。一般而言，可分为组织形象评估、工作成效评估、传播效果评估和目标评估等。

1. 组织形象评估

当公共关系计划付诸实施后，组织形象会发生哪些变化，需要重新进行评估。重新评估组织形象仍然沿用公共关系组织形象调查的基本方法。通过对公众进行调查分类，然后对组织知名度和美誉度进行分析以测量组织形象地位，再应用“语义差别分析法”对组织形象的内容进行分析。

公共关系人员应了解组织目标形象与组织实际形象之间的差距，找出组织目标形象没有实现的原因，并针对问题改进工作，防止类似的问题再次发生。

2. 工作成效评估

公共关系工作包括的内容很多，对其成效进行评估要根据组织开展公共关系活动的情况而定。一般而言，有日常公共关系工作效果评估、专项公共关系工作效果评估和年度公共关系工作效果评估。

（1）日常公共关系工作效果评估。这种评估根据组织所确定的评估内容和标准进行。通过日常工作总结、公共关系人员座谈会、职工评议并结合公众平时的反映等形式进行。一般情况下，在日常公共关系工作中就可随时总结，没必要进行专门评估。

（2）专项公共关系工作效果评估。这种评估要严格根据具体公共关系活动的内容及特点确定评估内容及标准，并由负责专项活动的公共关系人员组织实施。通过调查，以了解通过专项活动、社会舆论的变化对组织产生的影响。

（3）年度公共关系工作效果评估。这种评估以年度公共关系计划和预算为依据，将一年来公共关系工作成效与预期目标和计划相比较，对公共关系各层次计划的实现程度和存在差距，提出有说服力的总结报告。

在一个组织中，公共关系年度报告往往和公共关系调查报告融为一体，即在报告中要对过去一年的公共关系工作进行总结，客观反映公共关系调查的内容，为制订新的计划提供依据。

3. 传播效果评估

通过对大量的信息传播调查资料所提供的情报和数据进行分析、评估，看其是否实现了公共关系信息传播的目标；通过公共关系传播目标的实现，看其是否保证了公共关系计划方案的贯彻落实。传播效果评估，包括组织内部信息传播效果评估和外部信息传播效果评估。

4. 目标效果评估

公共关系计划中，有许多具体明确的目标，对这些目标进行评估，看其是否达到预期结果，对总体目标的评估有着重大意义。这种评估，要求应有严格规定的定量和定性分析的各项指标，客观地进行评价；要求以公共关系调查所掌握的资料和公共关系计划方案的具体实施结果为评估的依据；要求以求得社会公众的满意及满意程度作为指标实现的标准；还要注意在评估中实事求是，不另立标准或降低标准。

## 三、公共关系评估的基本方法

公共关系效果可以通过以下方法进行评估：

一是直接观察法。又称个人观察反馈法，是较为简单却又常用的评估方法。公共关系人员或组织领导者通过参与公共关系活动，直接对公共关系的目标确立、计划确定、实施与传播以及活动结果进行观察，从而对组织形象做出估计和评价。这种方法贯穿于整个公共关系过程，可以随时随地进行，具有灵活性和直观性。

二是目标管理法。在制订公共关系计划时，将公共关系目标进行分解，并把分解的具体目标用量化的形式明确起来，在活动实施后，将实施的结果同计划的目标相比较，衡量和评价出公共关系的成果。

三是舆论调查法。这种方法的主要目的是确认公共关系活动在对象公众的认知、态度、观念等方面所产生的可度量的效果。可在活动结束后进行一次调查，也可在活动前后各进行一次调查，以便相互比较。

四是内部监察法和外部监察法。内部监察法是由组织内部的有关人员，如评价部门或上级领导对公共关系工作进行评价；外部监察法是聘请组织外部的专家对本组织公共关系活动进行调查和评价。一般情况下，外部专家的评价比较客观，参考价值较大。

## 四、撰写公共关系评估报告

公共关系评估报告是提供给组织的一种正式的文体。它是通过文字、图表或相应的其他形式来体现开展公共关系工作的成绩、经验、教训、建议等评估工作的成果形式。它具有业务性强、理论性强、经验性强等特点。

撰写公共关系评估报告的主要意义，在于为公共关系评估成果的运用提供依据。通常，评估小组将公共关系评估报告分别提供给管理层领导，作为他们统筹管理和发布新决策的依据；送达各职能部门，作为各部门改善工作的参考；提供给全体员工，以利于员工了解外界的评价，提高士气，改善行为；还可以公开发表，供同行或其他社会组织参考与借鉴。通过撰写公共关系评估报告，社会组织对公共关系过程与绩效可以总结过去，积累经验；着眼现在，克服缺点；指向未来，指导工作。

到目前为止，我国许多社会组织仍然不太重视公共关系评估工作，能见到的公共关系专业评估报告甚少。它们也不太注重评估成果的运用，常常使公共关系工作带有盲目性和被动性，进而丧失了许多成功机会。

1. 撰写公共关系评估报告的基本原则

公共关系评估报告是对公共关系活动或工作的书面评价，是对已经做的公共关系工作的总结，是公共关系评估结果运用的依据。为此，公共关系评估报告除了要遵循科学性、公平性、真实性等原则外，还应符合以下要求：

（1）针对性。公共关系评估报告的针对性很强。要么是综合项目评估，要么是单项活动的评估。为了解决工作中的实际问题，最多的情况还是单项活动的评估。如庆典活动、赞助活动、展示展览活动、产品推广活动、危机处理效果等。

（2）完整性。公共关系评估报告的完整性主要有三方面的内容：①按照公共关系评估报告书的内容，对评估工作的目的、对象、原则、依据、方法、结果等进行全面的概括。②正文内容与附件资料要配套一致，尤其要注意附件资料要起着完善、补充、说明正文的作用。③被评估的范围和对象要做到完整无缺、无一遗漏。

（3）及时性。公共关系评估具有较强的时效性，公共关系活动及其面临的环境也在不断地变化。因此，在公共关系活动开展结束之后，评估人应及时写出公共关系评估报告书，否则容易失去本身的意义。

（4）客观性。公共关系评估报告是一种公正性的文件。在撰写报告时，必须真实、客观、有理有据。要避免空泛议论或掩饰缺点，应力戒片面分析或夸大其词。

（5）独立性。在撰写公共关系评估报告的过程中，通常要与公共关系活动主办单位的部分领导、员工等接触。评估人在做出结论时，要避免受到他们主观意志或一己之见的影响。在评估报告中，必须反映自己的独立评估结论。

2. 公共关系评估报告的内容与格式

公共关系评估报告具有特定的目的。不同的目的，决定了评估的范围和对象不同。因而，公共关系评估报告书的内容就不完全一样。根据公共关系评估实践的总结，公共关系评估报告的内容主要有以下几方面：

（1）评估的目的及依据。即为什么要进行公共关系评估，通过评估解决什么问题，以及评估所依据文件或相关会议要求之精神等。

（2）评估的范围。公共关系活动涉及方方面面，为了突出重点，缩短篇幅，利于评估结果的运用，报告书必须明确公共关系评估的范围。

（3）评估的标准和方法。在报告书中，应说明评估的标准或具有可测量的具体化的目标体系，以及评估过程所采用的方法，比如直接观察法、问卷调查法、比较分析法、文献资料法、传播审计法等等。

（4）评估过程。简要说明评估过程是怎样进行的，分哪些阶段。从阅读报告书的过程和采用的方法等可以判断评估是否科学、系统、规范、完整等。

（5）评估对象的基本情况。在公共关系评估报告书中，必须明确评估对象本身的情况，包括活动或项目名称、开展时间、实施的基本情况与特点等。

（6）内容评估、分析与结论。在评估报告书中写明被评估的公共关系活动、工作或项目的内容，对运行与执行以及效果、效益进行分析，进而得出客观、公正的结论。

（7）存在的问题及建议。评估人根据掌握的实际材料、相关情况，有针对性地提出问题，并提出有利于解决问题的建设性意见。

（8）附件。附件主要包括附表、附图、附文三部分。

（9）评估人员名单。包括评估负责人及参加评估人员的姓名、职业、职务、职称等。有时为了利于咨询，评估人还需要把电话、通信地址、邮政编码也写明。

（10）评估时间。由于公共关系活动处于动态的状态下，不同时间评估所得出的结论会不同。因此，评估报告书必须写明评估时间或评估工作开展的阶段。

“文无定法”，公共关系评估报告书没有固定的结构格式。按照评估的目的与要求，公共关系评估报告的结构可以采用不同的格式，灵活安排结构。结构服从于内容表达的需要。通常，公共关系评估报告书的结构格式依次包括：

（1）封面。封面的主要内容包括评估书或项目的题目、评估时间、评估人（单位名称）以及保密程度、报告书编号。题目要反映出评估的范围和对象。排版应醒目、美观。

（2）评估成员。反映哪些人参加了评估工作，负责人是谁。

（3）目录。用来方便阅读报告书的人。

（4）前言。反映评估任务或工作的来源、根据，评估的方法、过程以及其他特别需要说明的问题。也有的评估报告书把评估的方法、过程等写进正文部分。

（5）正文。正文是评估报告书最重要的部分，也是评估报告书的主体。它包括评估的原则、方法、范围、分析、结构、存在的问题、建议等。

（6）附件。附件内容是对正文内容的详细说明和补充，是正文的证明材料。

（7）后记。主要说明一些相关的问题。比如报告书传播的范围，致谢参加人员及相关单位等。

## 五、撰写公共关系评估报告应注意的问题

公共关系评估报告书的写作是有相当难度的。在写作过程中，既要求执笔人员客观、公正、全面，又要求报告可读、简洁明了。为此，除格式方面的要求外，在写作过程中，还应注意如下问题：

（1）定量与定性相结合。通常，评估结论是定性的，但必须用定量的指标作说明。注意定量与定性的密切结合。

（2）建议与策略具有可操作性。只有切合实际情况的建议才具有可操作性。

（3）语言准确、精练。尽量用最少的文字、篇幅来说明问题，提出建议。切忌太多的学术词汇，让评估报告的阅读者难以理解。

（4）结论客观具体。评估结论要客观，既要看到成绩、效益，又要看到缺点和不足。在结论中，要避免“可能”、“大概”、“也许”等模糊语言。所有的结论都应该找到相应的材料作证明。

## 如何把一个苹果卖到100万元？

在我们的第一次公共关系课上，阿董老师给同学们拿出一个大苹果，老师说：“这个苹果是早上在家门口的市场上买来的，大约1元钱，如果不考虑客观条件，给大家5分钟的时间，依靠自己的智慧，来为它增值，卖到100万元。你们有什么办法吗？”

“一个苹果，卖到100万元，您想钱想疯了吧？”董老师的话音刚落，坐在最后一排的胖子扯出一嗓子，全班哄堂大笑。“要是一个苹果卖到100万元，傻子还来上课啊！”不知谁又一嗓子，全班炸了锅。

阿董并不说话，只是微笑着看着大家，过了大约有一两分钟的样子，阿董又把苹果举了举，很认真地问大家，“真的不可能？”大家迷惑地看着他，不自觉地摇摇头。

“那好吧，我想把他卖到5元钱，你们有没有办法？”

“这个好办，加一个漂亮的包装，苹果上印上金猪贺岁，应该能卖出去！”坐在第一排的一个女生站了起来。全班一下子安静下来，那女生又重复一遍。

“这个女同学的办法可不可行？”阿董老师又举了举苹果。大家点了点头，“还有什么办法卖到5元钱？”大家都不做声。

“那我们有没有什么办法把这个苹果卖到10元或者20元钱？”阿董举着苹果。

“呵呵，这个可以做得到。把它拿到一家高档的大酒店，榨成苹果汁，别说20元，30元也可以卖得到。”阿明站起来说道。“对呀，对呀。”很多人跟着附和。

“怎么样，我的苹果已经可以卖到30元了，”阿董举着苹果手舞足蹈，“接着来，接着来，我们把它卖到100元！”

班里一下子陷入了沉默，大家瞪着眼看着阿董，阿董举着苹果在我们面前晃来晃去。

"有了，"是平子的嗓音，不用回头就知道是他那老公鸭腔，"找李宇春在苹果上签个名字，别说 100 块，1000 块都有人买。"平子是李宇春的铁杆粉丝。

"这个同学的主意怎么样，会不会有人买？""会的。"很多同学都在点头。

"在大饭店里做成水果沙拉或者拼盘，也可以卖到 100 元。"又有人喊道。

"不错，"阿董把苹果举到嘴边比画了一下，"做成水果拼盘或者沙拉可以卖到 100 元，找李宇春签个名差不多可以卖到 1000 元。看看，这个苹果现在已经值 1000 元了。"

"那我想把它卖到 1 万元，该怎么办？"阿董得寸进尺。

"放到'神六'上，上天走一圈，保您能整到 1 万元！"胖子憋不住了。

"不错，这同学的主意不错，只是'神六'已经下来了，如果把我的苹果能放到'神七'上，你们说，1 万元，我卖不卖？"

"不卖！"

"看来 1 万元已经不成问题了。我想把它卖到 6.6 万元，有没有办法？"阿董放下苹果，"这次不用你们想了，我来给大家读则新闻：据《法制晚报》2006 年 10 月 24 日报道，北京奥运推荐果品评选苹果专场首次举行，昌平崔村镇真顺果园张国福的宫藤红富士摘得'奥运苹果'果王桂冠。该'奥运苹果'果王以 6.6 万元天价拍出。"

"看看，如果我的苹果能获得这个称号，并且拿去拍卖，是不是可以卖到 6.6 万元？同学们，不怕做不到，就怕想不到。继续想，我想把它卖到 10 万元，有没有办法？"阿董又举了举苹果。

"卖到 10 万元？"大家你看看我，我看看你，阿董不说话，脸上挂着诡秘的笑，把又大又红的苹果举得高高的。

"我们老家有一种植物叫红豆杉，据说含有治疗癌症成分，用红豆杉的木头雕刻的水杯可以卖到四五百元一个，我是说，如果这个苹果有这个功能，比如说吃一个苹果，癌症就可以治好，那肯定 10 万元有人买的。"中间有一个女生说话了，她家是云南的。

"那当然，别说 10 万元，100 万元、1000 万元也有人买！"同桌跟着附和。

阿董朝这个女生伸了伸苹果，"很好！挖掘苹果的功能。哈哈，我这个苹果被忽悠到了 1000 万元！再想想，还有没有别的办法？"

"梁山伯与祝英台的定情物，刚刚在考古的墓穴里发现！"

"砸到牛顿的头的那棵苹果树死前最后结的唯一的苹果，肯定能够卖到 10 万元的。"

"温总理到美国访问，小布什在他的农庄里亲手摘给总理的苹果，被拿到抗震救灾晚会上拍卖，最好是中央电视台一套直播，也能卖到1000万元的。”

大家七嘴八舌在议论，课堂一下子活跃起来，似乎每个人都有很多这样的点子。

阿董潇洒地挥了挥手，大家安静下来。他接着对大家说：“一个苹果能不能卖到100万元？能！不仅能，而且还有可能卖到1000万元甚至更多。看来，这并不是件很难的事。这需要策划。”

“您也许认为，一个苹果能卖到100万元只是一种成功的偶然，我却认为是策划的必然！因为策划只要结合特定的时间和空间，就一定可以创造出更多的商机和价值。通常问题在于很多人不了解策划的价值，只是在卖产品，不是在卖产品里面所包含的文化、观念、感情、感觉等附加的价值，他们并没有找到满足人们这些需要的条件！更没有策划意识，所以能不能说他们会‘营销’呢？或者他们也想买这些东西，但营销的精髓在于满足人们的深层次的需求，而不是表面的需求！而制造更好的销售卖点、满足人们深层次的需求，就是策划的精髓！如果我再问你：废钢结构能卖多少钱一吨？您肯定说不值钱，而实际是通过切实的策划就可以创造无限价值。可口可乐在前年就购买了以吨为单位计量的制造鸟巢的废钢，利用鸟巢钢结构建设剩余的钢材，制作各式各样的可口可乐奥运纪念章供人们佩戴和收藏。每一个纪念章50克左右，都在200元以上，你计算一下1吨可以做多少个纪念章？能在全球卖多少钱！可口可乐鸟巢钢奥运纪念章把人们向往的奥运主体育场的实体材料与具有象征意义的奥运主题纪念章完美结合，创造了崭新的奥运纪念品开发模式，使无法来到奥运赛场的人们也能获得一份独特的奥运纪念品。一个苹果能卖到100万元，就是策划的力量！

资料来源：http://home.yao999.cn/redirect.php?tid=9535&goto=lastpost

### 长城润滑油护航“神六”

中国石化润滑油公司是世界500强企业——中国石油化工股份有限公司的直属企业，是国内润滑油行业第一、世界排名第四的润滑油知名品牌。2004年销售量达126万吨，占据国内润滑油市场1/3的份额。

由于润滑油市场是我国唯一完全对外开放的石油、石化产品市场，因此形成了国际品牌盘踞高端，国内品牌后起直追的市场格局。近年来，虽然国产品牌知名度有所提升，但却未能改变其低端的品牌形象。作为中国航天专用润滑产品的唯一供应商，从“两弹一星”到长征系列运载火箭、神舟系列飞船，长城润滑油为中国航天的历次发射提供了高、精、尖的润滑产品，并且多次得到党中央、国务院和中央军委的表扬和嘉奖。但由于历史原因和体制原因，长城润滑油并未能有效利用这一独占资源，拉动其品牌向高端转变。

为此，如何实现品牌资源的最大化，提升长城润滑油的形象，成为了本项目的最大诉求。这其中，存在着许多现实的挑战：其一，赞助“神六”的企业达 13 家之多，且消费者对此类赞助权益日益漠视，如何从众多搭车“神六”的厂商中脱颖而出，凸显长城润滑油与“神六”的强关联是一大挑战；其二，如何准确判断“神六”的关注曲线和不同阶段的舆论热点，策划媒体感兴趣的传播主题，进而塑造长城润滑油“高科技、高品质”的高端品牌形象也是一大挑战；其三，如何抢占“神六”发射及返回的第一时间快速反应与联动，将长城润滑油的相关新闻与“神六”飞天的各种关键新闻同步播出，借助央视等重量级媒体实现企业传播的最大关注效应，是需要应对的又一挑战。

**1．项目调研**

市场及品牌现状：在中国润滑油市场，20% 的高端市场被国外品牌牢牢占据，并产生了 80% 的利润。因此，高端市场成为了众多润滑油厂商竞争的焦点。长城润滑油虽然具有较高的品牌知名度，但缺乏信任度，且其高科技、高品质的品牌定位也缺少支持。

“神六”关注曲线分析：“神六”定于 2005 年 10 月 12 日发射，根据对媒体信息的分析以及对重大社会事件的判断，在发射前的一个月内，媒体及受众对“神六”的关注开始升温，在“神六”发射当天将达到一个高峰，随后 115 小时的飞行过程中，会持续保持热度，在 10 月 17 日“神六”落地的当天，将再次达到一个新的高峰，然后开始呈现逐渐下降的趋势。

舆论热点分析：在“神六”发射前，媒体关注的热点将是“神六”的整体进展情况、发射时间及人选的确定、百姓的祝福与祈盼等；“神六”选择在国家制定“十一五”规划之际进行航天之旅，“十一五”规划的一个重要内容是“自主创新”，而自主创新又是我国航天科技和航天事业发展的核心动力，因此，在发射及飞行中，结合“神六”的自主创新话题将是舆论的热点；在“神六”落地当天，祖国各地将以各种形式庆祝“神六”圆满成功，因此，欢庆的场景、独特的庆祝形式，都将是媒体报道的重点。

消费者媒体接触习惯调查：根据有关资料显示，润滑油产品消费者的信息接收渠道依次排序为：电视（72%），报纸（25%），户外（25%），杂志（21%），互联网（14%），终端（19%），广播（12%）。

**2．项目策划**

（1）公共关系目标。①强调长城润滑油与“神六”的紧密关联，塑造长城润滑油“高科技、高品质”的高端品牌形象；②在“神六”发射与落地的时间节点，制造新闻亮点，获得极大的品牌影响力和社会关注度；③结合国家舆论导向，传播长城润滑油自主创新的成绩和获得的各项荣誉，体现长城润滑油强大的科研与技术实力，激发公众的民族自豪感。

（2）公共关系策略。①挖掘长城润滑油与中国航天事业的深层关系，提炼关键信息，形成与诸多搭车“神六”厂商的差异性，实现长城润滑油——神六——高科技、高品质的强关联；②以“神六”重大社会事件不同阶段的舆论热点为划分对象，将此次公共关系传播规划为三个阶段，通过层层推进，使长城润滑油的航天品质得到强化和认同；③与央视“神六”直播同步，策划一系列环环相扣的公共关系活动，为电视媒体提供大量可供录播与采访的画面内容；④注重点面结合，注重对核心信息的传播广度，重点信息的传播深度，以不同角度和不同形式的信息内容强化对媒体的渗透。

（3）传播主题及关键信息。①以“长城润滑油相伴航天40年”为主题，传递长城润滑油是中国航天专用润滑产品的唯一供应商,从中国第一枚运载火箭、第一颗人造卫星到神舟飞船，长城润滑油为中国航天的历次发射提供了高品质的润滑保障，并得到中共中央、国务院和中央军委的表扬和嘉奖；②以“先进科技，护航神六”为主题，传递长城润滑油通过自主创新，打破国外技术垄断，成为国际上为数不多的几个能够提供航天润滑产品的企业，并再次成功为“神六”提供润滑保障；③以“航天科技、品质保证”为主题，传递航天飞行对润滑油苛刻的性能要求和100%合格率的质量要求，“神六”的成功，再一次证明了长城润滑油的卓越品质。

（4）媒体选择。中央及地方电视台、中央和各地主流平面媒体、各大门户网站、汽车类和润滑油类专业网站、长城润滑油各渠道终端。

（5）传播周期。第一阶段：充分预热、强化关联。从9月中旬至10月12日“神六”发射前，策划长城润滑油“心系神六、祝福航天”全国巡展活动，并以发放航天知识手册、征集签名祝福中国航天等形式，用情感诉求引起受众的共鸣。第二阶段：快速呼应、集中造势。从10月12日“神六”发射及飞行的5天内，结合国家“十一五”规划及自主创新的选题，组织以央视、北京电视台为主的媒体阵营对长城润滑油进行实地采访，实现电视媒体的集中深入报道和平面媒体、网络媒体的广泛报道。第三阶段：扩大影响、深化关联。在“神六”落地时，组织长城润滑油全体干部员工收看央视现场直播，并举办隆重的庆祝活动。当天，策划长城润滑油航天荣誉展廊的揭幕仪式，并启动“长城润滑油成功护航神六媒体开放日活动”，邀请中央及地方主流媒体共同见证长城润滑油40年的辉煌，共同走近神秘的航天特种润滑油。

**3．项目执行**

第一阶段：9月10日，主题为“心系神六、祝福航天”全国巡展活动在北

京奥体中心举行了盛大的发车仪式，中国石化股份公司副总裁蔡希有在一幅祝福“神六”成功的万人签名长卷上盖上了“心系神六、祝福航天”的主题印章，表达了中国石化全体员工祝愿神舟六号载人飞船发射成功，祝愿祖国航天事业再创辉煌的殷切祝福。在活动启动当天，来自中央及北京的30多家主流媒体共同参与了隆重的发车仪式，并有近十家媒体随车队跟踪采访。在沿途经过的天津、厦门两地举办“长城润滑油相伴航天40年”主题巡展、征集公众签名、寄语航天英雄等活动。在其他重点城市进行车队巡游，发放精心策划的航天知识小手册——《撼天记》。在末站深圳，举行了盛大的闭幕式，同时由深圳当地经销商开展产品展示、产品体验活动。

第二阶段：与央视“神六”直播同步，打造超级眼球效应。为在“神六”发射和飞行过程中，在媒体资源非常稀缺条件下，实现电视媒体的良好报道，前期与央视等核心媒体进行深入沟通，结合国家“十一五”规划、自主创新等热点，以长城润滑油立足自主创新、打破国外技术垄断、相伴中国航天40年、“神六”流淌中国血等核心诉求引起媒体的兴奋点，并积极参与媒体的选题策划。

经过充分沟通和精心准备，在“神六”发射的当天，媒体纷纷对长城润滑油进行采访。在“神六”发射当天及落地前的4天内，CCTV、BTV和上海东方卫视等中央及地方主流电视媒体、中央及平面主流媒体、各大网站，分别以“神六流淌‘中国血’——长城润滑油为神六提供润滑保障”、“长城润滑油提升企业创新力，促进车用油市场”为主题，对长城润滑油进行了集中报道，长城润滑油成功护航“神六”的消息也在极短的时间内传达到全国乃至世界各个角落。

第三阶段：在“神六”返航后集中发力，与普天同庆。在“神六”返航这一重要时间点，精心组织长城润滑油全体干部员工参加“长城润滑油成功护航神六现场观看会”，以独特的庆祝方式和与“神六”的强关联，同样吸引了包括中央电视台在内的众多电视媒体采访和报道。

在落地当日还举办了“庆祝长城润滑油成功护航神六媒体开放日活动”，近40家主流媒体怀着好奇与求知心情，零距离走进长城润滑油航天特种油基地，并共同见证了精心策划和制作的“长城润滑油相伴航天40年荣誉展廊”揭幕仪式。

**4．项目评估**

作为长城润滑油航天主题传播中的一个阶段性项目，围绕“神六”的公共关系传播取得了很好的效果，达到了预定的目标。项目紧扣“神六”飞天事件全过程，分别策划“长城润滑油相伴航天40年”、“长城润滑油，先进科技，护航神六”和“航天科技，品质保障”三大主题，通过周密部署和规划，在媒体集中报道“神六”新闻的同时，也使长城润滑油相关信息见诸报端，让长城润滑油自主创新、先进科技、卓越品质的高端品牌形象深入人心。在媒体资源非常稀缺的情况下，电视媒体报道数量分别为中央电视台10条、北京及上海电视台8条，共计34分钟，并集中在“神六”发射及返回的5天内；平面媒体的报道涉及全国范围内的270多家媒体，报道篇数达310多篇，其中中央级媒体占31%，区域媒体占69%；网络媒体转载数量也非常惊人，在百度新闻搜索键入“长城润滑油 神六”搜索结果为552篇，同样方法键入“长城润滑油 神舟六号”搜索结果为343篇；在所有稿件中，标题提及“长城润滑油成功护航神六”占33%，提及“长城润滑油科技创新”占21%。

资料来源：中国国际公共关系协会．最佳公共关系案例．北京：清华大学出版社，2007．

**讨论题：**

1. 长城润滑油护航“神六”项目实施有什么特点？
2. 从本案例体会公共关系的“四步工作法”。

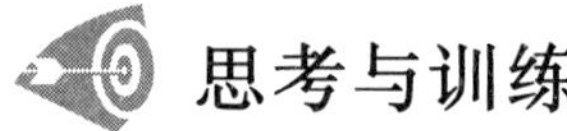

## 思考与训练

1. 什么是公共关系调查？为什么说公共关系调查是公共关系工作中一项极为重要的工作？
2. 如何确保公共关系调查的科学性？
3. 你认为实施具体公关调查的难点是什么？如何应对？
4. 对某一企业来说，公共关系调查工作主要考虑哪些问题？
5. 调查报告的写作过程中应当注意哪些问题？
6. 尝试运用公共关系调查方法，了解某一社区居民对私人轿车的拥有情况以及购买计划，并提交调查报告。
7. 为你所在学校的学生食堂设计一份调查问卷，向全校学生了解一下对食堂工作的意见和要求。
8. 某日用化妆品公司为开发一款新的护肤用品，拟邀请某商业集团下属3家百货商场护肤用品专柜若干营业员进行一次访谈调查，以深入了解护肤用品市场的变化和消费者的需求。请你拟订一份访谈调查提纲。
9. 为什么说策划“是一种程序”？
10. 公共关系策划在主题设计中需考虑哪些因素？
11. 如何理解公共关系策划的可行性原则？
12. 成功的公关策划必须具备哪些条件？
13. 假如你是一个准备创业的老板，请根据当前市场情况谈谈你的策划方向，如经营范围、产品或服务、经营理念及实施步骤等。
14. 王先生出席公司的营销传播策略头脑风暴会，他刚开始发言，就被主持人打断，并受到了批评。你认为主持人这样做合适吗？为什么？

15. 某企业要召开一次新产品开发策划会议，这项工作由企业公关部来承担。如果你是公关部的负责人，你如何来组织这次策划会并保证会议的效率？

16. 案例分析：

> **电通广告公司乔迁**
>
> 日本电通广告公司举行了一次公关活动，以周年和乔迁为契机，目的是向新老朋友致意，表示友好并展示实力。在1976年7月电通成立66周年纪念日这一天，电通公司由银座旧址迁入筑地新楼。当天清晨，2000名员工在公司总经理的带领下，高举“谢谢银座各界人士过去的照顾”、“欢迎筑地各界人士以后多多赐教”的旗帜，浩浩荡荡地由银座向筑地行进。沿街公众目睹了这一盛况，日本各大报纸和电视台也纷纷报道这一周年纪念庆典和乔迁之喜，使电通公司闻名遐迩，给广大公众留下了美好的回忆。

**问题：**请结合本案例说明选定媒介进行公关传播的原则。

17. 如何设计公共关系实施方案？

18. 在你所在的机构中，组织一次“‘××杯’公共关系知识竞赛”。请写出策划方案，包括活动主题、活动目的、活动内容、活动安排、活动组织工作、竞赛程序、竞赛规则以及竞赛题目等内容。如果你具体组织实施，请谈谈感受。

19. 某化妆品公司拟通过赞助慈善活动来提升公司形象。

（1）活动有关要求如下：

1）目标：提升公司社会形象的知名度和美誉度。

2）经费：拟投入费用50万美元。

3）活动范围：某中心城市。

（2）请按上述条件和以下格式撰写一篇简明的公共关系活动策划方案：

1）题目。

2）背景分析（调查内容以假设的方式设定）。

3）策划方案：①目的；②实践；③地点；④活动内容；⑤效果预测。

4）实施计划：①实施方案的措施；②传播策略；③场地布置概述。

5）费用预算。

6）评估标准。

20. 某音响公司拟借中华人民共和国成立60周年的时机，策划一个公共关系活动，旨在传播该公司形象和产品形象。

（1）有关要求如下：

1）目标：①提高公司在音响界的知名度。②推出A型新产品。

2）经费：拟投入费用100 万元。

3）活动范围：某中心城市。

（2）请按上述条件和以下格式撰写一篇公共关系活动策划方案：

1）题目。

2）背景分析（调查内容以假设的方式设定）。

3）策划方案：①目的；②时间；③地点；④活动内容；⑤效果预测。

4）实施计划：①实施方案的措施；②传播沟通策略；③场地布置概述。

5）费用预算。

6）评估标准。

21. 公共关系实施过程中会遇到哪些障碍？如何克服？

22. 应该从哪些方面对公共关系效果进行科学的评估？

23. 案例分析：

**事与愿违**

某大型商场开业在即。为使企业开业伊始便有较高的知名度，企业策划了一个别出心裁的活动，以期引起当地媒体的关注。开业当天，在商场外搞抛发礼券活动，每张礼券 500 元，共抛发 1000 张。活动当天，先后有数万人参加了争抢礼券活动。受活动影响，商场周围交通被迫中断，结果导致市政当局和部分市民的不满。同时，活动本身秩序失控，导致一些人被挤伤。对此，当地几家媒体对活动所带来的问题进行了报道。尽管活动的开展客观上使企业有了知名度，但知名度带给企业的却是企业不希望看到的结果。

**问题：**

（1）公共关系实施中应注意哪些问题？

（2）用所掌握的公共关系知识对该商场的开业活动加以评析。

# 第六章　公关专题活动

如果公共关系要想影响对于公司的生存和成功必不可少的互惠互利关系，它就必须参与制定行动战略，并且将这种战略与随之而来的传播联系起来。

——［美］斯各特·卡特里普

公关活动是建设公共关系中的重要事件，可是处理不好，反而会适得其反。

——金正昆

在开展公共关系活动中，除了大量的日常性工作要做外，各公共关系部门还要有计划、有目的地开展一些专项活动，这也叫做公共关系专题活动。这些活动内容广泛，形式多样，有许多技术性问题需要把握。

## 第一节　公关专题活动概述

公共关系专题活动是指有目的策划的、有明确主题的活动，亦称作公共关系的“特殊事件”。它是在确定了一个明确主题的基础上，围绕这一主题而设计一系列具体的活动内容和活动方式。策划公共关系专题活动是富于挑战性和创造性的工作，通过公关人员独具匠心的设计，使之成为日常公关工作的高潮，变“无心插柳”为“有心栽花”，为企业创造有利的公共关系时机。

### 一、公关专题活动的作用

策划公共关系专题活动主要作用如下：

第一，制造新闻。吸引新闻媒介和社会公众的注意，以扩大组织的社会影响，提高组织的知名度。公共关系意义上所讲的制造新闻，是指在坚持真实性的前提下，举办具有新闻价值的活动，吸引新闻界和社会公众的注意，争取被报道的机会。公关专题活动因具有明确的主题、独特设计的活动内容，因而会成为新闻媒介和社会公众关注的"热点"。当然，策划者更应该主动与新闻媒介联系，使新闻媒介的参与成为整个活动的组成内容之一。

第二，为促销服务。通过公共关系专题活动制造有利的营销气氛，淡化推销色彩，使社会公众从感情上接受一种新产品、新服务，从而为进一步的销售活动开拓道路。

第三，营造喜庆气氛。利用社会上传统的重大节日或企业自身富有意义的纪念日，举办一定的活动来表达企业对社会公众的善意，改善社会舆论和关系环境，改善企业内外部的人际关系。

第四，联络感情。通过策划和举办公关专题活动，与社会各界广泛联络交往，为企业广结善缘，达到"争取有用的朋友"的目的。

第五，挽回影响。当企业形象受到损害时，需要运用各种手段加以纠正。举办公关专题活动即为方法之一。可以通过针对性强的活动设计，改变公众原有的印象，纠正不利的社会舆论，使受到损害的组织形象得以恢复。

## 二、公共关系专题活动的特点

公共关系专题活动是社会组织为了加强与特定公众的联系、扩大组织的社会影响，围绕某一确定目标而开展的特殊的公共关系活动。它一般具有以下特征：

1. 主题的明确性

公共关系专题活动是专门为实现某一具体目的而举行的，具有明确的主题，活动的策划与程序的安排都要围绕这一主题进行。只有主题鲜明，才容易引起舆论和公众的关注和兴趣，从而使组织形象在公众的心目中留下深刻印象。明确的主题能让公众更好地知晓组织行为的目的及意义，加深公众对组织的了解和信任。

2. 内容的丰富性

一项专题活动往往是一系列活动的组合。例如：一个庆典活动涉及宴请、仪式、联欢、新闻发布等各项活动。也就是说，一个鲜明主题需要各个活动来展示，专题活动有着丰富复杂的内容。

3. 媒介的多样性

一个专题活动若要达到预期目标，需运用各种媒介，如电子媒介、印刷媒介，通过声、像、光和现场、实物、纪念品以及报告、解说、咨询等各种形式来最大限度地吸引公众的注意力，引导公众参与，并借助各种可能运用的媒体来扩大专题活动的影响。

4. 对象的广泛性

一般说来，组织举办专题活动所邀请或参与的对象比较广泛，具有不同的层次。例如：商场举办一个开张典礼，邀请的对象除了上级主管部门领导之外，也应包括兄弟单位的领导、新闻界人士、社区公众、供货商、顾客代表等。

5. 目标的层次性

组织开展公共关系从根本上说是为了宣传组织形象，使组织行为为公众所接纳，这是公关活动的总目标。专题活动作为特定的公关活动是为了塑造组织形象；从近期来看，则是通过活动吸引公众、赢得公众。专题活动目标的这种层次性，要求组织做到近期目标和长远目标的一致和统一。

6. 程序的规范性

专题活动是一个环节、运作复杂的公关活动项目，要求有规范、完整的程序和步骤，讲究组织严密、安排得当。程序的规范化有利于活动按部就班地运作，及时进行监控，有效地协助各环节间的工作，使各项活动循序渐进、井井有条，从而保证活动质量。

## 三、公关专题活动的基本要求

公共关系专题活动题材广泛，内容颇多。要使公共关系专题活动开展得有特色，有一定的影响面，要做到以下几点：

1. 明确的活动目的

任何公共关系专题活动都要有明确的特定的目的，在活动中要努力促使其目的的实现。比如，通过开展纪念活动，使人们不忘历史人物对今人的影响，从而达到激励、教育人们的目的。美国通用汽车公司搞的历代汽车“进步大游行”，就是选在汽车发明周年纪念时举行，车队慢悠悠地开出纽约，连贯“走访”了几个城市，所到之处都有成千上万的观众，意在让人们了解汽车的发展史，宣传通用汽车公司的不朽贡献、可靠信誉、经营宗旨和最新技术成果。再比如，通过发布信息解惑释疑、消除误会，通过专项服务联络感情、提高信誉等。

2. 鲜明的活动主题

任何一项专题活动都必须有鲜明的活动主题，它是专题活动目的的具体化，是专题活动的中心。主题要根据组织面临的主要问题，人们共同关心的问题和主客观条件来确定，如理论问题、社会问题，或以纪念某一重大节日、历史事件或历史人物等为主题。

3. 认真策划，周密安排

公共关系专题活动的主题确定之后，就应着手制订活动计划，包括确定活动的时间、地点、形式及规模；确定主持人、报告人、参加人员等。另外，还要安排与专题活动相联系的一些辅助活动。同时，还要组织一支精干的筹备队伍分工明确、密切合作，安排好活动的各项事宜，这是举办专题活动的组织保证。

4. 努力实施，确保成功

公共关系专题活动一般来说影响都是很直接的，效果也是明显的，但是，一项专题活动成功与否，评价是客观的。因此，要求每一项专题活动都必须既认真努力实施，又要慎之又慎，只许成功，不许失败，否则，稍有疏忽将酿成难以弥补的损失。

## 第二节　公关专题活动的模式

公共关系活动模式是公共关系工作的方法系统，是由一定的公共关系目标和任务以及这种目标和任务所决定的数种具体方法和技巧构成的有机体系。公共关系的工作方法是极为广泛和多样的，但都没有一种包医百病的灵丹妙药。不同类型的组织机构，同一组织的不同发展阶段，或同一阶段中针对不同的公众对象及不同的公共关系任务，需要我们选择不同的公共关系活动模式。

### 一、宣传型公共关系

宣传型公共关系是借助媒介开展宣传工作的公共关系活动模式。公共关系活动是一种信息传播活动。这种传播尽管与传统的宣传活动不尽一致，仍然需要采用一些宣传的手段和方法来达到信息沟通的目的。通过新闻媒介进行公共关系宣传是组织从事公共关系活动所不可缺少的工具之一。

1. 宣传型公共关系的特点

（1）目的明确。宣传公共关系的目的就是要宣传组织的方针政策、价值观念、产品服务及有关信息。每次公共关系宣传至少有一个明确的目的，如果有几个目的，必须明确一个主要的目的宣传媒介、方式、时间等都是根据这一目的进行选择的。

（2）时效性强。宣传公共关系活动把有宣传价值的信息及时准确地传递出去，在相应的时间内能起到良好的宣传效果。

（3）传播面广。宣传型公共关系活动必须要借助传播媒介。任何传播媒介的接受公众都不是个别的，而是相应的群体，特别是全国性的报纸、杂志、广播、电视等媒介涉及范围大到全国各地的公众。

2. 宣传型公共关系的方式

根据宣传对象的不同、宣传型公共关系可分为内部宣传和外部宣传两种方式。

（1）内部宣传。内部宣传是公共关系人员最经常进行的工作之一。它的主要对象是内部公众，目的是可以让内部公众及时、准确地了解与组织有关的各方面的信息，如组织的现行方针和政策，组织各部门的工作情况，组织的发展成就、困难和挫折、采取的行动与措施，外界公众对组织的评价以及外部社会环境的变化对组织的影响等，以便鼓舞士气，取得内部谅解和支持。常用的手段有报纸、员工手册、黑板报、宣传栏、闭路电视、演讲会、讨论会等等。例如，北京百货大楼的内部报纸《商海公共关系》、京海计算机公司办的内部刊物《京海纵横》，都是内部宣传的形式。

（2）外部宣传。外部宣传的对象包括与组织机构有关的一切外部公众，目的是让他们迅速获得对本组织有利的信息，形成良好的舆论。外部宣传的形式有两种：一种是不借助大众传播媒介的宣传，包括举办展览会、经验或技术交流会等。另一种是借助大众传播媒介的宣传，具体有两种做法：一是花钱利用广告做宣传；二是不必支付费用，又易于为公众所接受的形式，即通过新闻节目播出。必要时还可以抓住公众关注的“热点”，组织相应的活动，吸引新闻媒介前来报道 ，如前所述的“制造新闻”。

## 二、交际型公共关系

交际型的公共关系是指不借助其他媒介，只在“人与人”之间的交往中开展公共关系社交活动的方式。交际公共关系借助于人与人之间的直接接触，进行感情上的联络，为组织广结善缘，建立广泛的社会关系网络，形成有利于组织发展的人际关系环境。

1. 交际型公共关系的特点

交际型公共关系实际上是一种通过人际交往进行的传播，特别是注重建立良好的人际关系。其主要特点是：

（1）直接性和双向性强。在实施交际型公共关系时，公共关系人员与特定的公众是面对面的直接的彼此交流。由于其交往对象十分明确、具体，其交流的内容也就更有针对性，同时能立即得到反馈信息，可以据此调整传播的内容和形式，因此容易收到预期的结果。

（2）情感性和信息性并存。采用交际型公共关系时，组织与公众之间交流的不仅是有关信息，更突出的是情感。通过彼此的了解和情感的共同加深，更有利于创造“人和”的公共关系环境。

（3）选择性和稳定性明显。组织为了达到特定的目的，必然要选择具体交际对象和交际方式。一旦与交际对象建立正常的关系后，不会因双方信息与情感交流的时间中断而中断。

（4）以语言类符号为传播工具。交际型公共关系往往不需要专门的媒介传播，主要是通过交谈、函、电来进行，使用的主要是言语（口头语言）、文字（书面语言），还有表情、体态、手势、服饰、类语言等。

（5）个性化的色彩极浓。在交际型公共关系中，公共关系人员与公众都是以个人的姿态参与的，就是说“公共关系”的交往是以“私人关系”的形态来表现。其优点是可以通过“私交”来实现“公交”的目的，缺点是容易使“庸俗关系”乘虚而入。同时，在交际型公共关系中，传播的内容和形式受交际双方个人特质的影响极大，因此对公共关系人员及有关人员自身素质的要求比较高。

2. 交际型公共关系的方式

交际型公共关系的方式可以依据交际对象的特征分为团体交际和个人交际两类。

（1）团体交际。团体交际是指组织与相关组织之间进行的交际活动，主要有联欢会、宴会、茶话会、慰问活动，以组织名义进行的礼仪性函电往来，还有结合记者招待会、座谈会、工作餐进行的交际等。

团体交际的特点主要有：①虽以组织名义进行，却是通过双方组织成员的个体接触来实施；②参加者是各自组织的若干人，容易形成热烈友好的气氛，特别是可以发挥每个参加者的交际才能，以个体才能的互补来促使群体交际收到尽可能好的结果；③活动形式生动活泼，话题范围可宽可窄、灵活多样；④由于时间和场合的限制，不如个体交际深入。

（2）个体交际。个体交际是组织中的公共关系人员或其他员工个人与相关组织或个人之间进行的交际活动，主要是个人拜访、交谈，有个人签名的函电往来，还有结合商品推销、服务进行的交际等。

这里所说的个体交际和一般人际关系中的个人交际最主要的区别就是目标不同，即这里的个人交际以建立良好的公共关系为目标。它的主要特点是：①以个人为重点进行交际，无论从组织还是实施的角度看，都非常方便。②可以多次进行，便于深入地交际，因而也便于取得预期的交际效果。③可以借鉴处理一般交际关系的经验，利于加深已有的“私人关系”。

## 三、服务型公共关系

随着社会发展，世界经济日益转变为服务型经济。根据公众的需求，社会组织策划各式各样的公共关系服务活动，通过优良、周全的服务活动来赢得公众的好评，塑造社会组织的良好形象，是公共关系工作的又一重要特色。所谓“服务型公共关系”，是一种以提供优质服务为主要手段的公共关系活动模式，目的是以实际行动来获得社会公众的了解和好评，建立自己良好的形象。何修猛在其《公共关系实务教程》（复旦大学出版社 2000 年版）有专门论述，现录于此，供参考。

1. 服务型公共关系的特点

服务型公共关系既有服务特征，又有浓厚的公共关系色彩，相对于一般意义上的服务与公共关系，其基本特征是：

（1）道德效应与经济效益的统一。服务型的公共关系活动，从其策划依据、社会背景、与公众的切合点到活动的形式和内容，都表现出道德性。从某种角度看，它是一种正义的社会公德活动。有时它表现为社会公德宣传活动。例如：提倡艰苦奋斗，反对铺张浪费；提倡文明、健康、科学的生活方式，反对愚昧、落后的陈规陋习；宣传诚实友爱、尊老爱幼、助人为乐、见义勇为等。有时它表现为开展社会、社区服务，为建设社会安定、环境优美、文体生活健康丰富的社区添砖加瓦。有时它表现为慈善捐助活动。这样的社会、社区性服务，无论其口号还是行为，都会产生一定的道德效应，是社会主义精神文明建设不可缺少的重要组成部分。但是，服务型的公共关系活动又具有经济效益。这主要体现在两个方面：其一，社会组织通过服务创造了良好的营销环境和消费氛围，促进了商品的流通速度，以此赢得眼前的商业经济利润；其二，社会组织借助服务性公共关系活动，塑造了良好的形象，赢得了公众的支持乃至高度评价，为社会组织长期发展准备了消费公众市场，获得了长远的商业经济利润。正因为服务的公共关系活动能够在经济上产生眼前效应与长期效应，因此日益受到有关社会组织的重视，视为新型的竞争方式。服务型公共关系活动这种融道德效应与经济效益于一体的特征，是其商业价值和道德价值双重效应的基础。它要求我们在实际工作中既不能因其道德性而排除其商业性，只讲付出而不讲利润，又不能因其商业性而排除其道德性，只求利益至上而忽略乃至抹杀道德服务。任何只求其一、漠视另一特征的做法，都不符合服务型公共关系活动的要求。

（2）无形与有形的统一。公共关系中提供的服务产品，既可以是有形的，即实物产品，又可以是无形的，如搬运服务、寄存服务等。从有形性来看，服务型公共关系有时提供给公众的是一种实物形态存在的物质产品，给公众带来明显的实惠感。从无形性来看，服务型公共关系有时并不给公众提供实物产品，而是以“活动”形式提供帮助、协助，对于社会组织而言，无形的服务产品是一种特殊的带有利他色彩的服务劳动过程。因此，公众在接受社会组织服务过程中，如果服务产品是有形的，公众接触较多的是商品或产品；如果服务产品是无形的，公众接触较多的是社会组织的员工。服务型公共关系肩负着塑造社会组织综合形象的重任，既要塑造质量技术形象，又要塑造道德人格形象。因此，在操作上，它必然强调物质产品和服务劳动“活动”的统一运用，既为公众提供优质产品，又为公众提供义务服务，有形与无形相辉映，实现公共关系的最优状态。

（3）综合性与专题性的统一。人类对于服务的要求是十分繁多的。凡是人类涉足的领域都存在服务需求。这样，服务在人类生活中就呈现出种类繁多的色彩。就其形态而言，既有实物产品，又有活动“产品”；既有物质产品，又有精神产品；既有生产技术服务产品，又有生活服务产品……这些不同类型的产品，以其独特的服务“效用”，满足人的某种要求。人类需求的多样性，决定了服务范围的广泛性，使公共关系中的服务具有综合性特征。但是，社会组织提供的服务，由于其职能和局限性，不可能充分顾及人类需求的所有方面，往往带有一定的专题性、主题性，即根据公众需求与社会组织的相关程度，组织相应的活动，开展公共关系服务。

（4）长期性与集中性的统一。公众的服务性需求是永恒的，当一种服务性需求得到满足后，又会产生新的服务性需求，而公众又往往根据社会组织最近提供的服务业务来判断社会组织。因此，社会组织要长期坚持开展服务型公共关系活动。公共关系服务的长期性特征要求我们在实际工作中做到：①制订详尽的年度性乃至中长期的服务战略和计划，规范社会组织的长远性服务活动。②根据公众的需求，合理安排公共关系服务活动的时间，以便在不同时期均能为公众提供服务。③坚持社会组织为公众服务的传统项目，每年在大致相同的时间里，开展内容相同的服务活动，能够使服务活动具有某种“历史悠远性”，强化它的长期性特征。在具体操作上，服务型公共关系活动具有集中性、短期性的特征，即它要在某个时间内集中为公众服务，持续时间较短，有一个明显的结束时期，而集中开展的公共关系服务活动又体现了服务战略和计划的要求。这样，长期性与集中性就可得到有机统一。

2. 服务型公共关系的方式

服务型公共关系，根据它与社会组织其他工作的关系，可以分为渗透式的服务型公共关系和单纯的服务型公共关系。

（1）渗透式的服务型公共关系。渗透式的服务型公共关系是指社会组织渗透于业务、岗位之中开展的优质服务。渗透式的公共关系服务，对社会组织而言是最基本的，它能够把服务与业务结合起来，以服务推动业务工作日趋科学，以业务工作保证服务的真正到位，因此深受公众欢迎。可以说，社会组织所有的业务范围都可以渗入服务，表现出为公众服务的本色。从科研设计到生产、营销都要接受社会组织服务精神的指导，社会组织的领导者、管理者、科研人员、生产人员、营销人员都是为公众提供服务的仆人。所以说，渗透式的公共关系服务主要包括售前服务、售中服务和售后服务。

（2）单纯的服务型公共关系。单纯的服务公共关系是指社会组织离开业务岗位而开展的服务活动。从公共关系角度来看，单纯的服务方式，公众看不到其中的“利己”动机，只表现出为公众提供服务，更加具有公共关系效果。可以说，凡是公众需要的内容，凡是公众涉足的领域，都是社会组织服务的范围。

因此，单纯的公共关系服务范围是十分宽广的，方式方法是多种多样的，常见的主要有：①提供相关服务。即社会组织根据公众的实际需求，主动向公众提供一些自己没有义务、责任但又与自己的经营内容相关的服务项目。例如：商店免费为顾客开设商品寄存业务，摩托车厂家为所有牌号的摩托车提供维修服务。虽然顾客的商品不是在本店购买的，车主的摩托车不是本厂生产的，但有了这种服务，公众将深受感动，以后容易成为自己的忠实顾客。②组织社会公益服务。即选择符合政策、法律、道德要求的社会热点问题，如环境卫生、社会治安、种植树木等，组织员工义务劳动。这不仅可以树立良好的服务形象，而且可以推动精神文明建设。③开展资助、馈赠服务。当社会公众遇到困难时，社会组织及时组织募捐活动，筹集钱、物，从物质上、精神上帮助公众。这可以完善社会组织的人道主义形象。

## 四、社会型公共关系

社会型公共关系是指组织利用各种社会性、公益性活动塑造形象的公共关系活动模式。类似普及性的宣传教育，社会福利事业的开拓及开展公益性活动等，都具有社会型公共关系的含义。

1. 社会型公共关系的特点

（1）内容的公益性。社会主义市场经济条件下的组织，不仅担负着一定的经济使命，而且要承担一定的社会责任，支持社会公益事业，促进两个文明建设。组织为公益事业做出贡献，就是社会型公共关系。北京肯德基公司曾举行了“为了孩子、为了未来”大型义卖活动，义卖活动利润全部捐献希望工程，就是一种公益性公关活动。

（2）影响面的社会性。社会型公共关系活动的内容是公益性的，因此与社会主义倡导的风尚相一致，往往能得到新闻界的热心支持和宣传报道，这必然能在较短的时间内扩大组织的影响。同时，社会型公共关系的形式很多，特别是传播先进科学技术知识、赞助体育事业、举行义演等活动，能够使人产生兴趣、引人入胜，不仅给人以深刻的印象，而且引起人们的相互传播，其结果是提高了组织的知名度和美誉度，增加了社会公众对组织的认识和信任。

（3）利益的长远性。社会型公共关系活动不拘泥于组织眼前的一得一失，而是采取“放水养鱼”的策略，着眼于长远，为组织的发展铺平道路。实践反复证明：经过精心策划的社会型公共关系活动，往往可以在较长时间里发挥效益，具有潜移默化地加深公众对组织印象的作用，是一项战略性的公共关系实践。

2. 社会型公共关系活动的方式

（1）以组织为中心展开的活动。这是指以组织的重大活动为契机。例如：利用组织开业、周年店庆、搬迁改建等各种专门性社会活动。由于活动的时机、内容、形式可由组织自行控制和选择，组织的话题与社会性话题结合得较自然、紧密，社会型公关的效果与宣传型公关、交际型公关、服务型公关的效果融为一体。不过，采用这种方式，需要通过各种手段，如邀请社会名流、各界代表、舆论机构参与，才能引起更多公众的注意和收到更大的效果。

（2）以社区为中心展开的活动。这是指主办或参加与社区的安定、繁荣、发展有关的各种社会性、公益性、赞助性活动。采用这种方式，可以由组织发起活动，也可以参与、支持由政府、社会团体、其他组织发起的活动。这主要包括赞助体育事业、赞助文化事业、赞助教育事业、赞助慈善事业、大型酬宾活动、大型赈灾活动等。

## 五、征询型公共关系

这是一种以采集信息、调查舆论、民意测验、监测环境为主要内容的公共关系活动模式。目的是了解社会舆论和民情民意，为社会组织决策提供依据。征询型公共关系活动方式有：组织市场调查、建立信访制度、设立监督电话、处理举报投诉、与新闻媒介建立联系等。征询型公共关系活动具有长期、细致、多渠道的特点，应当经常化、制度化，特别是要灵活迅速地捕捉有关的重要信息，保证社会组织与环境能协调一致地发展。开展征询型公共关系应把握以下几点：

### 1. 诚心诚意

组织借助征询型公共关系活动加强与公众的直接沟通，目的是树立和巩固组织的形象。为此，组织必须以诚恳认真的态度，虚心地向公众“请教”。同时要主动向公众敞开心扉，倾听公众的批评、意见和建议。只有真心实意地面对公众，开诚布公地联系公众，才能赢得公众的理解、信任和支持，使组织在公众中的形象得以保持和发展。

### 2. 畅通渠道

征询型公共关系立足于实现组织与公众的双向沟通，使双方能够借助某种中介充分地进行信息交流，达到彼此了解、相互信任的目的。因而，必须切实注重打通组织与公众之间的联系渠道，保证沟通渠道的畅通。渠道不通，信息传输不灵，沟通必然难以到位。国外不少企业重视“建议箱”的作用，许多公司发现建议制度可以有效地降低成本，这对我们不无启发。实践中，我国企业或其他社会组织也可以灵活运用诸如调查问卷、访谈、座谈、对话、意见箱、来访接待等方式多渠道地开展征询型公共关系活动，争取良好的效果。

### 3. 决策反馈

开展征询型公共关系活动的目的是为了改善组织的公共关系状态，为完善组织经营管理活动提供依据。在充分了解了公众的愿望、要求、建议和意见之后，组织要依据公众民意来改进自己的工作，切实解决组织发展中存在的问题，并及时地把重要情况向公众通报。若缺少这一步，公众就会对组织的诚意和做法有看法，产生对组织的不信任，组织在公众中的地位和形象自然也会随之动摇。为此，组织开展公共关系活动时，应认真重视对公众意见信息的反馈，凡是公众有疑问的事情，都应“给一个说法”，不能“装聋作哑”，文过饰非，否则组织就会从根本上失去公众的支持力量。

## 第三节　公关专题活动的组织

在开展公共关系活动中，除了有大量的日常性工作要做外，公共关系部门还要有计划、有目的地开展一些专项活动，也叫做公共关系专题活动。这些活动内容广泛，形式多样，有许多技术性问题需要把握。

### 一、庆典活动

庆典活动是指公共关系部门举办的庆贺活动、典礼仪式以及具有特殊文化、社会意义的活动项目。其主要形式有：开业典礼、周年纪念、节日庆典等等。

1. 开业典礼

（1）开业典礼的特点及作用。开业典礼一般是指一个组织开张或一个重要机构成立所举行的仪式。它是公共关系专题活动中比较特殊的一项活动。开业典礼有如下特点：①它是一个组织诞生的标志，是开展某项重大活动的开始，因此它往往具有特别的意义。如同文学作品的“开篇”，戏剧中的“开场”，电影中的“序幕”一样。“良好的开端是成功的一半”，“开张大吉”往往会给公众留下深刻的印象。②开业典礼是一个新的社会组织公共关系活动的开始。随着组织与公众的第一次会面，公共关系也随之形成。对这个组织来说，从此也就拉开了公共关系活动的序幕。③这种专题活动形式比较正规，声势比较大，隆重、热烈、规格高，容易产生轰动效应。

开业典礼作为社会组织展现自身、赢得公众的一种有效的活动形式，对于联系公众扩大组织的影响，提高组织自身的美誉度具有十分重要的作用。因为，任何一个组织的诞生，总希望自己在社会上能占有一定的地位，能对社会做出一定的贡献，在社会上产生一定的影响。当然，要实现这种目的，不可能靠举办一次两次活动就能办到，而需要组织长期不懈的、持之以恒的努力，在与社会的长期交往中逐步实现。但是，无论如何，交往关系总要有一个开头，而且这个开头往往具有决定成败的关键意义。开业典礼就是一个组织向社会的第一次亮相。通过这样一种形式，既为展示组织自身形象创造了良好的氛围，又为公众了解组织提供了机会。成功的开业典礼能够给公众留下深刻美好的第一印象，也为沟通组织和公众之间的联系，为以后的长期交往打下良好的基础。

（2）开业典礼的组织和安排。开业典礼是一项比较复杂的专题活动，需要公共关系人员精心组织和安排。一般说来，开业典礼的组织和安排包括以下两个方面。首先，做好开业典礼的筹备事宜。这主要包括：①撰写典礼的具体程序。包括宣布典礼开始、介绍来宾、致答谢词、剪彩等。②拟定出席典礼的宾客名单。邀请的宾客要具有广泛的代表性，要尽量邀请一些知名人士或新闻记者参加。邀请出席的请柬要尽可能早些发出，以便被邀请者安排时间按时赴会。③确定致辞人员名单，并为本单位负责人拟定答谢词、贺词。④确定剪彩人员。参加剪彩的除本单位负责人外，还应在宾客中邀请地位较高且有一定声望的知名人士同时剪彩。⑤落实各项接待事宜。要把典礼仪式的各项服务工作落实到人，明确任务，提出具体要求，保证人员岗位和不出差错。其次，典礼进行中及结束后的工作安排。主要有：①典礼仪式过程中为了活跃气氛，可以适当安排一些助兴节目，如鞭炮、礼花、歌舞表演、舞龙耍狮、游艺活动等。②为了使上级、同行和公众了解组织，适当组织参加典礼的宾客对本组织的工作现场、生产设施、服务条件、商品陈列等进行参观。③典礼活动结束后，要通过座谈会或留言簿等多种形式广泛征求宾客的意见和建议，以检测效果、总结经验。

（3）举办开业典礼应注意的问题。①准备要充分。开业典礼一般形式比较正规，规模也比较大，举办前尽量要事无巨细设想周全。只有准备充分，才能有备无患，应对自如。②举止要热情。举办开业典礼是组织的第一次亮相，要求全体人员注意礼仪、礼节，对来宾要热情周到，举止文明、落落大方。③头脑要冷静。开业典礼一般气氛比较热烈，受情绪感染，有时会出现一些意想不到的事情，组织者要始终保持清醒的头脑，善于观察苗头，对可能出现的不测，及时引导，巧妙地予以扭转，切不可意气用事或惊慌失措。④抓住时机，有所创新。当庆典过程中出现一些意想不到的事情时，要善于抓住时机，有所创新。上海一家商厦试营业时，一位顾客不慎摔碎了大型导购灯箱。据说，修复灯箱需要 6000 元费用，可是，这家商厦的经理却提出只须这位顾客赔偿一元人民币，其余部分由商厦承担。这种做法不但使顾客深为感动，而且造成了强烈的社会反响和轰动效应，引得报界、电台等新闻机构纷纷报道和采访。这是抓住时机、有所创新的极好例子。⑤指挥要有序。比较大型的开业庆典活动，人员众多、场面热闹，组织不好，容易乱套。因此，组织者必须周密安排、明确分工、指挥有序。要建立联系系统，使参加者的情绪受感染，不知不觉地予以接纳，这就要求组织者具有敏锐的观察力和高超的鼓动技能，善于根据公众情绪变化，不断把气氛推向高潮，提高传播效果。

2. 周年纪念

组织的周年纪念，也是每年一次开展公共关系的极好时机。因为组织的类

型、特点、性质不同，所处的具体环境、所具备的条件以及主观追求的目标不同，因此，同开业庆典一样，组织的周年纪念活动形式也是多种多样的。广州中国大酒店在开业一周年纪念活动中以照一张全酒店 2000 名员工参加的“中”字照作为公共关系活动主题，并以这张照片为画面制成名信片寄给世界各地曾经住过酒店的宾客和赠与社会各界知名人士，以此来联络感情、扩大影响、吸引公众。组织周年纪念的形式丰富多彩，但是无论何种形式，都必须注意以下几点：

（1）周年纪念活动必须有明确的主题。如，中国大酒店开业一周年的庆祝活动公共关系人员设计的主题是：“中外通商之途，殷勤款客之道。”这就突出了酒店特别为来华经商者提供先进、完善服务的特色。

（2）注意介绍本组织的成就。周年纪念活动对内可以增强凝聚力，对外也是宣传自己的极好机会。因此，要注意宣传、介绍本组织的成就、本组织生产经营特色、产品质量、经营方针和宗旨以及所取得的经济效益和社会效益。美国通用汽车公司就是通过具有特色的周年纪念活动向公众宣传该公司对汽车发展所做的贡献。

（3）感谢各界同仁及朋友的支持。组织的发展离不开各界的广泛支持，组织可以利用周年纪念的机会，有的放矢地提出感谢的具体单位及单位的主要领导，以此联络感情。

（4）提出未来的发展计划。要注意说明本组织存在的社会价值以及今后对社会发展的贡献，并表示今后要继续求得社会各界朋友的支持和爱戴。

3. 节日庆典

世界各国、各民族、各地区及组织都有自己的节日，有的是传统节日，有的是具有纪念意义的节日。可以说，所有的节日都值得庆贺，都具有纪念意义，也是开展公共关系活动的大好时机。随着改革开放我国各地相继举办了一些具有地方特色的节日，如青岛的啤酒节、上海的电影节、潍坊的风筝节和大连的服装节等。这些节日对于塑造地方形象、扩大影响都起着十分重要的作用。举办节日庆典要注意的问题：

（1）确定举办节庆的时间、地点。节庆的时间应相对固定，不宜朝令夕改。地点的选择应适合节庆的主题。如“桃花节”、“樱花节”一定要选有桃花和樱花盛开的地方。

（2）设计每年节庆的宣传口号和节徽，为了使每年的节庆活动有新意，有些节庆的口号可以一年一换，也可采取社会征集的办法，引起更多人的关注。

（3）周密策划，力求使每一次节庆活动内容和形式都丰富多彩，独具特色。活动方案的形成既可由专家设计，也可采取参加单位提出自己的活动方案后，由总负责部门协调。

（4）具体活动实施，要错落有序，宽松结合。节庆活动要在最吸引人的地点、时间举行，同时，要注意交通秩序，保证安全。

（5）要和新闻机构加强联系，准备好宣传、报道方面的材料，加强宣传的力度，使整个活动取得良好的社会效益和理想的经济效益。

## 二、展览会

组织通过举办展览会，运用真实可见的产品和热情周到的服务，全面透彻的资料、图片介绍和技术人员的现场操作，吸引大量的参观者，使其留下深刻的印象。它是组织重要的公共关系活动之一。

1. 展览会的特点

（1）形象的传播方式。展览会是一种非常直观、形象、生动的传播方式。展览会通常以展出实物为主，并进行现场示范表演，如在产品展览会上，有专人讲解和示范产品的使用方法。这种直观、形象的活动，容易给参观者留下深刻的印象。

（2）极好的沟通机会。展览活动给组织提供了与公众直接沟通的极好机会，通常展览会上都有专人解答参观者的问题，并就他们感兴趣的问题进行深入讨论。这样，参展单位在让公众了解本组织的同时，还能及时了解公众对本组织传播内容的反映，参展单位可以根据公众反馈的信息进一步做好工作。

（3）多种传媒的运用。展览会是一种复合的传播方式，是同时使用多种媒介进行交叉混合传播的过程，它集多种传播媒介于一体，有声音媒介，如讲解、交谈和现场广播，又有文字媒介，如印刷的宣传手册、资料，同时还有图像媒介，如各种照片、录像、幻灯片等。这种复合性的沟通效果是其他传播媒介无法比拟的。

2. 展览会的组织

举办展览会要精心组织，做好以下细致全面的工作。

（1）明确展览会的主题。每一次、每种类型的展览会都应有明确的主题和目的。只有主题明确，才能提纲挈领，对所有展品进行有机的排列组合，充分展示展品的风采。否则主题不明，眉毛胡子一把抓，很难把展品、各类资料有机地结合起来，杂乱无章，势必影响展览效果。

（2）搞好展览整体设计。任何一项展览都是一项系统工程，要求必须有一个详细的整体设计。包括展览场地、标语口号、展览徽志、参展单位及项目、辅助设备、相关服务部门的设置和人员安排、信息的发布与新闻界的联络、对工作人员的培训等，都需要全面设计，周密安排。否则，在某一个环节上安排不当都会影响整个展览的效果。

（3）成立对外新闻发布机构。成立对外新闻发布的专门机构，负责与新闻界进行密切的联系，展览过程中往往会发生许多有新闻价值的东西，这就需要有关人员以敏锐的观察力去挖掘、去分析并写成各种新闻稿件发表，以扩大影响。同时，要组成专门的机构，专门负责新闻发布的计划，如确定发布内容、发布时机、发布形式等，这样，效果会更好。

（4）进行展览的效果测定。展览的效果一般体现在观众对展品的反映，对组织形象的认识以及对整个展览会从内容到形式的总体看法等方面。为了检验展览会宣传效果的大小，检验举办各类展览活动的目的是否达到，必须对展览效果进行检测。测定的方法很多，如设立观众留言簿，召开座谈会听取反映，检验公众对展品的留意程度等。

## 三、赞助会

赞助是指组织对某一社会事业、事件无偿地给予捐赠和资助，从而扩大组织的知名度与美誉度，树立美好形象的活动。赞助会是某项赞助采用的具体形式。

### 1. 赞助的意义

赞助对组织的发展具有特殊而重要的意义。具体表现为以下三点：

（1）提高组织知名度。赞助可以使组织的名字伴随所赞助的事件一起传播。如奥运会是举世瞩目的体坛盛会，收看的公众覆盖面非常广，遍布全世界，这样的赞助活动对组织知名度的提高是可想而知的。

（2）提高组织的美誉度。由于赞助活动所赞助的往往是社会大众所关注的、支持的事业，因此赞助可以树立一个组织关心公益事业的良好形象，改变营利性组织“唯利是图”的商人形象。

（3）履行组织的社会责任。救灾扶贫，支持公益事业，对社会每个成员来说，人人有份，赞助活动正体现了组织在建设精神文明、履行社会责任和义务方面的积极态度。

### 2. 赞助的类型

赞助活动的类型很多，常见的赞助类型有以下几种：

（1）赞助体育事业。赞助体育事业主要包括为体育馆捐资和赞助大型体育比赛，其中以后者居多，因为体育比赛是当今的社会热点之一，对其进行赞助，往往可使本组织迅速扩大影响。

（2）赞助文化活动。主要指赞助电影、电视节目的制作、赞助广播节目、报刊开辟专栏、赞助文艺表演、赞助知识竞赛、艺术节、文化节等大型文化活动。这种赞助活动，不仅有助于社会主义文化事业的发展，有助于全民族文化素质的提高，也有助于培养组织和公众的良好情感，提高知名度。

（3）赞助教育事业。教育的发展是关系到国家千秋大业的大事。赞助教育事业，既有利于教育事业的发展，也会使组织从中受益。赞助教育的方式，主要有赞助设立奖学金，赞助学校教学、科研经费、仪器设备、基本建设经费，赞助社会办学等。

（4）赞助社会福利事业。这主要指为贫困地区、残疾人、孤寡老人和荣誉军人等提供帮助活动。这类赞助体现了组织高尚的道德品质，也是组织向社会表明其承担社会责任和义务的手段。

不管赞助对象是谁，赞助单位向单位和个人提供的赞助物品主要有四类：一是金钱，赞助单位以现金或支票的形式，向受赞助者提供赞助；二是实物，赞助单位或个人以一种或数种具有实用性的物资的形式，向受赞助者所提供的赞助；三是义卖，赞助单位或个人将自己所拥有的某件物品进行拍卖，或是划定某段时间将本单位或个人的商品向社会出售，然后将全部所得以现金的形式再向受赞助者提供赞助；四是义工，赞助单位派出一定数量的员工，前往受赞助者所在单位或其他场所，进行义务劳动和有偿劳动，然后以劳务的形式或以劳动所得来提供赞助。

3. 赞助会的组织

赞助活动实施之际，往往需要举行一次聚会，将有关的事宜公告于社会。这种以赞助为主题的赞助会，在赞助活动中，尤其是大型赞助中，大都必不可少。赞助会一般由受赞助者操办，也可由赞助者操办。

（1）场地的布置。赞助会的举行地点，一般可选择受赞助者所在单位的会议厅，也可租用社会上的会议厅。会议厅要大小适宜，干净整洁。会议厅内，灯光亮度适宜。在主席台的正上方，需悬挂一条大红横幅，在其上面应以金色或黑色的楷书书写着“某某单位赞助某某项目大会”，或者“某某赞助仪式”的字样。赞助会会场的布置不可过度豪华张扬，略加装饰即可。

（2）人员的选择。参加赞助会的人员既要有充分的代表性，又不必在数量上过多。除了赞助单位、受赞助者双方的主要负责人及员工代表之外，赞助会应当重点邀请政府代表、社区代表、群众代表以及新闻界人士参加。所有参加赞助会的人士，与会时都要身着正装，注意仪表，个人动作举止规范，以与赞助会庄严神圣的整体风格相协调。

（3）会议的议程。赞助会的具体会议议程应该周密、紧凑，其全部时间不应超过一小时。其议程是：

第一，宣布会议开始。赞助会的主持人，一般应由受赞助单位的负责人或公关人员担任。在宣布正式开会之前，主持人应恭请全体与会者各就各位，保持肃静，并且邀请贵宾到主席台上就座。

第二，奏国歌。此时，全体与会者须一致起立。在奏国歌之后，还可奏本单位标志性歌曲。

第三，赞助单位正式实施赞助。赞助单位代表首先出场，口头上宣布其赞助的具体方式或具体数额。随后，受赞助单位的代表上场。双方热情握手。接下来，由赞助单位代表正式将标有一定金额的巨型支票或实物清单双手捧交给受赞助单位代表。必要时礼仪小姐要为双方提供帮助。在以上过程中，全体与会者应热烈鼓掌。

第四，双方代表分别发言。首先由赞助单位代表发言，其发言内容重在阐述赞助的目的与动机。与此同时，还可将本单位的概况略做介绍。然后由受赞助单位代表发言，集中表达对赞助单位的感谢。

第五，来宾代表发言。根据惯例可以邀请政府有关部门的负责人讲话。其讲话主要肯定赞助单位的义举，呼吁全社会积极倡导这种互助友爱的美德。该项议程，有时也可略去。至此赞助会结束。

会后，双方主要代表及会议的主要来宾，应合影留念。此后，宾主双方稍事晤谈，来宾即应告辞。

4. 赞助应注意的问题

（1）进行赞助研究。赞助研究即对赞助对象与本组织的关系以及赞助方式及效果等问题的研究。赞助可以由组织主动选择对象予以支持，也可在接到请示后再做出反应。一般来说，组织要想获得好的信誉投资就应采取第一种主动赞助形式，这就要求对赞助进行认真研究。赞助研究应从组织的政策入手，从需要赞助的事业、事件出发，核算进行赞助的成本以及分析赞助将产生的效果，并且注意防止赞助活动离组织整体赞助主题太远，保证在赞助活动中，组织、公众和社会同时受益。

（2）遵循赞助原则。赞助活动要注意遵循一定的原则。主要包括：影响力的原则，即赞助活动的影响面要大、影响力要强，要与所赞助的事件成正比例关系；经济力的原则，即所赞助的经费、物质必须为本组织所能承担的限度，要合理适当，量力而行；政策许可的原则，即赞助的对象、经费的开支等，必须符合国家的政策规定。

（3）制订赞助计划。在进行赞助研究，遵循一定的赞助原则的基础上，制订切实可行的赞助计划。赞助计划包括：赞助对象的范围、数量、赞助经费的预算，采取的赞助方式与步骤以及赞助宗旨等。赞助计划是赞助研究的具体化，可以控制赞助的范围，防止赞助规模超过组织的承受力，节制浪费，做到有的放矢。

（4）审核评定赞助计划。审核评定赞助计划是由领导决策机构的成员或有关方面的专家，对赞助计划或方案进行分析讨论审查评定的过程，是一种可行性的论证。审核评定赞助计划包括对具体的赞助方式、赞助款额以及赞助动机的审核和评定。

（5）赞助计划的具体实施。赞助计划的实施要成立或指定专门机构和人员负责，要与接受赞助的一方签办一定的赞助手续。赞助负责人要组织人员切实落实各项具体的赞助项目并且要监督接受赞助一方合理使用赞助资金，积极实施赞助计划，使赞助与接受双方都获得良好的社会效益和经济效益。

（6）赞助效果的测定。每次赞助活动完成之后，都应对赞助的效果进行调查测定。把赞助结果与计划相对照，看完成了哪些预定的指标，哪些指标没有完成，并找出各自的原因，为今后的赞助活动提供参考资料。

## 四、开放参观活动

开放参观活动是指一个国家、一个地区、一个组织敞开大门让公众来实地走走看看，以加深公众认识和了解的一种活动。一个组织要想使公众更好地认识自己，可以用事实本身证明自己的存在是有利于社会、有利于地区、有利于公众的，敞开门户，让社会各界人士产生对本组织的兴趣和好感，提高美誉度，而且还会收到验证宣传真假、消除怀疑之功效。它对于塑造组织的良好形象、提高声誉都有着十分重要的作用。举办各类开放参观活动要注意以下问题：

1. 明确参观目的，确定开放参观的主题

想通过这次活动达到什么样的效果，要给参观者留下什么印象？首先要明确目的，确定参观的主题。一般说来，组织参观活动的目的主要包括这样几个方面：一是为了扩大知名度。由于组织的知名度不是很高，需要拓宽公众对其组织自身的了解程度。二是为了维护和进一步提高组织的美誉度。三是为了密切与社会各界人士和社区公众的关系、广结良缘。四是为了澄清疑点、求得谅解。由于社会公众对组织产生了某些怀疑和误解，希望通过参观澄清事实、消除误解。例如，1990 年，我国政府决定在深圳大亚湾修建一座核电站。但是，由于自 1979 年美国三哩岛核电站事件之后，1986 年在苏联又发生了切尔诺贝利核电站核泄漏事故。修建核电站消息见诸报端之后，引起世界各国人民广泛关注。香港各界尤其震惊，签名反对中国政府在邻近香港的大亚湾修建核电站。一时间，满城风雨，民心大乱。但是，这场暴风雨很快就平息了，其中一个很重要的原因，就是中国政府组织香港居民选派代表参观大亚湾核电站项目拟建现场，向他们介绍了安全情况。目的就是让他们放心，大亚湾核电站不会危害香港人民的健康与安全，还会为香港人民提供充足的电力。这次参观目的明确，主题鲜明，效果也很明显。

2. 制订切实可行的参观计划

参观活动按其规模来分，有大型参观活动和中小型参观活动。大型参观活动规模比较大，参与人数比较多，档次比较高，经历时间相应也长一些。小型参观活动在规模、人数和时间上小一些、少一些。但是，无论哪一种参观活动事先都必须有充分的准备、周密的安排。在参观的路线、范围、内容方面，在向参加者提供的情报资料、说明书、纪念册方面，在人员安排、产品展示及服务方面等，都应事先制订出详尽的、切实可行的计划。

3. 搞好参观的具体组织工作

搞好参观的具体组织工作包括：一是确定参观日期。最好安排在特殊节日，如逢年过节、开业庆典、周年纪念等。二是发出邀请并告知参观事项。三是接待服务工作。编写来宾名册、解说词、布置接待室和休息室、印制资料和准备纪念品等。四是向导工作。向导工作是组织参观活动的关键环节，要事先进行培训。参观时，向导要戴标志。

4. 处理好开放与保密的关系

参观要遵循公开化的原则，但是，由于这样那样的原因，每个组织往往都有自己所不宜外露的秘密。怎样处理开放和保密的关系，就需要公共关系部门精心设计，既能保证正常的参观秩序和效果，又能防止不宜公开的秘密泄露。参观结束后，还应及时收集反映，分析本次参观活动的收获和不足，以备借鉴和参考。

## 成功举办公关活动二要素

从酒会、发布会、接受媒体采访、公司庆典到相关公益活动，任何组织和企业都离不开无处不在的公关活动，有些企业是潜意识或策略性的前导公关。有些则是被动或主动的公关，但是，不管哪种形式的公关活动，都是一种传递信息的实践，通过将信息有效传递给公众或目标群体，改变他们的观点，进而影响他们的行为。而这些信息，就代表了企业的个性和理念。随着西门子在中国市场的快速发展，外部、内部的公关活动也是接二连三地进行，如西门子在华首家办事处 100 周年、西门子员工大会、企业公民项目等。这些成功的公关活动，无疑为企业增光、添彩。那么，影响公关活动成败的关键要素是什么呢？

**公关活动成败关键一：概念**

概念就是活动的筹划案，决定一个公关活动的感觉，让目标群体感受到这是他们的活动，他们的语言圈。西门子在 2004 年宣布将大力推动新的地区化政策，把全国的地区办事处从当时的 28 家增加到 60 家，以便更好地贴近客户，了解和满足需求，从而实现增长。

首先要确定公关活动的目的、公关活动的计划和策划方案。对每项活动的筹划都要以支持、推动企业的发展策略为目的。西门子的地区化政策推行是一个全国性的策略，为促进该项政策的快速实现，市场公关团队策划了新的地区办事处成立的公关活动概念。此项公关活动的目的，旨在打开西门子与新进入地区市场客户、有关政府领导、媒体沟通的通道，向他们介绍西门子新的地区政策，借此机会表达西门子在当地投资的信心，阐明西门子接近和服务客户的做法，从而强化其客户导向、其竞争力和值得信赖的形象，为在当地的长期发展奠定基础。在确定活动概念时，作为市场公关负责人，绝不要因为觉得某项活动本身很好，就盲目筹划公关。也不要因为手头有预算，就组织活动。没有清晰目的的公关活动就像一朵飘过的云彩，虽然飘过，却因没有落下一滴水而没有被人记住，没有市场反响。

其次是定义公关活动的目标群体。通常，公关活动是面对某些特定的公众群，市场公关负责人切忌贪心，认为一个公关活动能影响越多人越好。所以，在每一次公关活动中，要把你有限的资源集中在你的目标群体，实现有效公关。因为每项活动的资金费用都是有限的，更重要的是，同样的信息和观点通常易于为某些群体所共享，而不是整个社会所共享。要知道，所有公关活动要实现的是有效的影响，最终在特定群体中共享你的信息，改变他们的观点，进而改变他们的行为——对企业的认可。即使目标群体是全社会所有人员，你也不可能在一个公关活动中满足所有群体，而是要通过面对不同群体的不同活动达到影响所有群体的目的，最后实现普遍影响。

在西门子新地区办事处公关活动中，结合公司的目标，我们确定了此项活动的目标群体即当地主要客户、有关政府领导，并将此项活动定位为西门子与目标群体之间的高层对话。而另外一个重要群体——新闻媒体，则是实现和媒体面对面的透明沟通，同时通过他们向我们的目标群体和大众再次强调西门子在当地的承诺。

最后要确定核心信息。西门子成立新的地区办事处庆典活动的核心信息就是：新的地区化策略以及更贴近、更有效服务当地顾客，加强与当地合作伙伴关系的承诺。核心信息将贯穿整个公关活动的每个阶段、每个角落，从公司内部与各集团、各部门沟通，包括既要与管理层沟通，也要做到与销售人员的充分沟通，确保核心信息为他们所接收，然后才能有效对外传递。从邀请到庆典现场设置、程序安排都是核心信息的传递。水滴石穿，可是如果水不持续滴在一个点上，石头能穿吗？

**公关活动成败关键二：细节性的执行力**

细节的执行决定着来宾的心情，我们都看过太多美妙的策划，最后却听到不绝于耳的抱怨，看到一个乱哄哄的现场，投入的资金和努力换不来满意度。为什么？那是因为没有严格到位的细节执行。

细节是一张列不完的菜单，比如客户来了有没有熟悉的、地位相当的公司人员接待引见，比如灯光是不是让某位来客觉得刺眼，演讲台是不是让高个子发言嘉宾觉得看不见讲稿，这些都影响他们的心情。

在该项活动的执行方案中我们确定的是立体多方位的执行，如硬件方面，我们为活动流程设计、地点和时间选择、现场布置、庆典亮点、高潮的设计等配备了专门人员和方案。软件方面，则包括氛围的预设，相关人员包括从管理层、销售人员角色和任务的分配到目标群体的沟通接待等，都在最初设计了详细的执行方案。另外，还要事先准备活动现场的备用方案，对可能出现的意外做出补救措施，比如准备双份启动仪式的器具，比如讲话嘉宾突然来不了怎么办等。这些备用方案虽然可能一年都用不上一次，但是公关绝对是一只小蚁能决千里之堤的行当，决不允许你有任何闪失。

资料来源：西门子中国有限公司公共关系部华南区经理郑泽群．成功举办公关活动二要素．经理人，2006（2）．

## 联合利华大型公益巡展活动

联合利华是世界上生产快速消费品的主要企业之一，拥有460亿美元的年销售额和68亿美元的利润，位于《财富》全球500强前列。“中华牙膏”则是联合利华在中国的支柱品牌，拥有了包括长效防蛀系列、中草药系列、金装全效、亮白系列及最新推出的“本草5珍”共5个系列9个品种的牙膏。随着产品线的不断完善，产品配方的升级和包装的更新，中华的品牌形象需要对专业性和时尚感、国际化、年轻化等方面的诉求进行充分提升，以更好地适应市场需求。但由于产品线长且每一种产品都有自己的特色，因此如何将这些产品特色有针对性地传递给用户，是一大挑战。

2001年5月，联合利华更换了中华牙膏的标识，并推出了“让生活更具活力的”大品牌理念，使之消费群体向年轻化拓展。如何通过新颖独特的方式向受众展现联合利华中华品牌的专业实力，同时传递品牌时尚、创新、新鲜的形象，成为联合利华所面临的独特挑战。

**1．项目调研**

品牌印象。一方面通过查阅联合利华以往对中国用户进行的调研报告进行分析；另一方面通过一些机构和自己的渠道对用户需求和认知的变化进行了了解。结果显示，中华牙膏在中国大众当中有着良好而坚实的知名度，但受众普遍认为中华牙膏相对于竞争对手而言，品牌印象相对老化和保守，活力不够，传统产品的意味很浓；从产品质量上而言，可信度较高，但对于中华目前所具备的国际先进技术实力都不是很了解。

媒体通道。对巡展途经地区的媒体资源进行了充分调研，选择了包括报纸、杂志、网络和电视媒体在内的100多家媒体，并与相关版面的编辑、记者进行沟通，了解他们对中华品牌的认知程度和希望获得的信息等。

全国性活动调研。对目前各类消费品牌进行过的全国性的活动的形式、诉求、环节设置等方面的内容进行了大量的调研分析，找出需要改进的关键点和在活动形式及策划上的区分性核心元素。对牙膏类产品吉尼斯纪录的申请和颁发状况进行了调研，确立了申请到吉尼斯世界纪录的牙膏在材质、体积、重量、工艺、罐装、生产、包装、运输等环节的要求和条件。

**2．项目策划**

（1）公共关系目标。提升中华牙膏“专业化、国际化”的品牌特性，突出年轻化、充满活力的形象，加强同相关政府、行业组织的关系，在消费者中塑造行业领导的形象，与全国各地的消费者充分互动，突出关注消费者健康、积极沟通的企业形象。传播“中华本草 5 珍”新品的知识和信心，拉动终端购买，搭建品牌与媒体之间良好沟通的桥梁，提高媒体对中华品牌的好感和品牌忠诚度。

（2）传播策略。配合地面活动，借助强势媒体，构建整合传播平台。将平面、电视、网络、特种载体（包括明信片、短信互动、签名条幅、网络游戏）等有机结合，采用立体化、全方位、多角度的配合方式，形成“海陆空”全覆盖传播。使事件效用最大化发散给受众，在最短的时间内形成公众对事件的强记忆。

（3）活动策划。2005 年 9 月 20 日——第 17 个世界爱牙日，联合利华日化有限公司在中国上海向世人展示高度 3 米、直径 0.8 米、重量达到 2.8 吨的中华牙膏，并以此向吉尼斯“世界之最”发起冲击。与此同时，“中华挑战世界之最”——2005 中华全国 9 市 1 县大型公益巡展也正式拉开了序幕。此次活动由上海启动，途经武汉、长沙、凤凰、重庆、西安、太原、石家庄、济南，最终到达首都北京。11 月 12 日，在北京朝阳公园举行“中华挑战世界之最”2005 中华大型公益巡展的闭幕仪式。活动当天呈现“万人支持中华挑战世界之最”的百米条幅，现场揭晓“中华”大牙膏挑战吉尼斯世界纪录的审批结果，并将这支具有特殊意义的“中华”牙膏捐赠给中华口腔医学会，推动中国口腔保健事业走向新的台阶。

（4）传播计划。电视媒体：与中央电视台、东方卫视、湖南卫视等国内最为知名和强势的电视媒体建立深度合作，在栏目中采用植入式的全新传播方式传递和渗透中华产品、中华品牌和此次活动相关的信息，引起受众尤其是年轻消费者对品牌的关注。

平面媒体发布主题：

中华大牙膏向吉尼斯世界之最发起冲击

“中华挑战世界之最”——公益大型活动新闻发布会

“中华挑战世界之最”——2005 中华全国 9 市 1 县大型公益巡展

挑战吉尼斯成功暨“中华挑战世界之最”闭幕仪式

网络媒体：启动仪式当天在新浪网进行活动现场直播；专题的文字链接在合作期间悬挂在新浪网旅游、生活、文化频道的活动专题首屏位置：启动仪式和闭幕仪式当天提供新浪网首页首屏文字链；各巡展城市活动当天提供新浪网新闻首页三条轮换文字链：活动专题网站除在新浪网固定位置外还以其他多种方式进入，如（随机出现）图片新闻链接、文字新闻链接等；根据活动的推进，活动网站每日更新；专题内容包括本次活动巡展概述、新闻报道、吉尼斯专栏、企业信息、新品介绍、网络游戏、现场图片、护齿常识、明信片抽奖和相关报道等内容；注册 zhyg.cn 为活动专区域名，设置中华牙膏活动网站。

**3．项目执行**

（1）大牙膏制作及实现。“吉尼斯世界纪录”对于申请对象的制作有着严格的要求，此次活动的“中华本草 5 珍大牙膏”模型重达 780 公斤，但必须与一支普通的牙膏在包装材料和膏体方面完全一样。联合利华的技术人员经过多次尝试，克服了膏体自重压破包装、牙膏外壳制作、外观喷绘、牙膏口盖密封、膏体充填方式等各方面的众多技术困难，经过一个多月的尝试最终试制成功挑战世界纪录的大牙膏。

（2）现场活动细节。这主要包括以下方面：

视频短片：启动仪式和巡展开场视频，传达中华品牌“一流技术　优良品质”的活动信息，稳步提升品牌在技术领域以及价值领域的隐含价值。打造企业公益形象，彰显体贴入微的服务理念；闭幕仪式视频内容根据巡展路上的影像资料剪辑成片，见证本次活动的主题与精神内涵，表现我们挑战所走过的道路。

互动游戏：巡展现场设计展开品牌、口腔健康知识与人群之间的互动游戏，配合“中华挑战世界之最”的精神，在游戏中提倡一种健康积极的生活态度。增进了现场活动的气氛，加强了中华品牌的人群亲和力。

抽奖环节：为了更好地调动受众参与本次活动的积极性，除了在现场活动当中设置游戏卡抽奖环节，还设置了明信片抽奖、电视互动短信抽奖和网络游戏抽奖，全方位和最大程度地吸引受众参与其中，享受快乐，体验幸运。

巡展专用车：由专业车辆改装厂特别制作用于本次活动巡展的运输中华大牙膏专用车。自动液压大牙膏托起装置，便于超大牙膏的保护，也提升了其在现场的展示效果；折叠车梯设计，蓝色车面地毯，形成了巡展期间流动的活动舞台；车顶灯源装备，为巡展活动傍晚时段的牙膏和舞台区域照明起到了重要支持作用。

明信片载体：作为一种人与人之间的精神桥梁和人文关怀的象征；作为活

动本身的极好纪念；作为本品牌新形象亮相中的一个突破口。以全新的视觉效果在第一时间内打动、吸引用户人群，吸引更多年轻人群的目光，提高本品牌在生活潮流中时尚的、现代的、进步的积极形象。

知名主持人：本次活动对主持人的综合素质与应变能力要求颇高，为此挑选了东方卫视两位人气较高的主持人：在启动仪式和闭幕仪式中，潘涛稳重大方、主持风格沉着、彬彬有礼，很好地掌控着现场的节奏；游戏互动环节和各地巡展中，袁成杰年轻俊朗的健康形象与开朗活泼的主持风格相得益彰，很好地调动了现场气氛，与观众进行了数次互动，起到了聚拢人气和年轻消费者的作用。

大牙膏留影：用照片集锦的形式来表达最终的品牌意识，通过不同城市、不同人群将自己的身影留在最大牙膏前，使消费者真切参与并体会“中华挑战世界之最”的乐趣，实现事件传播及品牌宣传的有效延展。

深入凤凰少数民族地区：巡展深入湘西凤凰开展“中华送健康”活动，让当地少数民族小学生现场参与普及护牙常识的活动环节，巡展健康医疗小组也深入贫困户代表家中，为当地人民群众普及护牙知识，现场义诊，并赠送中华品牌牙膏表达中华关怀。

万人签名百米条幅：它将跟随车队与最大牙膏一起进行巡展，每到一个城市，邀请前来观看最大牙膏的人群加入签字行动，作为一个流动的公益宣传，意在提醒每一个人要有自我健康意识。

极限运动展现挑战：现场活动通过极限攀岩运动表演，突现“中华挑战世界之最”的精神，吸引人气。通过直观的大牙膏视觉形象，在第一时间内鲜明突出地将“中华挑战世界之最”的活动主题传达出去。

预警系统及灵活应变：针对部分受众认为申请吉尼斯世界纪录仅仅是企业行为，公益色彩不够的意见，在传播中明确此举“旨在让更多人关注个人和家人的口腔健康”的公益性质，并提倡一种挑战的精神。为此，在活动中增加了凤凰站与当地政府共同举行的产品捐赠、爱牙知识书籍捐赠的活动，闭幕仪式上将成功申请吉尼斯世界纪录的大牙膏无偿捐赠给中华口腔医学会，用于全国范围内的口腔健康宣传，在北京站增加了牙科专家现场答疑和义诊，等等。

为避免因某一站天气和场地因素延误活动而导致巡展全线瘫痪，提前两个月派两组人员对选定城市的活动场地进行实地勘察，并了解当地往年巡展时段的天气情况。根据调研结果，准备两套方案，以备执行时按需调整。

**4．效果评估**

“中华挑战世界之最”活动从启动仪式开始，经过巡展到闭幕仪式，无论从整体还是从细节都为到场的来宾与观众营造了一个热烈、欢愉的氛围，让大家充分感受到了联合利华作为一个跨国公司的雄厚实力。通过立体传播覆盖，使大众对中华新品牙膏——“本草 5 珍”有了直观的、比较全面的认识，中华大牙膏成功获得吉尼斯世界纪录更为本次“中华挑战世界之最”画上了完美的句号。

“中华挑战世界之最”这一行动广泛传播了“中华牙膏”年轻、健康、公益的形象和“本草 5 珍”新品的卖点与信息。根据对传播通道、到达率、发行量、收视率等数据的综合计算，此次活动的受众到达频次超过 5.4 亿人次，其中信息有效到达人群约 3125 万人，多次信息到达人群约 915 万人，现场活动信息到达超过 110 万人。根据对各地信息到达人群的调查数据，大约 85%的信息有效到达人群提升了对中华牙膏品牌的了解程度，55%的人群增加了对特定诉求的认同，新品的了解率更是超过了 89%，大大促进了“本草 5 珍”新产品在各地的销售。而且，这一行动也为申请吉尼斯世界纪录进行了强大声援，为最终得到吉尼斯纪录提供了保障。

资料来源：中国国际公共关系协会编著．最佳公共关系案例.清华大学出版社，2007．

**讨论题：**

1. 联合利华大型巡展活动的成功之处表现在哪些方面？

2. 联合利华大型巡展活动对现场活动细节的把握有哪些？对你有哪些启示？

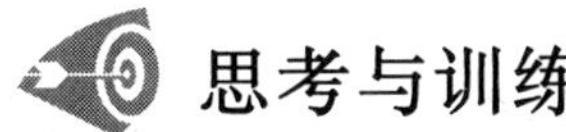

## 思考与训练

1. 什么是公共关系专题活动，它有哪些作用和特点？

2. 公共关系专题活动有哪些模式？请分别介绍一下。

3. 常见的公共关系专题活动应如何组织？

4. 如何针对不同的目标公众开展相应的公共关系活动？

5. 就你身边值得纪念的日子模拟举办一次庆典活动。

6. 力士有限责任公司为了推广自己的新产品，与一家百货商场达成协议，拟定在该商场门前广场举办新产品展示会。在活动方案拟定后，由公司的公关部承担本次活动实施的筹备工作。请问，应该从哪些方面入手？

7. 请发动同学收集一些不同产品的商标，组织一次商标展览会。

8. 清泉饮品股份有限公司一直热衷于社会公益事业。最近，公司董事会决议赞助 2010 年在南非举办的“世界杯”足球邀请赛。请结合本次活动说明组织社会赞助活动应注意哪些问题？

9. 大华商贸有限公司为答谢新老商业伙伴对公司的厚爱，决定在友谊宾馆举行一场公司与客户的联谊活动。请你帮助确定本次公关联谊活动的内容和步骤。

10. 如何成功地策划一次对外开放参观活动？

11. 案例分析：

**别开生面的庆典活动**

一天，美国某连锁店的公司总部办公楼前，鲜艳的彩旗在微风中轻柔地飘拂，争奇斗妍的鲜花传递着温馨的情意。络绎不绝的人群纷纷涌向这里，里里外外挤得水泄不通，记者的镁光灯不停地闪烁，一场别开生面的庆典活动在一种情趣盎然的氛围中拉开了序幕。

那一天，是该公司开业30周年的纪念日。为了使这次纪念日的庆典活动在众心目中产生轰动效应，培养员工对本公司的认同感、归属感，进一步增强凝聚力和向心力，公司总裁和有关人员经过精心谋划，确定这次庆典活动以“内求团结、外求发展、提高知名度、管理上台阶”为基本宗旨。

这场庆典活动奇就奇在亮相的第一个节目：公司总裁将为一位在公司连锁店门口擦了25年皮鞋的黑人老人举办一次活动。在还存在有色人种遭歧视、受凌辱现象的美国，这无疑是一个颇具影响的事件，引起了新闻界和广大公众的好奇心，尤其是黑人们更是普遍予以关注。

华丽的大厅响起了一阵阵美妙的鼓乐声，总裁恭恭敬敬地端起酒杯说：“女士们、先生们，承蒙诸位莅临本公司开业30周年庆典活动，敝公司不胜荣幸。请允许我代表本公司的全体员工及我们的‘上帝’，向这位在商店门口擦了25年皮鞋的老人表达我们最诚挚的敬意和衷心的感谢，愿老人家健康长寿。然而，今天仅仅为老人举杯祝福仍难以一表我们的心愿。”说着，总裁在众目睽睽之下蹲下身子，请老人坐下，亲自为他擦亮脚下的皮鞋。这突如其来的举动顿时令这位含辛茹苦、饱经风霜的老人老泪纵横，来宾们群情沸腾，欢声四起。翌日，美国的各种大众传播媒介多角度、多层次地将这一庆典活动辐射到全国各地，轰动了整个美国。

这家公司颇具特色的开业30周年庆典活动，不仅进一步提高了该公司的知名度，树立起良好的社会形象，还极大地调动了公司员工们的积极性，增强了凝聚力、向心力。此后，该公司的营业额扶摇直上，利润成倍增加。

**问题：**请说明该案例反映了组织者什么样的公关意识？该案例属于什么样的公关模式？该模式的特点是什么？

12. 案例分析：

**密云踩踏事件**

2004年春节刚过，北京密云灯展就拉开了序幕。元宵节前，灯展每天有

游人为 3000 人左右，但元宵节当天游人突破 3 万人，公园中十分拥挤，而公园中的彩虹桥既长又窄，最窄处不过 3～4 米。不幸的事情发生了，19 时 45 分，彩虹桥上发生了严重的游人踩踏事件，这起恶性事故造成了 37 人死亡，15 人受伤。事故原因并不复杂：元宵节观灯游人骤升造成公园人员拥挤，一游人在彩虹桥上不慎摔倒，引起身后游人拥挤踩踏而造成人员伤亡。

**问题：**用所学的公关知识来分析：在组织公共关系活动时应如何预防此类事故的发生？

# 第七章　公关危机管理

每一次危机既包括导致失败的根源，又孕育着成功的种子。发现、培育，以便收获这个潜在的成功机会，就是危机管理的精髓。

——［美］诺曼·奥古斯丁

虽然所有组织都认为，做好事前预防是最重要的保险措施，但是无论怎样，危机管理还是成为了公共关系实务中最受人重视的技能。各种各样的组织，早晚都会遇到危机。

——［美］弗雷泽·西泰尔

组织形象会受到各方面因素的影响，并非总是处于理想的稳步发展状态，有时会因为某种非常性的因素而形成公关危机。特别是在当今社会里，由于影响因素复杂多样，组织所处的社会环境变化加剧，各种组织出现形象危机的可能性也在不断增大。正如英国著名公共关系专家弗兰克·杰夫金斯所说："今天我们生活在化学、核能、电气外加恐怖危机之中，必须承认，如不采取措施防止最大可能的危机，任何事情都可能发生。"公关危机会给组织造成危害，轻则影响企业正常运营，重则危及企业的发展甚至生存，或给相关公众带来极大的损失，给社会环境造成极大的破坏，因此，公关危机的预防和处理就成为企业经营管理工作最重要的一个方面，任何企业都必须引起高度重视。

# 第一节 公关危机和危机管理

## 一、何谓公关危机

什么是组织公关危机呢？请让我们先看一下“家乐福的‘抵制门’”案例。

2008年4月7日，北京奥运圣火在巴黎的传递遭到“藏独”分子的破坏，而法国当地媒体的报道，更让国内外华人感到“不友好”。于是网友发起了抵制法国企业的号召。之后有消息称，由于路易威登·莫特轩尼诗集团涉嫌曾予以“藏独”资金支持，而该集团刚刚成为家乐福的最大股东。家乐福一时间成为千夫所指，遭到网友的广泛抵制。

有帖子和短信号召道：“所有人都不要去家乐福购物，我们现在就来抵制一下家乐福，为期与北京奥运会同长，前后17天，请将短信转发给你所有的手机、MSN等的联络人，并且让他们的家人一起参与，让家乐福门可罗雀17天。”这条短信通过手机、MSN、QQ、BBS等渠道迅速传播。短短3天时间，呼吁“五一期间不要光顾家乐福”、“抵制法国货”的帖子开始在网络传播，跟帖者越来越多。随即，在北京、上海、青岛、昆明、重庆等地的部分家乐福门店前，陆续有人拉起“抵制家乐福”的横幅标语，聚集了少量人群。

抵制家乐福的帖子在网上流传了好几天，家乐福对此却茫然不知。直到4月16日，家乐福的第一份声明才在网站上登出。声明中否认家乐福支持“藏独”的说法，称这些传闻“完全是无中生有和没有任何依据的，家乐福将保持对恶意制造和传播上述谣言的组织和个人采取法律行动的权利”。并表示“家乐福集团始终积极支持北京2008奥运会”，但声明中并没有提及其最大的股东路易威登·莫特轩尼诗集团。声明发出后，很长一段时间内，风波未见有平息的迹象。

随后，法国家乐福集团总裁迪朗22日在接受中国媒体联合采访时表示，家乐福不愿在政治中扮演任何角色，也坚决否认了家乐福是记者无国界组织合作伙伴的传闻。但是他的声明并没有得到广大中国网民的认可。同时，还有消息传出，家乐福要在“五一”期间展开降价促销活动。事态被进一步扩大，最终演变为中法政府的对话。在“五一”前后五天，家乐福共有五个不同版本的广告投放在上海《新民晚报》、《南华早报》和《东方早报》，主题是“祝福北京，支持奥运”。之后，四川汶川发生了“5·12”大地震，家乐福国际基金会当晚宣布向中国受灾地区捐赠人民币200万元。当然他们也在新闻稿中注明了曾在2008年1月中国南方遭受灾害时捐赠人民币200万元。5月23日，家乐福全球总裁杜哲瑞直面网友，宣布追加2000万元，成为捐款最多的法国企业。在与网友的对话中，杜哲瑞表示理解民众的抵制情绪，重申支持奥运，特别提出成都投资计划未受影响，“家乐福计划三年内通过增加新的门店，加大在当地的采购，把在成都的投资规模扩大一倍”，最终，家乐福平息了大众的情绪。

我们通常所说的危机，往往是指由非常性因素所引起的某种非常事态，其外延非常广泛，如经济危机、商务危机、管理危机、人力资源危机等等。企业公关危机是各种危机中的一种特殊类型，它是由企业内外的某种非常性因素所引发的组织形象非常事态和失常事态，也是一种特殊的组织形象状态。从一般意义上来说，所谓企业公关危机乃是指企业与其公众之间因某种非常性因素引起的、表现出某种危险的非常态联系状态，它是组织形象严重失常的反应。企业公关危机可导致企业与公众关系发生变化，企业的正常业务受到影响，生存和发展受到威胁，组织形象遭受严重损害等。

企业公关危机的出现总是以一定的企业公关危机事件为标志的。所谓企业公关危机事件，一般是指企业内外环境中突然发生的恶性事件，故又有突发性事件之称。各种突发性事件，依其强度不同，可分为一般突发性事件和重大突发性事件两种。一般突发性事件主要指企业经营管理活动中的各种纠纷，包括企业内部纠纷，企业同消费者的纠纷，企业同其他社会组织或其他社会公众的纠纷，等等。重大突发性事件主要是指重大的工伤事故，重大的经营管理决策失误，天灾人祸造成的严重人身财产损失，假冒伪劣商品给企业和公众带来的严重危害，等等。无论是一般性突发事件还是重大突发事件，它们都是企业公关危机存在的表征，是看得见、感受得到的企业公关危机的表现。

## 二、何谓危机管理

危机管理是一门科学，更是一门艺术，因为在危机处理过程中始终需要人的主观能动性的发挥与创造。但是对于危机管理的科学界定，国内外并没有一致的意见，可谓是仁者见仁，智者见智。比较典型的一种看法是美国公关专家罗伯特·希斯提出的。他认为，危机管理包含对危机事前、事中、事后的管理，有效的危机管理需要做到如下方面：通过寻找危机根源、本质及表现形式，并分析它们所造成的冲击，可以通过缓冲管理来更好地进行转移或缩减危机的来源、范围和影响，提高危机初始管理的地位，改进对危机冲击的反应管理，完善修复管理以能迅速有效地减轻危机造成的损害。

危机管理是指为了预防危机的发生应付各种企业可能出现的危机情境，减轻危机损害，尽早从危机中恢复过来，所进行的信息收集与分析、问题决策与预防、计划制订与责任落实、危机化解处理、经验总结与企业调整的管理过程。危机管理的目的在于在危机未发生时预防危机的发生，而在危机真的发生时，采取措施减少危机所造成的损害，并尽早从危机中恢复过来。由此而言，危机管理是个系统概念，包含的内容广泛，涵盖了危机发生前的预防与预警，危机发生后的危机处理与善后、危机过后的总结分析与改进。

危机管理是一种应急性的公共关系，是立足于应付企业突发的危机。当意外事件发生时，企业陷于困境，便可以通过有计划的专业危机处理系统将危机的损失降到最低，同时还能利用危机带来的反弹机会，使企业在危机过后树立更优秀的形象。越是在危机时刻，才越能昭示出一个优秀企业的整体素质和综合实力，危机管理做得好，往往可以使危机变为商机，公众将会对企业有更深的了解、更大的认同，优秀的企业也因此脱颖而出。因此，在危机面前，发现、培育进而收获潜在的成功机会，就是危机管理的精髓；而错误地估计形势，并令事态进一步恶化，则是不良危机管理的典型特征。危机管理，是全方位的，是系统的，是为企业更长远发展而进行的战略思考，而不是就事论事，仅仅针对于某一次的单一危机。这点是企业管理者应该认识到的。

## 第二节　公关危机的预防

公关危机预防管理是企业危机管理的基本工作内容之一，是企业为预防和平息危机，对自身危机隐患及其发展趋势进行监测、诊断与预控的一种特殊的管理活动。其目的在于防止和消除企业危机隐患，保证企业经营管理系统处于良好的运行状态。“其手段是在企业中一种对危机能加以预警和预控的自组织免疫机制。”企业公关危机预防的意义对树立企业员工的危机意识，减少公关危机的发生概率，提高公关危机的处理水平都具有重要意义。

1. 企业弱点分析

很多企业尽管可能是行业的翘楚，但是或多或少会存在薄弱的地方，善于发现自身的弱点是现代企业的必修功夫，连微软都声称离破产只有 18 个月，我们的企业呢？这时企业需要反思，哪些薄弱问题可能会导致企业陷入危机？企业可以从企业内外部，如企业董事会成员、离职或退休的员工、政府官员、社区居民、新闻媒体、行业分析人士等获得相关信息，这样，企业就可以准备两张表，第一张表包括那些最有可能发生的弱点/潜在危机，各项目按先后顺序排列，以红色、黄色和绿色三部分加以区别。

（1）编制“发生可能性”表。具体如下：

**潜在危机/“发生可能性”**

最有可能发生（红色）：

①
②
③
④
⑤

能够发生，但在近期内不会发生（黄色）：

①
②
③
④
⑤

不可能发生（绿色）：

①
②
③
④
⑤

（2）按“对企业的严重损害”的顺序排列的弱点/潜在危机。

**潜在危机/“对企业的损害”**

会造成严重损害（红色）：

①
②
③
④
⑤

会造成损害，但是能够加以管理（黄色）：

①
②
③
④
⑤

会造成很轻微的损害，并且可以很容易地加以管理（绿色）：

①
②

③
④
⑤

在分析这两张表的基础上编制第三张组合表，要特别注意那些被认为是既可能发生，又会对企业造成最大损害的弱点/潜在危机。首先从前两张表中同时被列为“红色”的弱点/潜在危机开始归纳，接着是在一张表中被列为“红色”而在另一张表中被列为“黄色”的弱点/潜在危机。下一步，记下前两张表中同时列为“黄色”的弱点/潜在危机，然后是“黄色”和“绿色”的弱点/潜在危机，最后归纳在前两张表中同时被列为“绿色”的弱点/潜在危机。这样就把所有可能的薄弱方面按先后顺序排列出来，企业会直观地看到哪些薄弱环节应该进一步加以明确、防范。

（3）可能发生的严重损害。

最有可能发生，会造成严重损害（红—红）：
①
②
③
④
⑤
最有可能发生，会造成损害，但可以管理（红—黄）：
①
②
③
④
⑤
会发生，但在近期内不可能发生，会造成严重损害（黄—红）：
①
②
③
④
⑤
在短期内发生可能性很小，会造成损害，但可以管理（黄—黄）：
①
②

③

④

⑤

弱点分析会帮助企业识别出应该多加关注以防止它们变成主要问题的薄弱环节，同时也为企业将来的危机计划活动提供了需要注意的方面，这是其最大的效用，进行危机预防首先要重视弱点分析。

下面我们看一下某玻璃生产商是怎样进行弱点分析，寻找自身的薄弱之处，拟定潜在危机预防方案的。

某国际性日用玻璃产品生产商是世界上最大的生产商之一，在15个国家拥有生产厂。为使企业知道哪些危机最应该进行有效管理，企业决定按照正式的方式来明确最有可能发生、潜在的能够造成最严重损害的危机。

公司用了3个月的时间，在全世界范围内选择了一个包括高级经理、总部员工、美国国内工厂员工以及位于其他14个国家的工厂员工的合理的员工样本进行调查，还聘请了一家调查公司对北美、欧洲及亚太地区国家的400家主要分销商和1500名消费者进行了电话调查。此外，公司还对每个市场中的一些政治家和主管官员以及行业媒体记者、编辑进行了走访。在这些调查数据分析的基础上，帮助识别企业最脆弱的方面，为企业缩小了应该进行良好防范和管理的危机范围。

下面就是该公司进行弱点分析的结果。

（一）潜在危机/“发生可能性”

1. 最有可能发生（红色）：

（1）玻璃碴或碎片伤害消费者。

（2）关于产品质量的不好传闻，会使销售受到损失。

（3）生产缓慢，产品产量不足，严重伤害同分销商的关系。

（4）某位高级官员离开公司，加入到竞争对手的行列。

（5）消极的媒体报道，造成销售滑坡。

2. 能够发生，但在近期内不会发生（黄色）：

（1）主席/CEO的突然死亡（现年72岁）。

（2）某家生产工厂发生死亡事故。

（3）对公司和行业造成严重损害的政治行动。

（4）现有或以前的员工由于有不满情绪而在公司内造成他人严重伤害或死亡。

（5）严重损害企业声誉的主要诉讼。

3. 不可能发生（绿色）：

（1）工厂突然关闭。

（2）大量解雇工人。

（3）产品造成消费者死亡。

（4）缺少矿石和其他原料，影响生产能力，无法达到预期产量。

（5）主席/CEO 意外辞职。

（二）潜在危机/“对企业的损害”

1. 会造成严重损害（红色）：

（1）产品造成消费者死亡。

（2）严重损害企业声誉的主要诉讼。

（3）消极的媒体报道，造成销售滑坡。

（4）主席/CEO 意外辞职。

（5）玻璃碴或碎片伤害消费者。

2. 会造成损害，但是能够加以管理（黄色）：

（1）关于产品质量不好的传闻，会使销售受到损失。

（2）主席/CEO 的突然死亡。

（3）工厂突然关闭。

（4）某家生产工厂发生死亡事故。

（5）现在或以前的员工由于有不满情绪而在公司内造成他人严重伤害或死亡。

3. 会造成很轻微的伤害，并且可以很容易地加以管理（绿色）：

（1）缺少矿石或其他原料，影响生产能力，无法达到预期产量。

（2）对公司或行业造成严重损害的政治活动。

（3）大量解雇员工。

（4）生产缓慢，产品质量不好，严重伤害同分销商的关系。

（5）某位高级官员离开公司，加入到竞争对手行列。

（三）最可能发生的严重损害

1. 最有可能发生，造成严重损害（红—红）：

（1）玻璃碴或碎片伤害消费者。

（2）消极的媒体报道，造成销售滑坡。

2. 最有可能发生，会造成损害，但可以管理（红—黄）：

关于产品质量的不好传闻，会使销售受到损失。

3. 会发生，但在近期内不可能发生，会造成严重损害（黄—红）：

严重损害企业声誉的主要诉讼。

4. 在短期内发生可能性很小，会造成伤害，但可以管理（黄—黄）：

（1）某家生产工厂发生死亡事故。

（2）现在或以前的员工由于有不满情绪而在公司内造成他人严重伤害或死亡。

（3）主席/CEO 的突然死亡。

资料来源：［美］杰弗里·R. 卡波尼格罗. 危机顾问. 杭建平译. 中国三峡出版社，2001.

2. 进行预警分析

公关危机预警分析，是对企业危机风险进行监测、识别、诊断与评价，并由此作出警示的管理活动。在企业组织内部，预警对象包括企业的领导者、管理人员和全体员工，预警的目的是引起他们对危机的了解和重视，以便于他们做好必要的应对准备。在社会组织外部，预警的对象是与可能出现的与危机密切相关的公众，预警的目的是通告他们危机信息，以便于他们及时离开危机险境，有效避开危机危害。

（1）危机风险监测。危机风险监测是指对社会组织系统中已经或可能出现的危机风险进行监视和预测，收集各种反映危机风险的信息、信号，这是一项非常重要的工作。进行企业危机风险监测，要根据不同企业的具体情况，把最可能引发危机的影响因素或最可能出现危机的实践领域作为重点对象。要采取有效的监测手段，对监测对象的活动过程进行全过程的关系状态监视，对大量的监测信息进行整理、分类、存储，建立监测信息档案，形成系统有序的监测信息成果。

（2）危机风险识别。危机风险识别是指根据危机风险监测收集的危机风险的有关信息，在比较分析的基础上，判断危机风险实际存在状态。危机风险识别必须在把握通用的状态识别指标和专用的危机状态识别指标的基础上，进行综合分析，反复研究，多方判断，对危机迹象识别进行方向和数量方面准确有效的描述，以达到对危机全面而深入的把握。

（3）危机风险诊断。危机风险诊断是指对已被识别的危机风险进行基本成因分析和发展趋势预测，为危机预控提供根据。这是危机预防的十分重要的环节。由于危机风险发展趋势是建立在准确的危机风险成因分析的基础上的，因此必须深入、具体、客观地分析危机产生的原因，运用科学的方法，以保证预测结论符合逻辑，准确有效。

（4）危机风险评估。危机风险评估就是对危机发生的可能性的大小和危机造成的潜在影响进行衡量，使危机管理者能更全面、更准确地预测和管理危机风险。其核心是进行危机的损失性评价，即可能的危机对企业的公共关系、经营管理、相关公众、社会环境将造成的危害。坚持定量评估方法与定性评估方法相结合是开展危机风险评估的关键。

3. 实施预控对策

公关危机预控是指根据预警分析的活动结果，对企业组织可能出现的危机事态进行早期矫正与控制的管理活动。发出危机警示并不是危机预防管理的根本目的，对危机进行有效的预控才是危机预防管理的根本目的。预控对策的活动内容包括：

（1）思想准备。企业的每一个员工都要从思想上做好应对各种危机的准备。这就是我们通常所说的要具有"防火"意识。在日常工作中，企业员工尤其是管理者、领导者要在高度警觉的"防火意识"支配下，尽力协助、指导有关部门科学地设计生产工艺、科学配方，把好原料质量关，搞好生产调度安排，加强企业的安全保卫工作和财务管理，完善售后服务制度等。要使组织的员工具有应对各种危机的思想准备，关键是要开展各种危机教育，让全体员工都了解危机的特征和危害，使全体员工都具有一种危机感，并由此增强他们的危机意识，帮助他们形成优化自身行为、预防各种危机的思想。

（2）组织准备。这是指为预控对策行动开展的组织保障活动，具体体现在：第一，设置危机管理机构。危机预防管理与特定的危机处理不同，特定的危机处理是一次性的，而危机预防管理是日常性的，这是由危机在现代社会组织中广泛存在的特性所致的。危机预防管理的日常性，决定了危机预防管理不能只是应急，而应该不断地长期进行。因此，在企业中，设置危机日常管理机构是非常必要的。设置危机日常管理机构，不仅可以由其承担危机风险的日常监测、识别、诊断、评估和预警、预控工作，而且可以向组织内外公众表明企业组织认真负责的管理态度。危机管理机构一般由职位较高的组织者、公共关系部门负责人组成，他们必须具备市场推销、业务推广、售后服务，人事、管理、技术以及善于与人沟通等方面的特长，彼此之间应该配合默契，成员组成的原则是领导主持，专家依据需要参与，优势互补。第二，建立危机管理制度，约束组织成员的公共关系行为，保证组织危机管理方针、政策、措施的有效实施。建立危机管理制度很重要的一个方面是确定危机发生时共同遵守的准则，如危机发生时尽量不要混淆事实真相；不要做无谓的争论；不要小题大做；不要在事情未弄清之前随便归罪于别人；不要在实施沟通计划时偏离企业的政策；等等。第三，训练危机应急队伍。一般应抓好以下几件事：一是进行旨在提高应对危机事件能力的培训；二是进行危机事件的应对策略的培训；三是进行各种企业危机处理案例库的建设，让企业从中吸取经验教训；四是进行综合性的预防演习，这种演习不但可以检验危机管理预案的可行性程度，修正不足，还可以提高企业组织的反应速度，强化企业组织自身的行为。

（3）条件准备。危机的预防和危机事件的处理都离不开必要的物质条件。准备好各种物质条件，为危机的预防和处理提供必要的物质保证，是危机预防管理阶段的一项重要的基础工作。在危机管理中，一般需要准备的条件大致可以分为三类： 第一，危机管理经费的准备。危机管理离不开充足的经费支持。第二，危机管理设施的准备。预防管理阶段，一般应有开展危机监测的各种工具和危机信息处理的各种工具。在危机事件处理中，所需的硬件设施也是比较多的，这些硬件设施同样平时就要有所准备，并要安排有关人员学会其使用操作，这些硬件设施主要包括复印机、传真机、能收发电子邮件的电脑、连通内线和外线的多部电话机、移动电话、数码摄像机等。第三，危机管理信息资料的准备。每一个企业需要有重要的内外公众的基本情况、企业基本状况等能随时取用的书面材料，这些资料要归类存档，以便于查询，使企业尽快地解决危机。

（4）基础工作。预防企业危机的基础工作是十分重要的。危机“病毒”是普遍存在的，它环绕在企业周围，每时每刻对企业都构成威胁，任何企业想战胜危机，超越危机，就必须努力增强自身的“免疫力”，苦练内功，夯实基础，正所谓要打造转危为安的方舟，就必须有厚积薄发的底蕴，企业只有做好各项基础性工作，才能保证企业的效率高、质量优、服务好、效益大，才能增强企业对环境的适应能力和竞争能力，使企业管理系统有序地进行，减少和消除企业所存在的“危机”。为此企业要不断强化危机意识，全面提高员工素质，加强与各类公众沟通，建立“揭短露丑”的信息反馈系统，严格执行科学的管理制度，保证良好的产品质量和服务质量，及时理顺公众情绪，防止因一些枝节问题引发企业危机。

4. 制订危机管理计划

制订危机管理计划是危机管理的一个重要方面，它对企业预防和减少危机的发生，从容应对各类危机，将危机的危害减少到最低限度，维护企业的声誉和形象都具有着重要的作用。

危机管理计划是给管理者提供对付危机的“通用”方法，而不是处理所有危机细节的完全手册,因为企业不可能靠一个危机管理计划来处理每一个危机，何况几乎没有一样的危机。一个好的危机管理计划能够让危机管理小组在面对特定危机时，知道如何采取特定的方法处理危机，危机管理计划规定了危机中各个危机管理小组成员和企业各部门之间的分工，一旦发生危机，每个部门和每个人就能很快地根据危机管理计划的要求承担自己的职责。危机管理计划指明了危机所需资源的最佳配置，危机管理所需的资源可以以最佳的方式获得，可以减少危机事件管理中出现的不合理行为和违背全局观念的行为，使危机管理行为更加科学化、合理化。一份完整的公关危机管理计划，一般由以下要素所组成（参见叶茂康《公共关系写作教程》，复旦大学出版社 2003 年版）:

（1）标题。危机管理计划的标题比较简单，一般只要写明某某社会组织的“危机管理计划”即可。需要提醒的是：标题下面应表明这一计划制订的时间和版本，如“2008 年 8 月第一版”。从常规情况看，一个组织的危机管理计划，一般每过两三年就应该修订一次。所以，注明时间和版本就是必须的。否则，不同的版本混在一起，执行时就有可能引起某种不必要的混乱。

（2）前言。危机管理计划的前言，主要是说明这一计划制订和执行的有关事项，包括：本组织制订危机管理计划的目的和出发点；这一危机管理计划的使用范围，以及执行的起始日期；这一危机管理计划的发放（阅读）范围和保密原则；员工对这一危机管理计划提出修订意见的反馈渠道；其他需要特别提示的事项。从文字上说，前言部分应力求简明扼要，把要说明的事宜交代清楚即可，不必过分展开，以免显得累赘。

（3）危机管理政策。所谓“危机管理政策”，表明的是一个社会组织（尤其是组织的高层领导）对危机管理的基本态度。当危机发生时，是从维护组织的良好形象和声誉出发，坚持把公众利益、社会责任放在第一位，还是只考虑控制眼前的经济损失，文过饰非，一味护短，隐瞒真相，推卸责任？诸如此类，均应在“危机管理政策”中有一清楚的阐述，并将其化为这一组织所有干部员工的共识。显然，只有指导思想和基本态度明确了，危机管理计划中的许多具体措施才能真正落到实处。

（4）危机定义和分级标准。在危机管理计划中，有必要从制订这一计划的社会组织的实际情况出发，对危机有一较为确定的定义，并对可能遭遇的各种危机事件进行分级，从而保证实际操作中的有效管理。应该注意这样两点：一是凡这一组织有可能预见的重要危机事件，应尽可能列入其中，不留空白点。二是危机事件的分级应力求层次分明，界限清晰，彼此不发生交叉。否则，一旦有事，当事者将无法进行判断。

（5）危机管理机构及其职责。危机管理作为社会组织的一项特殊管理功能，需要有相应的管理机构来负责具体运作和执行。在危机管理计划中，对此必须有所明确，并应单独列为一个部分加以阐述。危机管理机构的设置，不同的社会组织亦有不同的做法，如有的社会组织成立危机管理委员会，下设危机管理办公室或危机管理工作小组，并配备至少一名专职人员；有的社会组织则只有一个危机管理领导小组，不设专门的危机管理执行机构，具体工作交由公共关系部门负责处理；有的社会组织甚至就以公共关系部门代行危机管理机构职责，负责危机管理的全部事务。对这些不同的做法，难以简单地判断其优劣，要本着精简、高效、合理等原则予以确立。

（6）危机预警工作程序。危机管理的要义并不仅在于对已发生的危机事件的处理，而首先在于对可能发生的各类危机事件的防范和预警，争取让它不发生，或尽可能缩小其影响范围，减弱其对组织有可能造成的损害。即便这一事件最后不可避免，也因为事先把握了其先兆，做到了心中有数，并做好了各种准备，从而可以从容应对，使这一危机事件的负面影响得到有效控制。这就需要开展危机的预警工作，设计一个可操作的预警工作程序。危机预警的核心工作，实质就是对各种危机信息的检测和分析。所以，在撰写“危机预警工作程序”时，应按照逻辑顺序，分别阐明这样三方面内容：第一，所需监测的危机信息的范围；第二，由谁来监测这些信息，并进行整理和分析；第三，所监测到的危机信息如何处理。其中，最为关键的是第一条，即把哪些信息作为危机预警系统的监测重点。监测方面如果发生了偏差，则预警系统也就失去了应有的效用。

（7）危机事件处理程序和实施细则。当各种突发性的危机事件一旦发生时，组织方面采取什么样的对策，通过什么程序进行有效处理，就是社会组织在实施危机管理时必须重点考虑的问题。“危机事件处理程序和实施细则”这一部分，所要阐明的正是这一问题。在实际撰写中，这一部分内容的表述，必须同时具备这样几个特性：一是全面。即所拟写的危机处理的程序和实施细则，必须能包容这一组织所有可能发生的危机事件，并根据各类危机事件的不同性质、不同程度，分别拟出具体对策。二是细致。即所拟写的危机处理的程序和实施细则，必须力求细化，设计出危机事件发生后所应采取的每一个步骤和每一个操作环节，从而使这一企业的所有领导员工都清楚地知道，遇到什么样的危机应该按照什么样的程序和实施方法一步步正确应对。三是可行。即所拟写的危机处理的程序和实施细则，必须在实践中具有可操作性。这就要求撰写者必须十分了解这一组织的运作情况，熟悉企业管理的一般流程，并具有一定的危机事件处理的实务经验，从而能够真正从实际出发，来设计和拟写每一个操作细节。四是明确。即所拟写的危机处理的程序和实施细则，必须在用词上非常准确和明确，避免出现某些模棱两可或容易产生歧义的词语，让人在执行时无所适从。在有的危机管理文案中，人们也许可以看到这样的规定性文字：“一旦发生××危机事件，××部门人员应立即向公司危机管理办公室报告。”细细琢磨，这段文字所要表述的意思其实很不明确。首先，“立即”是一个很模糊的时间概念。究竟什么才算是“立即”？是半小时内，还是两小时内，抑或是6小时内、12小时内？其次，即使明确了这里的“立即”是指两小时之内，还有一个从什么时间开始计时的问题：是从危机发生之时开始计算，还是从有关人员获知危机发生的消息后开始计算？如不加以明确，在实际操作中就很难掌握。又如，许多人撰文时喜欢使用“原则上”、“一般情况下”之类的词语，而在拟写危机处理的程序和实施细则时，这类词语应尽可能不用或少用。因为用这样的词语来陈述某种管理制度和规定，就意味着默认了许多例外的不在这些制度和规定使用范围内的情况，也给人们不按这些制度和规定执行留出了相应的空间。这在需要快速反应的危机事件处理中，往往容易产生各种弊端。在特定情况下，如果考虑到毕竟可能存在某些规定不能涵盖的例外情况而不得不使用“原则上”、“一般情况下”这一类词语时，则请注意：在如此陈述某一规定的时候，必须明确例外情况的认定部门，即只有经过什么部门的认定和统一，有关人员才可以对例外的情况进行变通处理。诸如此类的例子还有很多，撰写者在下笔时当千万谨慎。

（8）危机信息控制和新闻发言人制度。危机事件发生后的信息控制和信息发布（即危机传播管理）被视为危机管理的重头戏，甚至被等同于危机管理。这一看法不是没有道理。正如我们所了解的，一些能够很好地化解某一危机事件的社会组织，往往就是因为在危机事件发生后的信息控制和信息发布方面采取了正确的策略和步骤，从而保证了组织形象和信誉未受到大的损害。为此，在危机管理计划中，有必要对危机事件发生后的信息控制和信息发布工作拟定一份专门的实施方案。这也就是某些专家所说的“危机传播计划”。这一方案的主要内容包括：

一是危机期间的信息控制。即规定：一旦发生危机事件，什么部门和个人才能代表组织对外发布信息，并回答外界的询问，以及除此以外的组织成员应该如何应对外界的询问。其目的是保证组织始终以一个声音对外说话，防止信息的交叉、混乱和无序传播。这其实也是平时公共关系传播所应遵循的原则，只是在危机期间尤须严格控制每一细节。

二是危机期间的信息发布。即规定：一旦发生危机事件，如何根据危机的不同情况，选择合适的实际方式向社会公众发布有关信息，发布什么样的信息，以及如何与新闻媒介进行沟通，如何做好事先准备和事后监控工作，等等。危机期间的信息发布，包括召开新闻发布会，向新闻媒介供稿，接受新闻记者采访，以及在有关媒介上刊登公告、启事、声明等，其一般操作流程与平时的信息发布并无大的区别。但危机期间组织必须做出快速反应，使这一信息发布工作不可能有平时那样从容的准备时间。如果简单地套用平时的操作流程，则难免误事。所以，必须根据快速反应的要求，设计一套信息发布的应急程序，并事先准备好有关文本（如公告、声明）的样本，一有需要，即可发布。

应该说明的是，并不是所有的危机事件都必须在信息发布方面做出快速反应的。有的危机事件只发生在一个很小的范围内，事态并不严重，且经过严格的信息控制，不至于发生信息无序扩散的现象。如此，组织方面就没有必要急于向外发布有关信息。否则，不啻是自己给自己做负面宣传，制造舆论危机。只有在下列情况下，组织在信息发布方面做出快速反应才是必要的：

事件发生在公众场合，知晓者较多，信息已无法有序控制。如果组织不尽快出面发布正式信息，表明态度，各种对组织形象不利的流言、猜测和议论将在社会上进一步蔓延，乃至事态本身亦有可能进一步扩大。

某些新闻媒介已经从非正式渠道得知了事件真相。如果组织不尽快出面发布正式信息，提供有关情况和资料，马上会招来这些新闻媒介的公开质疑和批评，个别新闻媒介还有可能凭着道听途说和主观臆断而作出看法失实的报道。

某些竞争对手可以挑起事端，暗中散布流言，给组织加上莫须有的罪名，对组织进行舆论攻击；或者，同类企业发生某些问题，可能累及本组织的社会形象和声誉。如果组织不尽快出面发布正式信息，澄清事实，社会公众中会出现大范围的对组织不利的联想和猜测。

对于这些事宜，在危机管理计划中均应一一明白地做出规定，以便执行。

三是危机期间的新闻发言人。危机期间，为保证信息的有序传播，重视危机管理工作的社会组织一般都指派专门的新闻发言人，以统一的口径对外发布信息。如果这一组织平时已设立新闻发言人制度，则可以由这位新闻发言人负责危机期间的信息发布事务，也可以因情况特殊而另行指定更高职务（或更有经验）的人员。如果这一组织平时未设立新闻发言人制度，则届时应指定专门人员来承担这一工作。无论如何，这一人选均应事先确定下来，并有所训练和准备。另外，危机期间的新闻发言人具体承担什么工作职责，新闻发言人与组织各部门之间如何协调，都应事先有所计划，并在计划中体现出来。

（9）危机管理工作的奖惩条例及其他。危机管理计划贵在落实，尤其是危机的预警、危机事件的处理以及危机期间的信息控制和信息发布工作，政策性和操作性都很强。而要保证计划中这些实施细则的真正落实，还必须有一定的配套措施，包括监督检查、奖惩条例和必要的演习工作。作为一份完整的危机管理计划，在这方面亦应做出相应的规定。要强调的是：有关规定应尽可能明确，如各项危机管理措施的监督检查由哪一部门负责，具体标准如何掌握；危机管理的演习如何通知，如何组织，各部门又如何配合实施，均应有相应的条文说明。尤其是奖惩条例的拟写，更应力求细化，什么情况下惩罚，什么情况下奖励，奖惩的尺度如何把握，必须做出明确规定，切忌含糊其辞。这样，执行起来才不至于产生异议。

（10）危机管理基本守则。在不少社会组织中，这一守则一般以“几要几不要”的格式加以表述，有的是“八要八不要”，有的是“十要十不要”，也有的是“十二要十二不要”，没有成规，可视组织的具体情况和需要而自行酌定。唯应强调的是：无论几要几不要，每一条都应文字简明、指令明确、便于记忆和执行，切忌搞花里胡哨的文字游戏，让人不得要领。

这里列举企业危机管理的“十要”和“十不要”，供读者参考。

**企业危机管理“十要”**

1. 要经常提高警惕，随时准备面对各类突发事件。
2. 要事先确定和各类公众相处的策略，处理好各方面关系。

3. 一旦发生危机事件，要尽可能快速作出反应，冷静应付。

4. 在处理突发事件时，要把自己的一举一动看成是公司的形象代表。

5. 要假设你对记者说的每一句话都将被报道出去。

6. 要及时和公司危机管理部门进行沟通，请求指导。

7. 如接到电话，要在记录所有询问的同时，记下对方的名字、电话和来电时间。

8. 要想方设法从各种渠道搜集和掌握第一手材料。

9. 即使对方怒气冲冲，也要尽可能谦逊、礼貌和友好。

10. 要把事件发展的每一过程记录在案，以备查考。

**企业危机管理“十不要”**

1. 一旦发生突发事件，不要犹豫不决而耽误了处理的最佳时间。

2. 在没有充分了解事情真相时，不要对事件本身作任何推测和判断。

3. 不要向任何人提供未经公司危机管理部门认可的信息。

4. 不要未经请示就擅自行动，破坏公司的整体计划。

5. 在没有确切把握的情况下，不要轻率地回答任何问题。

6. 在责任未明的情况下，不要随便向任何人表示道歉。

7. 不要强求新闻媒介一定刊登什么或者不刊登什么。

8. 对初识者，不要轻易展示你在公司的真实身份。

9. 如公司方面确有过失，不要强词夺理，导致矛盾进一步激化。

10. 在任何突发事件中，都不要丧失你的冷静和勇气。

## 第三节　公关危机处理

由非常性因素引发的企业公关危机，是企业的一种严重不良的公共关系状态。面对这种公共关系状态，企业决不能置之不理，任其自流，而应采取一切有效措施做出妥善处理。

### 一、公共关系危机处理“三部曲”

企业危机的突发性、破坏性、急迫性表明，企业公关危机处理必须以及时的反应、最大的努力严格控制局势，迅速查清原因，积极采取措施，尽力挽回影响。因此必须首先制定出一个反应迅速、正确有效的企业公共关系危机处理程序，以避免急迫过程中的盲目性和随意性，使企业公关危机处理有序进行。企业公关危机处理的通用程序包括以下三个方面：

1. 采取紧急行动

企业公关危机一旦出现，企业就应对其做出反应。具体的工作内容有：

（1）成立临时专门机构。企业公关危机爆发后，企业应立即成立临时的形象危机处理专门机构。临时的专门机构是危机处理的领导部门和办事机构。一般由企业的主要领导负责，公关人员和有关部门负责人参加。成立这样一个机构，对于保证危机事态能够顺利和有效地进行处理是十分必要的。危机处理的专门机构主要有三方面作用：一是内外联络。二是为媒介准备材料。三是加强对外界公众的传播沟通。

（2）迅速隔离危机险境。当出现严重的恶性事件和重大事故时，为了确保企业及公众的生命财产不受损失或少受损失，要采取各种果断措施，迅速隔离险境，力求使各种恶性事件和重大事故所造成的损失降低到最低程度，为恢复企业的良好公共关系状态提供保证。在公共关系工作中，危机险境的隔离应重点做好公众的隔离和财产的隔离，对于伤员更是要进行无条件的隔离救治，这也是危机过后有可能迅速恢复组织形象的基础。

（3）控制危机蔓延态势。在严重的恶性事件爆发后的一段时间内，危机不会自行消失，相反，它还可能进一步恶化，迅速蔓延开来，甚至还可能引起其他危机的出现。因此必须采取措施，控制危机范围的扩大，使其不致影响别的事物。

2. 积极处理危机

经过第一阶段采取紧急行动，控制了危机损失，尽力做到危机损失最小化，之后，企业要从危机反应状态进入积极处理状态。在这一阶段关键是要遵循正确的工作程序，融积极性与规范性于一体，确保有效地处理危机。

（1）调查情况，收集信息。企业出现危机事件后，应及时组织人员，深入公众，了解危机事件的各个方面，收集关于危机事件的综合信息，并形成基本的调查报告，为处理危机提供基本依据。公关危机调查在方法上强调灵活性和快速性。一般主要运用公众座谈法、观察法、访谈法等方法进行调查。在内容上，公关危机调查强调针对性和相关性，一般侧重调查下列内容：①迅速收集现场信息，以便准确分析事故的原因。②详细收集危机事件的信息，包括危机发生的时间、地点、原因、人员伤亡情况、财产损失情况、事态发展情况、控制措施以及公众在事件中的反应情况。③根据危机事件提供的线索，了解危机事件出现的企业组织背景情况，公众背景情况，找出企业、公众与危机事件的关键点。④调查受害公众、政府公众、新闻媒介及其他相关公众在危机事件中的要求。

要注意从事件本身、亲历者、目击者和有关方面人士那里广泛全面地搜集本次企业公关危机的信息，无论是现场观察还是事后调查，都应详细地做好记录，除一般文字记录外，最好利用录音、录像、拍照等进行更为客观的记录，为进行危机处理提供充分的信息基础。危机事件的专案人员在全面收集危机各方面资料的基础上，应认真分析、形成危机事件调查报告，提交企业的有关部门。

（2）分析研究，确定对策。企业危机处理人员提交危机事件的专题调查报告之后，应及时会同有关职能部门，进行分析、决策，针对不同公众确定相应的对策，制定消除危机事件影响的公关方案。在这个环节中，最重要的工作就是对危机影响到的各方面公众采取相应的对策。对策如何，直接影响着公关方案的运作和效果。

（3）分工协作，实施方案。企业制定出危机处理的对策后，就要积极组织力量，实施初步既定的消除危机方案。这是工作的中心环节，在实施过程中应注意：调整心态，以友善的精神风貌赢得公众的好感；工作中力求果断、干练，以高效率的工作风格赢得公众的信任；认真领会公关活动方案的精神，做到既忠于方案，又能及时调整，使原则性与灵活性均得到充分的体现；在接触公众的过程中，注意观察，了解公众的反应和新的要求，并做好劝服工作。

（4）评估总结，改进工作。企业在平息危机事件后，一方面，要注意从社会效应、经济效应、心理效应和形象效应诸方面，评估消除危机的有关措施的合理性和有效性，并实事求是地撰写出详尽的公关危机处理报告，为以后处理类似的危机提供参照性文献依据。另一方面，要认真分析危机事件发生的深刻原因，切实改进工作，从根本上杜绝公关危机事件的发生。

3. 重塑组织形象

即使企业采取积极有效的措施处理危机，企业的形象和销售额都不可能完全恢复到危机发生前的水平。公共关系危机对组织形象造成了损害，其不利影响会在今后企业的生产经营中日益显露出来。因此，企业公关危机得到处置，并不等于企业公关危机处理结束，企业公关危机处理还要进入重建企业良好形象的阶段，只有当组织形象重建了，才谈得上转“危”为“安”。

（1）树立重建企业良好形象的强烈意识。在危机处理中，企业除了平时要有强烈的公关意识外，还必须树立强烈的重建良好公关形象的意识，要有重整旗鼓的勇气，要有再造辉煌的决心，而不能破罐子破摔，须知，只有当企业的形象得到重建，才谈得上良好的公共关系状态，企业公关危机处理才谈得上真正完结。

（2）确立重建企业良好形象的明确目标。在重建良好组织形象的过程中，确立重建良好形象的目标是必不可少的一个步骤。总的来说，重建良好形象的目标是消除危机带来的形象后果，恢复或重新建立企业的良好声誉，再度赢得社会公众的理解、支持与合作。具体来讲，大致可以分为四个方面：第一，使企业公关危机事件的受害者或其家属得到最大的安慰；第二，使利益受损者重新获得作为支持者的信心；第三，使观望怀疑者重新成为真诚的合作者；第四，更多地获得新的支持者。只有达到上述目标，公关危机的处理才算是全面的和完善的。

（3）采取建立良好组织形象的有效措施。企业在确立了重建良好公关形象的明确目标之后，关键是采取有效措施进行实施，达到这些目标。这些措施包括对内和对外两个方面。对内，一是要以诚实和坦率的态度安排各种交流活动，以形成企业与其员工之间的上情下达、下情上达、横向连通的双向交流，保证信息畅通无阻，增强组织管理的透明度和员工对企业组织的信任感；二是要以积极和主动的态度，动员企业组织全体员工参与决策，做出组织在新的环境中的生存与发展计划，让全体员工形成“乌云已经散去，曙光就在前头”的新感受；三是要进一步完善企业组织管理的各项制度和措施，有效地规范组织行为。对外，一是要同平时与企业息息相关的公众保持联络，及时告诉他们危机后的新局面和新进展；二是要针对企业组织公关形象受损的内容与程度，重点开展某些有益于弥补形象缺损、恢复公关状态的公共关系活动；三是要设法提高企业组织的美誉度，争取拿出一定的过硬的服务项目和产品在社会中公开亮相，从本质上改变公众对企业组织的不良印象。

## 二、公关危机处理的总体策略

在企业公关危机处理的过程中，策略是针对公众心态、需求的不同而进行的决策定位，它要为维护、恢复和发展组织形象服务，同时要适应公众的心理特征、个性背景。企业公关危机的处理除必须按照一定的程序进行外，还必须重视讲究有关的策略。企业公关危机处理的策略是指具体进行企业危机处理所必须采取的对策与方式及其相应的原则规范。重视讲究企业公关危机处理的策略，对于尽快平息企业公关危机，有效重塑企业的形象，迅速恢复改善公关状态，具有十分重要的意义。企业公关危机处理的总体策略实际上就是企业公关危机处理的原则规范，主要包括如下内容：

1. 积极主动

在企业公关危机处理时，无论面对的是何种性质、何种类型、何种起因的危机事件，企业都应主动承担义务，积极进行处理。即使起因在受害者一方，也应首先消除危机事件所造成的直接危害，以积极的态度去赢得时间，以正确的措施去赢得公众，创造妥善处理危机的良好氛围，而不应一开始就采取消极、被动的态度，追究责任，埋怨对方，推诿搪塞，从而贻误处理危机的时机，造成危机处理的被动局面，引发更大的危机。

国外有一个“35次紧急电话”的公关案例。美国女记者基泰斯到东京探亲，她在东京的奥达克余百货公司买了一台“索尼牌”电唱机，准备送给东京的亲戚，回到住处后她发现该机未装内件，是一台空心唱机。当她第二天准备到公司进行交涉时，该公司打来紧急电话，在一连串的道歉之后，说该公司副经理将登门拜访。50分钟后，百货公司副经理和一名职员匆匆赶到，送上一台新唱机，并外加一盒蛋糕、一条毛巾和一张著名唱片，在谢罪的同时，他们讲述了公司自行发觉并尽快纠正这一错误的经过：当天下午4点32分，售货员发现售出一台空机后，即报告警卫人员迅速寻找这位美国顾客，但为时已晚，遂报告监理员，他又向监督和副经理汇报。经分析，决定从顾客留下的“美国快递公司”的名片这一线索出发，当晚连续打了32次紧急电话向东京周围的旅馆询问联系。另外还派专员用长途电话向“美国快递公司”总部打听，结果从快递公司回电中知悉这位顾客在纽约母亲家中的电话，随即再打电话了解到这位顾客在东京亲戚家的电话，结果终于在她离开之前，打通了电话，找到了“空心唱机”的买主，更换了唱机，取得了这位美国顾客的充分谅解和信任。此事曾被美国公共关系协会推举为世界性公共关系范例，可以看出日本公司是靠着积极主动避免一场危机的。

积极主动还表现在维护公众利益上，公众之所以反抗企业组织，“制造”出危机事件来，最根本的原因就是公众感到在利益上受到了一定程度的损害，他们要运用新闻、法律武器，保护自己的合法利益。因此，企业要以公众利益代言人的身份出现，主动弥补公众的实际利益和精神损失。

2. 情谊联络

在危机事件中，公众除了利益抗争外，还存在强烈的心理怨怒，因此在处理中企业不仅要解决直接的表面的利益问题，而且要根据人的心理活动特点，采取恰当的心理情谊策略，解决深层次的心理、情感问题。

情谊联络策略，主要是为了强化企业组织与公众的情感关系。有的因生疏造成的危机事件，直接利用情谊联络的方式，就可以达到消除危机、增进友谊、发展感情的目的。公众都是有感情需要的人。公众情感是在对企业组织的评价和情感体验的基础上形成的，具有重要的行为驱动作用，是公众理解和支持企业组织的动力源泉之一。在大量的危机处理过程中，有意识地施加情感影响，可以大大强化其他措施的影响力，树立组织的良好形象。如，沙松电冰箱厂在处理沙松爆炸事件中，渗透了浓烈的情感影响，取得了很好的效果。

3. 如实宣传

企业公关危机处理的一个重要原则就是如实宣传，实事求是。危机发生后要如实地与公众沟通，并主动地与新闻媒介取得联系，公开事实真相。对于新闻媒介记者和广大公众，都不能因为他们不在现场，不知底细，或不懂某一专门行业对其弄虚作假，更不能对其采访和打探情况设置障碍。总之，对各方面公众都要如实宣传，这也是危机处理的基本要求。1993年8月5日，深圳发生大爆炸事件后，市政府立即作出决定：“要抢先境外传媒，作出报道。”市政府马上向国内传媒提供了第一手资料，避免小道消息流传，以讹传讹。新华社、中新社都在同一时间发布消息，包括死伤人数、地点及爆炸性质，由于沟通及时，避免了公众的过分恐慌，使公众和新闻界不去“估计”和作出缺乏现场感的“分析”。

4. 超前行动

企业公关危机尽管具有潜伏性的特征，但许多事情还是可以预测的，只是不知道什么时间、什么地点爆发罢了。这一策略就是指企业要通过经常的调查分析，及早发现引发危机的线索和原因，预测出将要遇到的问题以及事件发生后的基本发展方向和程度，从而制订多种可供选择的应变计划。对一切有显露的问题要积极采取措施，及早作出处理，将危机扼杀在萌芽状态。对没有显露的问题也要细心观察，作好防御，以便在问题显露时作出快速反应，努力减少危机造成的损失。

5. 富有创意

公关工作的最大特点是创造性，处理形象危机更要发挥创造性，渗透着创造性的危机处理，其结果往往是“旧貌换新颜”，有时甚至还会出现一个出乎人们意料的美好结局。其实，所谓创造性策略就是在设计危机处理方案时，在充分考虑各方面的条件和因素的前提下，因人、因地、因事制宜，争取对公众、社会、企业都有益处。

6. 注重后效

企业公关危机处理要注重后效。这是指既要着眼于当前企业公关危机事件本身的处理，又要着眼于企业组织良好公关形象的塑造。不能采取头痛医头、脚痛医脚的权宜之计和视野狭窄、鼠目寸光的短期行为，而应从全面的、整体的、未来的、创新的高度进行企业公关危机事件的处理。因为危机与机遇并存，所以，形象危机的处理必须努力取得多重效果和长期效益。

## 三、公关危机处理中的传播沟通

传播沟通在管理的任何时候都十分重要，缺乏良好的沟通，任何管理行为都无法有效的实施。企业公关危机发生后更离不开传播沟通，它是迅速处理企业公关危机的关键。

1. 危机处理中的传播沟通策略

企业在危机事件出现后，为了求得公众的准确了解，深入理解，全面谅解，很有必要向广大公众传播有关信息。因此，在形象危机的处理中，为了增强信息传播的有效性，策划者必须提出一定的传播对策，以确保企业公关危机处理的顺利进行，取得良好的危机处理效果。

（1）迅速开放信息传播通道。企业公关危机事件的出现，往往会引起新闻媒介和广大公众的关注和瞩目，这时企业必须做到迅速开放信息渠道，把必要的信息公之于众，让公众及时了解危机事态和企业正在尽职尽责地加以处理的情况。面对新闻界的竞相报道和社会公众的着意打探，如果企业组织在这时隐瞒事实，封锁消息，不仅不会给企业带来什么好处，反而会引起新闻媒体和社会公众的猜疑和反感，促使他们千方百计地从各种渠道收集材料，挖掘信息，这就很容易出现失实和不利的报道，从而更有可能给该企业的危机处理带来麻烦，产生新的形象危机。这时的社会公众也是最容易产生猜疑、误传或者轻信不良信息的，这更会给企业造成不利的社会影响。因此明智的做法是，开放信息传播渠道，公布事实真相，填补公众的信息空白，让新闻界传播客观真实的信息，让广大社会公众接受客观真实的信息。当然，开放信息传播渠道并不是让公关危机事件及其处理情况的有关信息放任自流，而是要让其有秩序地传播。这样，就要求企业要做好信息传播的基础工作。

①准备好要传播的信息。这主要包括信息的搜集、整理、分析、加工等内容。一是信息的搜集，信息的搜集一定要全面，要通过有关途径取得完整的企业公关危机事件及其处理情况的一切信息。二是信息的整理，其关键的问题是对已搜集的信息进行分类存档，以备查用，或为新闻界提供原始材料。三是信息的分析，即分析各种信息的真实性、可靠性，以及由这些信息反映的企业公关危机事件及其处理过程的发展情况，此外还要对这些信息中哪些应尽早传播，哪些应稍缓传播，哪些应大范围传播，哪些应控制范围传播等作出具体分析，拿出具体意见。四是信息的加工，即对需要的信息进行内容和形式的加工，其目的是确保信息传播的真实性和准确性，帮助新闻界作出正确的报道。

②确定信息的发布者。即确定企业公关危机事件及其处理情况的正式发言人。发言人最好由危机处理专门机构正式确定，也可以临时委任。发言人的人选应视危机事件的性质和严重程度而定。发生重大危机事件的情况下，一般由总经理担任。发生一般危机事件的情况下，一般由公关部经理担任。确定发言人的目的是确保对外传播信息的准确性和权威性，因此，在企业公关危机处理的过程中，危机处理专门机构的信息要全部汇向指定的发言人，发言人要完全了解和明白企业将要发布的信息。

③设立一个信息中心（PIC）。在企业公关危机事件，尤其是重大的危机事件发生后，前来采访的记者会很多，前来咨询的公众也会川流不息。这时必须考虑设立一个信息中心。信息中心的任务是负责接待前来采访的记者和前来咨询的公众；负责为新闻记者指引采访的路径，并为其提供通信、休息乃至食宿的方便；负责向公众解答有关的咨询问题，并将公众的意见做好记录；在危机处理专门机构的统一部署、统一指挥下负责公布危机处理的进程。信息中心的负责人一般由危机处理专门机构委派的发言人担任，也可以由企业公关部经理担任。

④始终坚持两个原则。在企业公关危机处理的过程中，整个传播过程都要贯彻两个基本原则：一是统一口径原则（A one -voice principle），二是充分显露原则（A full-disclosure principle）。危机处理的传播工作很重要，因为一言既出，事关全局，影响甚大，传播出去，驷马难追，所以必须注意统一口径，避免企

业人员的言辞差异。坚持统一口径原则还能给公众留下企业是团结战斗的整体，企业领导人有能力、有决心、有诚意处理好这一公关危机事件的美好印象；同时还要坚持充分显露原则，对有关危机事件及其处理的信息知道多少要传播多少，不要有所取舍，更不要隐瞒或歪曲。

（2）有效控制新闻传播走向。开放的信息传播通道有利于避免新闻记者和广大公众的猜疑、误传，为人们提供了可靠的信息来源。但是，由于新闻记者和广大公众对于企业公关危机事件所持的态度不同，看问题的角度不一，因而也有可能使信息传播朝着不利于企业公关危机顺利处理、组织形象恢复重建的方向发展。所以，在开放信息传播通道后，还必须有效控制信息传播的走向。

①尽力进行事前控制。这是指在新闻媒介发布有关信息之前所进行的新闻传播走向控制，它是新闻传播走向控制的最为主动的办法和最为有效的措施。具体办法有：请权威人士发布信息；以书面形式发布信息；制作完整的新闻稿件，聘请权威新闻机构的新闻记者担任新闻代理人；邀请政府官员出面发表见解等。企业若能做好事前控制，对尽快摆脱危机，恢复正常的公共关系状态是十分有利的。

②适当进行即时控制。这是指新闻媒介即将发布有关信息之时进行的新闻传播走向控制。这种控制一般难度较大，因为记者如何写报道一般不容易知道。一般地，主要要掌握前来采访记者的情况，如有哪些记者曾前来采访过，他们是哪些新闻机构的记者。在此基础上，向新闻机构及时传达信息，并通过原来与新闻机构建立的各种联系，及时纠偏。

③设法进行事后控制。这是指新闻界在发布了有关偏向信息之后所进行的新闻传播走向控制。这方面的办法主要有：当新闻记者发表了不符合事实真相的报道时，可尽快与新闻机构接洽，向其指明失实之处，提出更正要求；当新闻记者或新闻机构对更正要求有异议时，可派遣重要发言人，如当事人或受害者本人接受采访，反映真实情况，争取更正机会；当新闻记者或新闻机构固执己见，拒不更正时，可用积极的方式在有关权威媒介上发表证明正面申明，表明立场，要求公正处理，必要时可借助法律手段，但要慎重采用。

（3）消除危机处理中的谣言。谣言是毁坏组织形象，涣散企业组织的恶魔，企业在形象危机处理过程中，应注意预见谣言产生的可能性，一旦谣言产生，要沉着应战，遇事不慌。危机事件中产生谣言的主要因素有：公众缺乏可靠的来自正常信息渠道的信息，人们得不到正常渠道的消息，就会向非正常渠道获取，就难免谣传纷起；公众缺乏完整的信息，信息不完整就会给人留下想象或捏造的空隙，从而产生谣言；危机形势紧迫，公众担忧和恐惧，感到形势无法控制，对前景丧失信心，悲观失望，任由事态发展，也会产生各种谣言；传闻失实，小道消息流传，使公众对正常渠道的信息产生怀疑，这种怀疑使一些人信谣传谣；从企业传出的信息有出入，不是统一口径，公众从企业听到不同的声音，自然会产生思想疑虑，这种疑虑是导致谣言产生和流传的基础。

企业消除谣言首先要消除产生谣言的气候和土壤。在企业公关危机处理中，要认真研究以上因素，仔细分析和观察事态的发展，保证信息渠道的通畅，积极沟通，这样，就能在一定程度上防止谣言的产生。一旦谣言产生，企业要以积极郑重的态度对付谣言。辟谣的对策包括：首先，要分析谣言传播的范围、造谣者的意图和背景、谣言的起因，以及谣言造成的影响，在分析的基础上寻求阻止谣言流传的最佳方案。其次，要选择恰当的媒介，及时提供全面的、确凿的事件真相，让事实讲话，让行动证明，动员一切可以动员的力量（包括企业员工和本地区的行政首脑、知名人士、舆论界权威和一切有社会影响的人），通过多种渠道，多层次的宣传，防止谣言的流传。最后，在企业内部广泛地开展谈心活动，进行各种形式的信息发布，让企业全体人员体会到企业辟谣的决心，加强企业的凝聚力。辟谣方案实施前，应召开基层人员座谈会，听取意见，保证辟谣工作的实施。

2. 危机处理中的内部沟通

真正做好危机管理工作，需要企业高度重视内部人力资源的利用与潜力挖掘，在内求团结的基础上才会使得员工为企业的转危为安贡献才智。企业内部沟通对于危机中的企业来说至关重要。

（1）内部沟通的作用。首先，通过沟通，员工可以详细了解危机状况，容易焕发出员工对企业处境的同情并增强责任感。如在 PPA 风波中，中美史克公司向员工传递了危机相关信息，通报了企业举措和进展，企业的推心置腹、坦诚相见和诚挚果断打动了员工，在企业内部赢得了积极公众，员工空前团结一致，员工与企业同患难共命运。但如果企业没有事先与员工作深入沟通，他们是不会表现出忠诚的，往往会在企业危机最需要员工支持时却找不到合适的、值得依赖的人。其次，避免谣言从内向外传播。有道是“家和万事兴”。企业进行了有效沟通之后，员工会减少对企业的胡乱猜测，避免去做任何他们认为可能伤害到企业的事情。最后，通过沟通，使员工安心于本职工作，保持工作的积极态度。危机中的企业很容易人心涣散，各种问题会接踵而来，增加危机的破坏程度。通过内部沟通，让员工充分了解危机情况与企业进展状况，这样员工很少会被危机分散注意力和压垮，更可能对于危机解决持积极乐观的态度，并自觉地充当企业危机管理的宣传者，有助于说服顾客、供应商和其他公众产生同感。

（2）危机中如何与员工进行沟通。首先，尽快和员工沟通。对于危机中的内部沟通，很多危机管理专家都强调一个“快”字。在危机发生之后，员工们应该得到在通过其他途径了解危机情况之前获知危机真相的权利，让他们成为企业喜怒哀乐的分享者。企业应该就危机形势与所有员工开诚布公地进行沟通，让员工清楚地知道企业可以公开的信息，如果有可能，可以采纳员工对危机的建议。如果危机比较严重，发生员工伤亡损失事故，要尽快通知员工家属，做好慰问及善后处理工作，并争取把这些坏消息毫不隐瞒地告诉其他员工。其次，尽可能多地向员工传达有关信息。在危机中，员工希望知道尽可能多的危机情况，尤其是一些核心信息，谁也不希望被隐瞒。如果员工觉得自己能够以一种真实的不被操纵的方式了解整个情况，他们可能会更支持企业，但如果企业认为员工想要知道的是机密的事，要注意向员工解释为什么现在不能告诉他们。此时，企业可以根据需要细分员工，根据不同级别，采取不同的沟通方式。再次，设身处地地为员工着想，确保所有的员工基本上能同时得知所有重要的信息。站在员工的立场上，企业有义务说明什么，会希望通过什么途径知道这些信息，时间间隔会是多长？此时，同时将消息传达给所有的员工可以使被传达的信息保持一致性，可以减少员工通过其他的途径得知这些信息而出现信息偏差的机会，有利于企业沟通工作的开展。又次，要为员工提供更多的机会来表达个人意见。在危机中，员工需要有机会来提问题，探究问题的根源以及发泄不满。企业要通过诸如领导个别接见、部门或员工大会等途径给员工提供充分的提问机会，收集和了解员工的建议和意见，做好说明解释工作，让员工知道在出现新的信息和事情有所改变时，企业会及时与他们进行沟通，确保员工对于危机变化的情况都能及时了解，让员工随着企业的行动而行动。最后，选择合适的发言人。企业要确定需要传达的信息以及企业中最适合的、能够最有效传达此类信息的人员，保持内部沟通的良好效果。谁是发布这一信息最可信的人？是应该由企业最高管理者宣布，还是由直接涉及此信息的决策人宣布更合适呢？这些问题要切实考虑好。

（3）企业内部沟通的途径。在危机中，企业要考虑选择效果最好的沟通工具来传递信息，向员工告知事故真相和企业采取的措施，使员工同心协力，共渡难关。下面是一些企业可能会采用的沟通途径。

①员工大会与部门会议。召开员工大会与部门会议是企业说明重要问题的通常做法，也是最权威、最正式的内部沟通方法之一。当企业员工人数比较少或者员工分散在许多地方但可以实现电视、电话会议时，所宣布的事会对企业产生很大冲击，需要一个人同时向所有的人传达同一个信息时，员工大会这种形式是很实用的，通常效果也最好。要注意的是，应该留有大量的时间用于回答员工的问题，倾听他们的评论和建议。如果所宣布的事并不是很紧急或者企业太庞大以至于无法召开员工大会时，所传达的信息对某些部门的影响要超过对其他部门，部门层次的会议就是最合适和有效的了。在企业高层官员简要传达后，各部门的经理可以根据自己的领域进行发言，以表达他们对企业所采取行动的支持和信任，也要注意留出足够的时间来回答问题或听取员工的意见和评论。

②企业简报、公告牌或企业报纸。在危机中，企业简报、公告牌或企业报纸是强化关键信息和提醒员工有关企业的信息和行为的便利工具，可以承担起内部沟通的媒介作用，尽可能真实反映危机的真实情况以及危机管理的措施。只是由于企业报纸的出版周期会长一些，不利于对危机的快速反应。一般来说，企业多采用企业简报、公告牌在企业内部随时发布信息及时向员工通报企业的行动趋向。

③单独会见。单独会见是企业领导经常采用的内部沟通措施，可以很直接、随意地交流看法。当所传达的信息只会影响少数员工，并且需要他们理解企业决策以及对他们产生的影响非常重要时，或者传达的信息特别敏感和重要时，单独会见是最有效的。

④电话与电话会议。电话作为便捷的沟通工具，在企业里应用最为广泛，危机管理中很多信息的传递都会涉及电话。当企业需要快速传达所要沟通的消息，并且不会因为这样做过于私人化而让员工反感时，可以考虑打电话。当只向很少的人传达信息，并且在传达的时候不需要同时联系多个员工时，电话是最有效的。而当处在不同位置的几组员工需要迅速知道信息而且能有机会提出问题并给予反馈时，电话会议也是一种有效的沟通方式。

⑤互联网络。互联网络是现代社会沟通的便捷手段，很多企业通过内部局域网的建设，构筑了企业的网上世界。企业可能采用电子邮件、网络寻呼与电子公告牌等方式随时向员工发布最新的重要信息，提供最新的管理策略，以及寻求员工们的建议与支持。

⑥非正式传播渠道。员工在工作中形成的一些人际关系构成了企业内部非正式传播的交流网络，传播形式多表现为小道消息。这种小道消息往往传播速度快，不受时间、地点限制，容易使双方产生亲切感，能够立即得到信息反馈并可根据信息反馈及时调整谈话内容，能够获得正式传播达不到的效果。小道消息具有两面性，公关人员如能善加利用，通过员工在生活中形成的一定人际关系所构成的非正式传播交流网络进行传播，传递正式传播所无法传送或不愿传送的信息，可以达到理想的传播效果。

*3. 危机处理中的新闻发布*

在危机中，企业可以通过什么途径进行沟通，如何保证效果，是危机传播管理工作应该考虑的核心问题。一般说来，企业与新闻媒介接洽、沟通，争取其公正客观的报道，可以利用的形式主要有：

（1）新闻稿。新闻稿是一个由企业自己拟订的，用来宣布有关企业信息和官方立场的新闻报道，是关于危机情况的“明确”的新闻信息。新闻稿可以是企业声明，可以是企业新闻，也可以根据情况和需要决定其具体形式。通常，新闻稿篇幅短小精悍，当危机具有新闻价值时，企业可以及时分发给有关新闻媒体。实际上，许多企业都备有新闻稿，以便紧急情况下派发。大多数公关专家都认为，在危机中，新闻稿很难成为企业的唯一声明，但有助于说清事实真相，提供详细的背景信息，在企业希望把同样的信息同时传递给多家媒体的时候，采用新闻稿是最有效的。

（2）新闻发布会。如果危机引起了较大的关注，企业应该考虑召开新闻发布会，本书第三章对新闻发布会已经做了介绍，这里着重介绍一下企业危机发生时如何接受媒体采访。接受新闻媒体采访是危机中企业领导和新闻发言人的必修课，因为记者总是渴望知道得更多，而企业领导和新闻发言人无疑是最佳采访对象，这时企业就要考虑如何面对新闻媒体的专访问题了。一般来说，当企业要给媒体提供特定的线索或消息时，最好是采用一对一的媒体专访，这也是与个别媒体联系的最好方法。不过，在记者的采访过程中，很容易遇到记者提出的一些难题。记者为了获得更多的新闻素材，往往会采用职业技巧来让被采访者自动地落入记者的圈套中，甚至是采用“欺骗”的手段，特别是对那些不能够给予媒体很好配合的企业，记者会竭尽全力地挖掘企业的新闻价值。此时，企业领导和新闻发言人就迫切需要提高个人能力，掌握应对记者的基本技巧，下面结合中美史克公司新闻发言人杨伟强接受《中国经济时报》记者专访的事例，谈谈应对建议。

第一，错误前提。记者故意以一个声明作为问题的开端，测试企业是否会更正这个声明。真正的问题也许跟这个前提毫无关系，但记者会用它来判断企业的反应。要是没有反应，记者就会据此推断企业对于这个前提的某些看法。

对策：如果该前提不正确，在回答问题之前应立即给出实际情况，进行纠正，绝对不要接受一个错误的前提。

记者：有人认为，国家药监局的政策有点仓促，中美史克是否承担了不该承担的损失？

杨伟强：药监局作为国家药品安全管理部门，肯定要对全国老百姓的健康负责。回到我刚才说的，这就是大我与小我的关系。我是相信药监局既想保护企业，也想保护老百姓的健康，一旦两者发生冲突时，政府自然要把12亿人口的利益放在第一位，小我要服从大我。

第二，假设情况。记者想要企业来谈论某些企业也许会回避的事情的时候，最常用的方式之一就是通过对某些可能发生或者根本不会发生的事提问，希望企业能够谈谈这件事，从而使企业透露某些具有新闻价值的信息。

对策：告诉记者，企业不会就假设的情形发表看法，而且要管住自己不这么做。

记者：根据你个人以及企业所知道的专家意见，你认为康泰克到底有没有问题？

杨伟强：一个人或者几个人的看法不足为据，要想得出一个权威的结论，必须有一个专家群的统一意见。

第三，我听到一个谣言。有些记者为了对企业内部信息了解更深入，也许会看一看企业对他们事先捏造的事情有何反应，从而在无意中从一个有趣的角度涉及关键主题。

对策：如果谣言不是真的，就应该立刻加以否定，还要注意给出企业合理的理由，最好随时准备好一些有利于企业申辩的材料，以便更有说服力地答复这些问题。

记者：PPA 事情出来后，就有消费者给我们打电话说，他吃康泰克有副作用，康泰克早就应该被禁。对这一问题，你如何看待？

杨伟强：康泰克在中国销售了 12 年，之所以能在市场上发展这么多年，不是靠我们打广告能做到的，靠的是这种药在大多数人那里是安全的、有疗效的。从销售开始，如果平均每次服用 4～6 粒，那么全中国就有 8 亿多人次服用过这种药，如果没有疗效，恐怕早就被扔到臭水沟里了，怎么会生存 12 年呢？但药的副作用是客观存在的，有些人副作用可能会大些，有些人可能会小些。

第四，对竞争做出评论。很多时候，记者会要求企业对竞争对手进行评论，这些问题可能很自然地涉及竞争对手的新的广告活动、企业领导或转移到新目标市场的决策，但是企业要知道这有可能会引起企业与同行之间的争执与竞争。

对策：把不谈论竞争对手作为企业的行为准则，尤其是在危机中，向记者说明企业的处境并争取其理解。需要注意的是，企业不可能完全了解竞争对手所做出的决策，而且任何企业也不愿意让竞争对手来剖析自己，所以，企业最好不要对此抱有什么幻想。

记者：你们的竞争对手在 PPA 事件发生后，利用这一市场空隙，你怎么理解？

杨伟强：在事情发生以后，我们的一些竞争对手必然会利用这个机会多占些市场份额，也有和我们代理商接触的，这很容易理解。但在这个问题上，我们的代理商始终和我们站在一起，这令我非常感动。

第五，固执的记者。有时候，有些记者为了获取独家新闻，会试图要挟企业提供他们正在寻找的信息，要是企业不愿配合，他们就会以报道不利的新闻或从其他地方查找信息来威胁，给企业造成压力。

对策：企业冷静地向记者表明记者可以做任何他们想做的事，但企业不会背离自己的原则和判断，同时简要地揭示一下企业为什么不愿深入的原因。

记者：康泰克在中国感冒药市场上占的市场份额有多少？

杨伟强：说不清楚。你们知道，现在各种对市场份额的统计很难说是准确的。

记者：你们的产量有多少，是否可以透露一下全年的销售额？

杨伟强：这不可以说。药品是有季节性的，冬天和春天季节，一般是感冒高发季节，感冒药的市场需求就大，是感冒药销售的黄金季节，这段时间产量就会相对大一些，反过来，夏季的产量就小一些。

第六，对新闻媒体说“无可奉告”。很多经验表明，企业“无可奉告”只会显得企业本身不可信或者在试图逃避问题。

对策：在回答记者的提问时，尽可能不说“无可奉告”，只要企业有所准备，就应该多披露一些内情。为了避免说出不利的事或无法直接回答被问的问题，可以采取多种方法转移话题而不要总是说“无可奉告”。

记者：康泰克的停产给企业造成了多大的经济损失？

杨伟强：暂停使用康泰克确实给企业带来了经济损失，但是这里边有一个大我和小我的关系。从大我的角度来看，我们认为，政府做出这样的决定，是对消费者负责，是有道理的。

## 拓展阅读

### 危机管理的“金科玉律”

英国危机管理专家迈克尔·里杰斯特在《危机公共关系》（复旦大学出版社，1995年版）一书中提出了危机管理的基本指导方针，为国内外学者和企业所认可和采用，值得企业参考。

**1．做好危机准备方案**

（1）对危机持一种积极的态度；

（2）使企业的行为与公众的期望保持一致；

（3）通过一系列对社会负责的行为来建立企业的信誉；

（4）时刻准备在危机过程中把握时机；

（5）企业应建立一个危机管理小组；

（6）分析企业潜在的危机形态；

（7）制定种种预防危机的对策；

（8）为处理每一项潜在的危机制定具体的战略和战术；

（9）组建危机控制和检查专案小组；

（10）确定可能受到危机影响的公众；

（11）为最大限度减少危机对企业信誉的破坏，建立有效的传播渠道；

（12）在制订危机应急计划时，多倾听外部专家的意见；

（13）把有关计划落实成文字；

（14）对有关计划进行不断的演习；

（15）为确保处理危机时有一批训练有素的专业人员，平时应对他们进行培训。

**2．做好危机传播方案**

（1）时刻准备在危机发生时，将公众利益置于首位；

（2）掌握报道的主动权，以企业为第一消息来源，例如向外界宣布发生了什么危机，企业正采取什么措施来弥补；

（3）确定传播所需的媒体，如名称、地址及联系电话；

（4）确定媒体需要传播的外部其他重要公众；

（5）准备好背景材料，并不断根据最新情况予以充实；

（6）建立新闻办公室，作为新闻发布会和媒体索取最新资料的场所；

（7）在危机期间为新闻记者准备好通信所需的设备；

（8）设立危机新闻中心，以接收新闻媒体电话，若有必要，一天 24 小时开通；

（9）确保企业内有足够训练有素的员工以应付媒体和其他外部公众所打来的电话；

（10）应有一名高级公共关系代表置身于危机控制中心；

（11）如果可能的话，把危机控制中心设在一间安静的办公室内，以便危机管理小组的领导和新闻撰稿人能在危机控制中心工作；

（12）准备一份应急新闻稿，注意留出空白，以便危机发生时可直接充实发出；

（13）确保危机期间企业电话总机能知道谁打来的电话，应与谁联系。

**3．危机处理**

（1）面对灾难，应考虑到最坏的可能，并有条不紊地及时采取行动；

（2）在危机发生时，以最快的速度建立“战时”办公室或危机控制中心，调配经受过训练的高级人员，以实施控制和管理危机的计划；

（3）使新闻办公室不断了解危机处理的进展情况；

（4）设立热线电话，以应付危机期间外界打来的各种电话，要选择接受过训练的员工来负责热线电话；

（5）了解企业的公众，倾听他们的意见，并确保企业能了解公众的情绪；如果可能的话，运用调研来调整企业的假想；

（6）设法使受危机影响的公众站到企业的一边，并帮助企业解决有关问题；

（7）邀请公正、权威性机构来帮助解决危机，以协助保持企业在社会公众中的信任度；

（8）准备应付意外，随时准备改变企业的计划，不要低估危机的严重性；

（9）要善于创新，以便更好地解决危机；

（10）别介意临阵脱逃的人，因为还有更重要的问题要处理；

（11）把情况传给总部，不要夸大其辞；

（12）危机管理人员要有足够的承受能力；

（13）当危机处理完毕，吸取教训，并以此教育其他同行。

**4．危机传播**

（1）危机发生后要尽快地发布背景情况，表示企业所做的危机传播准备，准备好消息准确的新闻稿，以告诉公众发生了什么危机，正采取什么措施来弥补；

（2）当人们问及发生什么危机时，只有确切了解危机的真正原因后才对外发布消息；

（3）不要发布不确切的消息；

（4）了解更多事实后再发布消息；

（5）宣布召开新闻发布会的时间，以尽可能地减轻公众电话询问的压力，做好新闻发布会的全面准备工作；

（6）记住媒体通常的工作时间，如果发生巨大的灾难，企业也许会接到世界各地（不同时区）打来的电话，如果必要的话，新闻办公室24小时工作；

（7）如果报道与事实有误的话，应予以坚决回击；

（8）建立广泛的消息来源，与记者和当地的新闻媒体保持良好的关系；

（9）要善于利用和控制危机传播的效果；

（10）在危机传播中，避免使用行话，用简洁明了的语言来说明企业对所发生事情的关注；

（11）确保企业在处理危机时，有一系列对社会负责的行为，以增强社会对企业的信任度。

### “汶川地震”的危机公关

中国是一个自然灾害多发的国家，在面对水灾、地震和雪灾等自然灾害时，中国政府和地方各级政府处理能力亦在不断提高。2008年5月12日，四川汶川发生了里氏8.0级大地震，这是新中国成立以来破坏性最强的地震灾害，超过1976年的唐山大地震。面对突如其来的地震灾害，中国政府以最快的速度开展了抗震救灾支援工作。中共中央总书记胡锦涛第一时间作了批示，国务院总理温家宝在地震后两小时飞往地震灾区，开放国内外的新闻媒介采访报道，向世界如实全面报道地震灾情的最新情况，报道的及时性和透明度赢得了海内外传媒的信任和支持。世界各国通过新闻媒介的渠道了解中国的地震灾情实况，并给予中国国际人道支援，增强了中国政府的救援力度。

中国政府在该次地震灾难中成功的危机处理,可总结为以下几点：

**1．速度第一、承担责任——党中央最高领导层高度重视、第一时间亲身到灾区指挥救援工作**

当地震灾害到来的时候，胡锦涛总书记第一时间作了重要的批示，温家宝总理第一时间飞往余震不断的灾区。中国政府最高领导人对灾害的高度重视，有利于中国各级部门对地震灾害的重视，有利于凝聚危机处理的各方面力量。

中共中央政治局在两天内召开两次大会。解放军在地震后的十几分钟奔赴灾区，医疗队伍、武警队伍、公安民警、消防队伍等组成了强大的救援队伍，以最快的速度赶赴灾区。抢救数以万计的伤员，安置好数以百万的受灾群众，当晚6点整国家减灾委启动二级救灾应急响应。国务院抗震救灾总指挥温家宝在救灾工作中再三强调“第一位的是救人”、“救人是第一任务”、“一分一秒都不能耽搁”……这充分体现了中国政府把抢救灾区人民的生命放在最重要的位置，人民生命和利益高于一切，体现了中国政府对“以人为本”的深刻内涵的理解和认识，体现了对人民生命的尊重。

温家宝总理心系灾区群众，劳碌奔波，不顾余震亲自到灾区一线指挥，在5月12~15日视察七个灾区的灾情，共召开六次国务院抗震救灾指挥部会议，同时新增加90架直升机进一步开展救援工作，解决救援人员和救援物资因塌方、泥石流等原因造成道路中断而不能到达灾区的问题，强调抗震救灾的核心任务是抓紧时间救人，要把人员伤亡减到最低限度。5月13日，温家宝在都江堰市向峨乡中学为被埋的学生痛哭。5月16日上午，胡锦涛飞往四川省地震灾区强调震后72小时仍然是“黄金救援”时期，仍然要把挽救人的生命作为当务之急、重中之重。中国领导人亲自到灾区指挥救灾，鼓舞了全国人民。

中国政府最高领导层对地震灾害的严重后果有充分认识，灾害发生后第一时间作出各种应急方案，成立应急指挥小组，并由温总理任总指挥亲身到灾区指挥救援工作，把人民的生命放在最重要的位置，人民生命和利益高于一切。这是抗震救灾取得胜利的最关键因素。

**2．权威证实、及时沟通——通过媒体及时、公开的报道，让公众知道震情的最新进展**

在任何特大事故及灾难期间，往往是传言四起，消息混乱。发布了不准确的消息或与事实不符的消息，若权威部门没有迅速查明真相及时给予澄清和指示，争取公众舆论的正面转化，那么由此带来的危机有可能比事故或灾难本身的危机更大。在此次危机中，中国政府成立了新闻发布中心并开放媒体采访。中国地震局新闻发言人在5月13日北京召开的国务院新闻发布会上,反驳了为保证奥运前的安定局面，隐瞒了地震预测结果的谣言；中国政府在地震灾难发生的很短时间内，权威机构国务院新闻办公室召开新闻发布会，公开四川地震灾情，同时中国政府开放国内外各大新闻传播媒介到四川地震灾区报道，确保了公众对政府的信任。中国政府充分意识到封锁地震消息，只会使公众滋生流言，使公众处于恐慌的状态，造成民心不稳定，社会秩序不稳定，灾情信息的公开化能消除政府和公众之间的不理解和猜疑，灾情的公开透明，安定了民心，消除了公众的猜疑，让中国公众享有知情权和表达权。灾情通过媒体第一时间报道出去，得到了世界100多个国家的响应，俄罗斯、日本、新加坡救援队，国际红十字会到中国开展支援活动。

5月14日，四川都江堰的化工厂爆炸，污染了水资源的谣言一时间传得沸沸扬扬。居民们到超市把瓶装水和矿泉水一抢而空。其实真实的情况：地震造成了水管的破损，相关的管理部门对水管破损进行停水维修。"化工厂爆炸"是因为当地的一家橡胶厂起火燃烧了，产生了异味，一些人没有了解情况，误认为是"化工厂爆炸"，误解导致谣言迅速地传递扩散出去了。当天上午10点钟，都江堰的记者深入到化工厂现场进行采访。11点钟，抗震救灾指挥部新闻中心在电台、电视台播出了有关新闻，真实的新闻粉碎了"化工厂爆炸"的谣言。12点钟，当地抗震救灾的权威部门进一步采取有效的公关手段，权威人士在电视台辟谣，他们的反应迅速和妥善的处理方法稳定了局势和人心。随后电视台采访了自来水厂，自来水恢复了正常的供应。政府部门与新闻传播媒介保持了良好的关系，得到了新闻媒介单位的支持。假如当天下午，政府没有利用大众媒体发布权威的信息，一直保持沉默，公众就会误传消息，使广大公众陷入极度恐慌之中，给正常的社会秩序带来严重的后果，当地地方政府清楚地意识到保持沉默不是维护社会秩序的方法，要时时与媒体处理好关系，通过媒体的客观报道，给公众较为清楚的答复。恐慌中民众需要中国政府和地方政府的权威信息。一旦误传的信息得不到政府的核实，就会继续扭曲，导致公众的不安，会给社会的政治带来动荡。我国政府的权威信息通过媒体的报道，安定了民心。

相比邻国——5月2～3日缅甸遭受超强热带风暴袭击，造成重大人员伤亡，生命财产损失严重，国内新闻媒体未能向公众发出任何有关超强热带风暴警告，造成灾情严重，救灾工作艰巨。欧盟国家警告缅甸政府要控制当地的危机发生，要允许外国志愿者和非政府组织进入缅甸。缅甸政府起初拒绝美国、英国等一些国家的国际支援物资和救援队伍。直到5月23日，联合国秘书长潘基文与缅甸国家和平与发展委员会主席丹瑞大将会晤，终于说服了丹瑞接受国际支援，但是一些东盟国家不愿到缅甸支援工作，原因在于东盟国家不是很了解缅甸的灾情。而中国政府快速反应，得到国际社会的支援。许多国家和国际组织为中国提供了支持和援助。例如日本专业救援人员16日9时45分抵达中国四川青川县关庄镇，是最早抵达中国的外国专业救援人员。5月13日13点整，中央电视台新闻频道向全国各地播出四川地震的消息。央视新闻频道的收视率在5月13日最高时比平时翻了6倍，达到了该频道开播以来的收视最高峰值（参见邝新华．中央台，站起来［J］．新周刊，2005（276）：30～32）。地震发生18分钟后在新华网发布了第一条权威确认的地震报道。人民日报、北京日报、解放日报、中国青年报、四川日报、华西都市报、成都晚报、成都商报等报纸，人民网、新华网、光明网、央视网等网络媒体全方位报道地震的最新情况。网络、杂志不间断报道中央和地方政府开展救灾工作，大众媒体从不同侧面、不同角度报道了中国政府的高度重视救灾工作。我国政府在地震中积极争取媒体合作，运用新闻传播媒介辟谣，把握公众正确的舆论导向，满足公众的知情权，提高了信息透明度，有效地控制了谣言的扩散。周边公众可以通过媒介来了解政府最新的救灾情况，便于各方面的救助工作。

**3．以人为本——全国的哀悼日**

地震发生后的一个星期，国务院发布公告：5月19～21日为全国哀悼日，全国和各驻外机构下半旗志哀，停止公共娱乐活动，外交部和我国驻外使领馆设立吊唁簿，奥运圣火传递活动暂停三天，这是新中国成立以来为普通民众举行的国哀，体现了中国政府对地震中失去生命的普通民众的至高哀悼和伤痛，也是尊敬普通人的生命的诠释！

全国哀悼日让全国人民为地震中的遇难人员哀悼，同时也使举国上下人民团结一致同心协力共同克服困难。这对灾区人民也是一种鼓励，激励他们克服困难，抗击灾难，重建家园。

**4．救援系统运行完善——中国政府启动善后处理机制**

汶川地震带来了重大人员伤亡，扰乱了灾区群众的正常生活。要让灾区群众重新投入到正常有序的生活中去，中国政府快速地使震后工作有效地开展。民政部、卫生部、地震局、财政部等部门各尽其职，还快速地成立了高素质地震工作领导小组，选择各有专长的精干人员，并对潜在危机形式进行分类评估，并制定了预防危机的方针、对策，为处理每一项潜在的危机制定全体的战略和战术。卫生部在5月16日首次大规模抽调心理专业医生到灾区进行灾后心理干预工作，帮助灾区人民减轻失去亲人的痛苦，消除心理阴影，抚平心灵上的创伤。地震发生后，中国教育部要求各地方政府对学校的校舍进行安全隐患的排查，禁止使用有潜在危险的校舍建筑，并要专门建立检查工作的专门数据资料库。国家疾控中心派出30名疾控医学专家组成防疫应急队。5月16日，四川省政府全面启动了灾后疾病防控预案，实行灾区疫情、食物中毒等突发公共卫生事件日报和零报告制度。5月23日，环境保护部和核安全局迅速启动了应急预案，对灾区核设施进行了监督和检查，对灾后的化工厂泄漏进行处理，保证了当地水质和大气环境不受污染。6月5日，科技部抗震救灾应急分析小组成员在汶川映秀镇的某一倒塌的中学进行资料收集和建筑鉴定评估，为灾后重建的工作制定了建筑抗震设防标准。中国地震局地震现场应急工作队在 5 月 12 日至 6 月 30 日启动汶川地震科学考察第一阶段工作，即应急性科学考察。应急工作队进行了地震烈度调查、强余震监测以及灾害损失评估等内容，为灾区的重建工作和灾民安置提供基础数据；国家地震局 7 月 15 日召开汶川八级地震科学考察工作部署大会，考察工作自 7 月中旬开始，考察时间两个半月，主要进行了汶川地震的发震构造与断裂活动性调查、汶川地震及邻近地区地壳形变观测、龙门山断裂带的深部地球物理探测、汶川地震工程震害调查、汶川地震应急救援情况汇总等内容。中国政府通过震后一系列措施，使各项恢复重建工作开展得卓有成效。

中国政府在此次抗震救灾中，“以人为本”，尊重人民生命及财产，尽一切可能降低地震给人民带来的灾害，第一时间为灾区灾民提供所需的救援，及时公开整个救灾过程，通过中国政府在抗震救灾中及抗震善后处理上有效的危机处理方案，凝聚全国人民力量战胜了这场世纪大灾难。

资料来源：杨群瑛．汶川地震的危机公关．南方论坛，2009（5）．

**讨论题：**

1. 中国政府面对汶川地震——新中国成立以来破坏性最强的地震灾害，采取了哪些公共关系危机处理手段？

2. 请运用所学知识，对“汶川地震的危机公关”中的传播沟通策略进行分析评价。

## 思考与训练

1. 什么是公共关系危机？它有哪些特征？
2. 从企业内外部环境分析公共关系危机的成因。
3. 公共关系危机处理的基本程序和总体策略是什么？
4. 处理公关危机时企业内部应采取哪些对策？
5. 如何消除危机处理中的谣言？
6. 公共关系危机处理中的新闻发布会有哪些特殊要求？
7. 公共关系危机处理过程中如何应对新闻记者的采访？
8. 你认为社会组织危机管理的关键是什么？为什么？
9. 一家大型生产企业突发重大生产性事故，该企业公共关系部的小王被公关部经理指派去接待蜂拥而至的记者们，面对记者们铺天盖地的提问，小林反复强调“在调查没有完成之前，我们不做任何评论”或“无可奉告”，结果引起了记者们的强烈不满。你认为小林的回答合适吗？危机期间到底该如何回答来自媒体的询问？

10. 某商场近年来公关危机出现的概率明显增加，为了保证公共关系系统的良性运转，总经理专门外聘公共关系专家对企业公关人员进行了培训，在培训课上，专家着重强调了危机管理过程中的沟通协调要点和技巧，你作为一名学员，听了之后认为应掌握哪些内容？

11. 一家经营食品的公司因为产品变质而出现中毒事件引发了危机。该公司采取了许多办法和措施来挽救公司面临的危机局面，取得初步成效。这时，公司领导宣布，危机已经基本结束，要求抓紧时间组织生产，夺回经济损失。请问，公司领导的行为是否正确？他还需要做哪些工作？

12. 某著名化妆品集团生产的一种名牌摩丝多次在国内化妆品评比中获奖，得到了广大消费者的认可。可是，近期却意外地出现了数宗该品牌摩丝在居民家中自爆的事件，新闻媒体对此进行报道后，引起不少消费者的恐慌，商家纷纷要求退货，这个大型跨国企业正在被变成了“定时炸弹”的产品推向崩溃的边缘。请问企业应如何处理这一危机事件？

13. 国内一家很有名的企业生产出一种新型的玻璃钢燃气灶，投放市场后受到消费者的欢迎，销售业绩不错。可是，由于多种因素所致，出现了几起燃气灶表层玻璃钢爆炸的情况。有的家庭主妇还受了轻伤。为此，受害者到当地消费者协会投诉的同时，还直接找到了厂家，提出种种要求，如果得不到满意的答复和处理，他们还将向新闻界呼吁。请你根据该企业面临的危机，为解决这一事件找到合适的办法与对策。

14. 案例分析：

### 怎样对待“无冕之王”

某律师在消费当地一家颇有影响的食品企业所生产的食品时，发现产品存在严重的质量问题。于是，他与企业进行了交涉。企业接待人员同意研究后给其一个答复，但此后便没了下文。无奈，律师将有质量问题的食品拿到当地一家颇有影响的报社，将情况反映给记者。该报社遂派记者到企业进行现场采访。记者们在企业拍摄到了许多违反国家食品生产规定的现场画面。企业领导发现后强行索要记者所拍资料，不成后，将记者扣留。在当地公安人员的解救下，记者们在被困 1 个多小时后得以安全返回。事后，该报以系列报道的形式将消费者反映的有关该企业的问题，以及记者在企业中所拍摄的材料、经历公之于众，企业经营一时陷入困境。

**问题：**该企业经营陷入困境的原因是什么？如果你是该企业的负责人，你如何处理此事？

15. 案例分析：

**二氧化硫泄漏事件**

20 世纪 90 年代初，辽东某城市郊外的一家化工厂里，工人们正在等待着接卸液态二氧化硫。运送槽车一到，工人们开始接卸。突然，意外事故发生了，连接槽车的接管发生泄漏。事态迅速扩大，泄漏发生后仅仅 30 分钟就有 200 多人中毒，160 多人被送进了医院。事故发生后，群众意见很大，在当地引起了极大震动。此事也引起了上级领导的重视，要求严肃处理此事。

**问题：**请你运用所学的公共关系学知识，为该市妥善处理该事件提出建议。

16. 案例分析：

**山西毒酒案**

某一年的 1 月 26 日，山西朔州毒酒假酒案发，27 人丧命。一时间，全国震惊，谈山西酒色变。

从听到毒酒闹出人命的那一瞬间起，高玉文（山西汾阳杏花村汾酒集团董事长）就开始担心，他明显感到事件对汾酒的伤害。果然，在公众舆论的推波助澜下，一场查封“山西酒”的运动波及福建、广东、内蒙古、上海等地。而且，令高玉文最不愿意看到的事情也发生了：跟假酒案本无关系的十大名酒之一的汾酒受到牵连，在许多地方也成了查封的对象。

每年春节至元宵节是白酒销售的高峰，往年汾酒能销售 1500 吨以上，而该年仅 400 吨；2 月份，汾酒只卖了 1200 吨，而往年是 3000 吨，直接经济损失达 800 万～1000 万元。

2 月 28 日，《经济日报》头版刊登了广告“古井贡酒致全国消费者的一封公开信”。远在千里之外的古井贡酒人不甘为配角，他们振臂高呼：白酒当立法。并倡议：以中国老八大酒厂的名义设立“中国打击假酒专项基金”，又伸出仁爱之手：向死难家属无偿捐助 20 万元抚恤金。

**问题：**

（1）山西汾阳杏花村汾酒集团和古井贡集团遭遇的危机有哪些特点？

（2）山西汾阳杏花村汾酒集团是否有效处理了危机带来的不利影响？应该进一步采取哪些措施？

（3）面对古井贡集团的广告，面对广大消费者，山西汾阳杏花村汾酒集团可以采取哪些对策？

17. 案例分析：

## “小家伙”的危机公关

2000年3月13日中午，河北省河间市西粱庄村民黎国庆的两个孩子因为误食鼠药中毒，家长以为是饮用“小家伙”果奶引起的，遂向河间市防疫站报了案。

3月14日下午，河间市政府召开紧急会议，会议决定：（1）电视通告停止销售饮用“小家伙”果奶；（2）在全市范围就地封存“小家伙”果奶；（3）公安部门注意事件动态并及时向有关部门反馈，卫生部门应防止类似事件的发生。当天晚上，河间市组织21名公安民警和卫生监督员封存“小家伙”果奶4569瓶。

3月16日，河北省卫生厅发生《关于查封浙江小家伙食品有限公司生产的“小家伙”果奶的紧急通知》，要求全省各市卫生局接到通知后立即对“小家伙”果奶予以查封，并将《通知》抄报国家卫生部，抄送浙江省卫生厅。江苏南京、江西南昌、浙江宁波市场也相继查封了“小家伙”果奶。不少新闻媒体开始转载河北的有关报道及揭发“小家伙”遭查封的消息，事态继续扩大。

3月20日，卫生部发出特急内部传真电报，要求各地封存“小家伙”果奶。事情发展到如此地步，看来“小家伙”似乎死定了。

3月15日，正在成都参加全国糖酒交易会的“小家伙”老总获悉了河北省的有关情况之后，感到事态严重，决定迎难而上，采取危机公关，制定相应公关措施：当晚即派市场部经理赶赴河北调查了解此事，请示公司所在地浙江省乐清市政府出面紧急协调；向卫生部门申请对“小家伙”进行新的质量检查。

3月21日，乐清市人民政府特派员赶到卫生部。卫生部有关同志了解情况后，经请示于当天向全国各省市自治区卫生厅（局）电话通知：（1）封存产品仅限为1月22日生产的“小家伙”果奶；（2）3月20日下发的内部电传通知不准转发；（3）暂不要向各新闻媒体通报。

3月21日下午，浙江省卫生厅紧急报告卫生部对“小家伙”果奶的检验结果，排除了浙江小家伙食品有限公司产品受污染的可能性。

3月22日，“小家伙”公司再次向卫生部报告，请求及早下达文件，解封全国各地市场。

3月25日，卫生部发出解封“小家伙”果奶的紧急通知。指出，经过对北京、山东、河北等省样品严格抽检，未发现“小家伙”果奶受鼠药污染，为维护正常的食品生产经营秩序，要求各地对“小家伙”果奶予以解封。卫生部的文件在很大程度上缓解了事件对“小家伙”果奶的市场冲击。

与此同时，事情真相逐步揭开。4月初，黎国庆偶然发现家中的鼠药水不见了，经询问得知小孩子误将鼠药水倒入果奶里了，经过卫生部门的检验也确认两个孩子系误食鼠药引起的鼠药中毒，而非“小家伙”果奶本身受到污染的缘故，与“小家伙”果奶本身毫无关系。浙江小家伙食品有限公司对于这场因为误告引发的差点使企业覆亡的危机，表现出大度的企业风范，表示无意追究孩子家长黎国庆的法律责任，与黎国庆达成谅解，只是要求黎国庆在当地《燕赵都市报》上发布大幅道歉声明。

至此，轰动一时的“小家伙”果奶事件才冤情大白。《中国青年报》、《北京经济报》等媒体纷纷予以报道，对“小家伙”果奶的成功形象危机处理加以肯定。“小家伙”的不良影响正逐步消减，市场逐步恢复。

**问题：**请运用公共关系危机处理相关理论分析此案例。

# 附录：公共关系相关网站

中国公关网：http://www.chinapr.com.cn
中国国际公共关系协会：http://www.cipra.org.cn
上海公关网：http://www.chspra.com
中国公共关系协会：http://www.cpra.org.cn
管理人网：http://prm.manaren.com
新闻发言人与危机公关培训网：http://www.fayanren.com
国际公关网：http://public.iader.com
新闻公关网：http://www.easypr.com.cn
第一调查网：http://www.1diaocha.com
中国营销传播网：http://www.emkt.com.cn
中国网络营销网：http://www.1mkt.net
中国危机公关网：http://www.fbi8341.com
中国策划网：http://www.chinachw.cn
中国营销策划网：http://www.plan-china.com
中国企业形象管理网：http://www.chinaci.org.cn
中国企划网：http://www.cnqhw.com
中国国家企业网：http://www.chinabbc.net
传媒学术网：http://academic_old.mediachina.net
中华传媒网：http://chinese.mediachina.net
中国公关人才网：http://www.959g.cn
公关世界：http://www.ggsjvip.cn
中国网络公关新闻网：http://www.tomups.com/gongguanwang
21 世纪品牌网：http://www.21cnpp.com
内刊网：http://www.neikanwang.com
中国企业内刊网：http://www.neikan.net
香港地区公共关系专业人员协会网：http://www.prpa.com.hk

# 主要参考文献


1. 弗雷泽·西泰尔. 公共关系实务. 北京：机械工业出版社，2004.
2. 张岩松. 公共关系案例精选精析. 北京：中国社会科学出版社，2006.
3. 张岩松. 企业公共关系危机管理. 北京：经济管理出版社，2000.
4. 时莉. 公共关系经理手册. 北京：企业管理出版社，2000.
5. 李兴国. 公共关系实用教程. 北京：高等教育出版社，2000.
6. 郭文臣等. 公共关系原理与实务. 大连：大连理工大学出版社，2000.
7. 廖为健. 公共关系学. 北京：高等教育出版社，2000.
8. 赵晓兰等. 最新公共关系学教程. 北京：经济管理出版社，2004.
9. 李健荣，邱伟光. 现代公共关系. 上海：东方出版社，2002.
10. 张百章，何伟祥. 公共关系原理与实务. 大连：东北财经大学出版社，2002.
11. 李道平. 公共关系学. 北京：经济科学出版社，2002.
12. 劳动和社会保障部教材办公室. 公共关系员：初级、中级、高级. 北京：中国劳动社会保障出版社，2004.
13. 陈靖. 公共关系操作实务. 北京：高等教育出版社，2000.
14. [美] 斯各特·卡特里普，艾伦·森特，格伦·布鲁姆. 公共关系教程. 北京：华夏出版社，2001.
15. 黄昌年. 公共关系学教程. 杭州：浙江大学出版社，2007.
16. 张岩松. 公共关系学. 青岛：青岛出版社，2002.
17. 曾琳智. 新编公关案例教程. 上海：复旦大学出版社，2006.
18. 朱权. 公共关系基础与实务. 北京：机械工业出版社，2008.
19. 王银平. 现代公共关系. 北京：高等教育出版社，2007.
20. 蒋楠. 公共关系原理与实务. 北京：中国人民大学出版社，2006.
21. 熊越强. 公共关系实务. 北京：清华大学出版社，2006.
22. 李祚，张东主编. 公共关系学. 北京：中国劳动社会保障出版社，2007.
23. 杨俊. 新型实用公共关系教程. 北京：高等教育出版社，2008.
24. 杜创国. 公共关系实用教程. 北京：清华大学出版社，2007.
25. 沈杰，方四平. 公共关系与礼仪. 北京：清华大学出版社，2006.

26. 任焕琴．商务公共关系学．北京：清华大学出版社，2007.

27. 中国国际公共关系协会．最佳公共关系案例．北京：清华大学出版社，2007.

28. 杨丽萍．公共关系原理与实务．北京：高等教育出版社，2001.

29. 蔺洪杰．公共关系原理与实务．北京：中国人民大学出版社，2009.

30. 居延安．公共关系学．上海：复旦大学出版社，2006.

31. 杨明刚．市场营销策划．北京：高等教育出版社，2002.

32. http://www.wzvtc.cn/jp/zzx/main/feedback.asp?Page=5

33. http://www.gdfs.edu.cn/pr/file/kcjs2.html

34. http://61.183.207.201/lyx/index.html

35. 纪华强．公共关系的基本原理与实务．北京：高等教育出版社，2006.

36. 何伟祥．公共关系原理与实务．大连：东北财经大学出版社，2009.

37. 陆季春，田玉军．公共关系实务教程．北京：经济科学出版社，2008.

38. 黄寰，谢敏．对网络公共关系的几点思考．商业研究，2005（18）.

39. 王世胜．企业网络公共关系的实践与应用．河南机电高等专科学校学报，2005（3）.

40. 段文杰．公共关系实例与运作．北京：高等教育出版社，2008.

41. 王芬．秘书礼仪实务．北京：电子工业出版社，2009.

42. 叶茂康．公共关系写作教程．上海：复旦大学出版社，2003.

43. 谭昆智．公关原理与案例剖析．北京：清华大学出版社，2008.

44. 董明．公共关系实务．杭州：浙江大学出版社，2009.

45. 何修猛．公共关系实务教程．上海：复旦大学出版社，2000.

46. 沙献玉，张太海．全方位塑造企业形象．北京：中国经济出版社，1999.

47. 范振杰．公共关系策划谋略．北京：高等教育出版社，2000.

48. 周黎民．公关策划．武汉：华中理工大学出版社，1997.

49. 陈迅，王澍文．危机决策．兰州：甘肃文化出版社，2001.

50. 方圆．大型公众活动策划．广州：中山大学出版社，1998.

51. 袁维国．公共关系学．北京：高等教育出版社，1993.

52. 张岩松，包红君．新型现代公共关系实用教程．北京：清华大学出版社，2008.

53. 张岩松，王纯磊．公共关系实践教程．北京：清华大学出版社，北京交通大学出版社，2009.

54. 谢红霞．公关实训．大连：东北财经大学出版社，2008.

55. 张云．公关心理学．上海：复旦大学出版社，2002.